本成果的出版受四川大学"区域历史与边疆民族"学科群资助

# 情景他者

## 对杜克大学的实地研究

陈波————著

四川人民出版社

**图书在版编目（CIP）数据**

情景他者：对杜克大学的实地研究 / 陈波著. ——
成都：四川人民出版社，2022.2
ISBN 978-7-220-12179-1

Ⅰ.①情… Ⅱ.①陈… Ⅲ.①杜克大学—校史 Ⅳ.
①G649.712.8

中国版本图书馆CIP数据核字(2020)第237896号

QINGJING TAZHE DUI DUKEDAXUE DE SHIDI YANJIU

# 情景他者：对杜克大学的实地研究

陈 波 著

| | |
|---|---|
| 责任编辑 | 王 莹 邹 近 |
| 封面设计 | 张 科 |
| 版式设计 | 戴雨虹 |
| 特约校对 | 柴子凡 |
| 责任印制 | 李 剑 |

| | |
|---|---|
| 出版发行 | 四川人民出版社（成都槐树街2号） |
| 网　址 | http：//www.scpph.com |
| E-mail | scrmcbs@sina.com |
| 新浪微博 | @四川人民出版社 |
| 微信公众号 | 四川人民出版社 |
| 发行部业务电话 | （028）86259624　86259453 |
| 防盗版举报电话 | （028）86259624 |
| 照　排 | 四川胜翔数码印务设计有限公司 |
| 印　刷 | 四川机投印务有限公司 |
| 成品尺寸 | 146mm×208mm |
| 印　张 | 11 |
| 字　数 | 245千 |
| 版　次 | 2022年1月第1版 |
| 印　次 | 2022年1月第1次印刷 |
| 书　号 | ISBN 978-7-220-12179-1 |
| 定　价 | 68.00元 |

# |目　录|

前　言 ....................................................................001

导　论　中国域外人类学研究 ..............................004
　　中国域外人类学研究面临的议题 ...........................004
　　中国域外人类学的深厚传统 ..................................007
　　当前域外人类学书写的若干进路 ...........................013
　　重塑中国的多样性与他者 .....................................029
　　自我与他者：评论与引申 .....................................032
　　他者的取向、价值和参照 .....................................035

第一章　情景他者：我们认识美国的方式 ...............038
　　问题的提出 .........................................................038
　　天下观中"化外蛮夷"的"不经之甚"与"仁政待民" ...039
　　爱国心判定可学与不可学 .....................................047
　　两种认识方式的比较 ............................................057
　　作为美国之魂的文化 ............................................064

第二章　北卡，遥远的原住民 ...............................078
　　原住民居地 .........................................................078
　　生齿与群落 .........................................................083

原住民的信仰 ................................................088

初　遇 ................................................093

白红冲突 ................................................096

达勒姆镇 ................................................105


第三章　杜克家族 ................................................108

欧洲家族的后裔 ................................................108

华盛顿·杜克（1820—1905）................................................112

华盛顿·杜克的"自传" ................................................116

巴克·杜克 ................................................121

回乡：资本的文化逻辑 ................................................124

解　释 ................................................130


第四章　大学的诞生 ................................................133

岳布兰：杜克大学的奠基人 ................................................134

作为柯利文自传的校史 ................................................140

离乡：双方的故事 ................................................142

柯果的遗产 ................................................146

一拍即合：改名 ................................................147

从三一学院迈步走向杜克大学：费威廉以来 ................................................150


第五章　大学的教堂 ................................................157

地之势 ................................................158

教堂规模与外观 ................................................161

人物浮雕 ................................................162

纪念堂 ................................................163

教堂墓室 ................................................165

教堂的地下 ................................................166

珍藏的管风琴 ............................................... 169

玻璃花窗 ...................................................... 171

达勒姆地区的教堂 ........................................ 173

教徒心中的十字架 ........................................ 176

第六章　从教堂地下墓室到美利坚合众国 ............... 179

欧洲文明的遗脉：杜克大学校园 .................... 179

方形院落 ...................................................... 181

罗利市 ......................................................... 184

华盛顿特区 .................................................. 191

西方科学的理性设计 .................................... 193

第七章　筹资运动 ................................................. 195

他们为什么要捐赠？ .................................... 201

毕业传道 ...................................................... 203

筹资个案 ...................................................... 213

布罗迪走马上任 ........................................... 219

简短的结论 .................................................. 223

第八章　宗教与大学教育 ....................................... 225

大学生行为的文化轨范与规训 ...................... 229

遴选新校长 .................................................. 232

第九章　韩教准：杜克大学的第一位国际学生 ......... 238

从名字认识他者 ........................................... 245

跨文化的爱情 .............................................. 251

皈依卫理公会 .............................................. 255

既定目标：受教 ........................................... 264

在文化交织的圈局中传教 ....................................266

结论："革命"中的外部人 ....................................273

第十章　简短的结论：他者的启迪 ....................................276

附录一　我的美国学生 ....................................288

　　课　前 ....................................288

　　"我退选你的课" ....................................294

　　尼克（Nick） ....................................301

附录二　哈燕社访问记 ....................................306

参考文献 ....................................315

# 前　言

　　这本人类学志书的实地研究和文本主体完成于2006年。当时曾作过较多的出版努力，但皆未成功。十多年后得有机会在家乡出版，已然时空皆异。

　　2004年年底，时任北卡罗来纳大学东亚系主任的乐钢先生给我打来越洋电话，邀请我从2005年夏末开始前往美国访学一年。经费出自他和同事们申请到的弗里曼基金会资助的项目。

　　这对一位刚获得博士学位、立志从事学术研究的人来说，无疑是巨大的光荣和激励。

　　我很快意识到，人生的这第一次域外学术访问是极具有挑战性的。这挑战几乎是全方位的。我面对的是非常不同的社会—文化及其教育体系，它与我自己的学术历程和我们的社会—文化反差较大。

　　我在美国的第一个星期，是在乐钢先生位于枫树道南端尽头下的寓所里度过的。这里与何伟亚（James Hevia）、冯珠娣（Judy Farquhar）的寓所相望。除了每天半夜起来看书倒时差，白天我还骑着赖立里的自行车，在乐老师的带领下，熟悉这里的交通规则和道路；前往常青屋（Evergreen House）的临时办公室，与相关的各位人士见面，办理各种手续，包括申请移民署的社会安全号；前往同事家参加孩子的生日宴会等。这个初期历程，宛如保罗·拉比诺进入摩洛哥田野的第一阶段。乐老师是我进入美国和北卡罗来纳大学的关键领路人。

第二周开始，我搬到乐老师为我觅到的位于卡波罗镇丁香路的租屋，开始第二阶段的生活。这里在二房东戴安女士的精心管理下，井然有序。我曾在房前路上、屋后溪边散步、读书，思考学问之道。其他的租户还包括一对摩门教的年轻夫妻、一对华裔恋人。

9月份开学后，除了每周参与乐老师的课堂，并准备两三次讲课以外，就都算是自己可支配的时间，主要进行有关历史上文化互动的研究和阅读藏文文献。真的是光阴似箭。

年底学期结束，我和北卡罗来纳大学及丁香路的关系也就告一段落。戴安开车将我送到达勒姆市的住处。2012年冬假，我故地重游，来到丁香路时，发现戴安早已经离去，里面租住的房客把整个屋子弄得乱七八糟。

2006年开始，我住在露丝老太太家的后院。从这里步行几分钟便到杜克大学东校园，再从这里坐校车前往西校园的图书馆和教学楼。闲暇时，露丝太太驱车带我去杜克大学教堂，去附近的电影院看电影，去超市购物。在她外出旅行时，我还顺带帮她照看屋子。

北边的邻居彼得正在与两个儿子一起重新装修房屋，准备卖掉。我在闲暇时前去帮他们打理屋子，为此和房东成了朋友。幸亏他们卖得及时。若是迟两年，赶上2008年因次贷危机引发的美国经济萧条，房屋就贬值了。

假期时，我和朋友们结伴去各地旅行。最让人感到刺激的是

2005年12月的新墨西哥州祖尼之行。有一次在澳柯玛（Acoma）我们下榻的天城宾馆里，我见到一对年迈的白人夫妇在圣诞之际出行，他们颤巍巍地拖着行李箱准备坐电梯回房间。出于敬老的心理，我主动前去帮助他们，带他们坐电梯，把夫妇俩送到房间。在我跟他们告辞的时候，老爷爷递给我两美元小费。一时间我犹豫了：接还是不接呢？为了不让老人失望，我接下了，这是最符合当地人们对这一类事情的预设，且是不必多费口舌的选择。但我也已然明白，这是当地的社会—文化氛围"解读"的我的助人为乐行为。

我接触到的，已经远离华人环境，尽管随处都能结交到华人朋友。

在访问初期，我曾一度壮志满怀，在当时所具备的学识的基础上，踌躇满志，拟进行诸多撰著。我随身带的唯一一套书，便是《端智嘉文集》。我研读该著时，除了在议题方面获得启迪，还让我对作者的励志人生充满敬意。

我萌发实地研究杜克大学的念头，是2006年初在达勒姆杜克大学文化人类学系授课的时候。学系编定的课程号为"文化人类学180"（Culanth 180），授课对象是本科生。对我而言，授课本身就是一场深切的异社会—文化体验，也是跨社会—文化接触的过程。

教课之余，我对自己所处的圜局（context）发生兴趣。我开始查阅涉及杜克大学第一位国际学生韩教准和校史的档案材料。

一幅幅历史画卷在我面前铺开。

# 导论　中国域外人类学研究<sup>①</sup>

中国域外人类学研究之得以成立，乃是由于它以中国文字书写，带着中国意识、议题或关注，并从中国的角度对域外各地进行解释。这并非空穴来风：溯自远古的域外记录，诸族的文明脉络，构成它的深厚基础。晚近则以吴泽霖、李安宅等开启不同的进路，到最近二十余年间，形成四个重要进路，包括历史结构主义、连续性研究传统、中国—中国诸族群关联和民俗学进路；学者们于其间重塑中国的多样性与他者。域外人类学已有不少著述，但尚有漫长而艰辛的路需要走。

## 中国域外人类学研究面临的议题

基于王铭铭（2004；2006）、高丙中（2006；2009）、包智明（2015）等关于何谓"海外民族志"的界说，以及杨春宇（2007）、王建民（2013）、郝国强（2014）、周大鸣、龚霓

---

① 本文作于2017年，未能及时跟踪2018年后学界新的学术动态。一个简明的版本《中国域外人类学志书的进路》，曾发表于《读书》2019年11期。2021年8月浙江大学《人类学研究》第14卷发表了另一个版本，与本文稍有不同。

（2018）等对既有研究的梳理，我们采用"域外"这个概念，并把"民族志"译为"人类学志书"。

"海外"是因近代西方自海上来而凸显的概念，它本身是对近代中国处境的一种回应，但远不是历史的全部与整体。相比之下，新兴的"域外"一词没有类似的历史处境，相对全面，涵盖了海上与陆地两方面的联系。"民族志"是对英文ethnography的翻译，其词根ethno-含有的"种族"（race）、"人民"（people）等族性意义；因其中含有目前饱受争议的"民族"一词，使用这个概念有陷入重重难题之虞，一时难以澄清，亦舍而不用。我们进而把中国域外人类学志书理解为中国人类学学者以中国文字对域外的书写，带着中国意识、议题或关注，并从中国的角度进行解释。我们将以此为标准，对既有的研究进行评述。

对我们而言，研究中国域外人类学志书时面临的问题是：若将之与他国人类学志书家书写的该国人类学志书相比较，其"中国"二字如何成立？在何种意义上成立？学者们在人类学书写中是否提出中国式的问题或表现出中国式的问题意识，并提供中国式的答案？我们是否有一个可以称之为"中国域外人类学"的学术传统？如果有，当前的人类学域外志书可以放置于该传统的哪一历史节点上？最后，我们有一个中国学派的域外人类学吗？

这些问题表明我们所说的"中国域外人类学"更关注志书的中国性。从学术史的角度来说，我们是被迫用中国的方式来重新定义欧洲—西学高度族性化的"China"和"Chinese"等概念。族性话语之一例便是从作者的出身来界定其人类学志书具有"中国性"，这显然不成立。域外人类学的作者出生于中国者多矣，但其笔下丝毫没有提出中国问题，更不用说提供中国答案；其著作甚至是用欧洲文字写成的，与中国文字无关，何以得名之曰"中国域外人类学"？远者如田汝康（1953）、许烺光（1975），近者如项飙（2007）、吴迪（2016）、邱昱（2017、2018）等所著域外人类学著述都是以英文写成的，其意指对象当然是英语读者，尤其是欧洲—西方的英语读者，尽管有的几乎不提中国文明与自己研究的关系，有的则竭力在其中寻找理论资源（如吴迪）。我们在确定他们的著述是否属于"中国人类学"时，犹豫重重。[①] 如果他们研究过中国，比较他们有关中国的著述与域外著述，二者有多少差异呢？他们著述时心中意指的读者有不同吗？若以使用中国文字，具备中国意识、议题，以及中国式解答作为标准，我们的研究任务便轻松许多。

反之，虽以中国文字书写，但既没有提出中国问题，也没有做出中国式解答，这样的研究，我们或可理解为缺乏深度"中国性"。

若是有外国学者"归化"中国，他的域外人类学著作达到上述要求，则属此列，如杨春宇（2014：36）曾梦想的。因此，我们的理解是："中国"当是文化上的，而非出身的，因而是有包容性的。

---

① 在海外以英文撰成的作品以中译本形式发表后，其意义需要重新考虑。如吴迪对中国驻赞比亚的组织进行长期细致的实地研究，发现那里的劳工纠纷和争议，是出于双方嵌入文化图式（cultural schema）—社会结构上的关系："中方领导期待赞方下属对其献殷勤，而赞方工人期待中方老板对其照顾。"他称之为双方"嵌入在依附关系中的情触（affection）项指向性不一致"。当地人在"争取自己的权益时援引的是赞比亚当地的关于老板和工人关系的伦理"："老板应该照顾他的工人，在他们有麻烦的时候积极地给予帮助，好像一家人一样。"而中国打工者更关心的是"应该怎样处理领导和下属的关系"："工人不应该给领导添麻烦，更不能顶撞领导。"他认为"这种期待的不对称导致了中赞间交流上的误解并阻碍了中赞间社群性的发展"。（吴迪，2016）尽管这对理解中国有意义，但其视角与项飙等学者的视角分别并不太大。

在学科建制上，中国的人类学机构，除了极个别外，都是以社会—文化人类学为基础，所以我们在讨论中也便从众，将语言学、考古学和体质人类学等都不包含在内。尽管由此李方桂（杨春宇，2007）等学人的著述便不在本章考察范围之内，但这样既可以减轻讨论的任务，也可以免去学科霸权的嫌疑。

进一步说，中国域外人类学是源自历史传统的，而非基于后现代的；是宇宙观意义上的，而非此外的。它亦是源自历史脉络中的，而非绝世独创的；它既源于作者自身的文化及其历史，又源于所研究的他者的文化和历史，是自我—他者相互关系的产物。在过去数千年的历史进程之中，中国诸地之人相互之间以及与外部人之间所具有的交互往来关系，带着宇宙观的意涵。这些关系中积淀、升华的诸多经验，形成一个深厚的传统，近一个世纪以来中国诸多人类学家皆视而不见，加以抛弃；而西方人类学在学科上培养来自中国的学生时，教他们把人类学植根于西方学术的脉络之中，并不教他们把人类学奠基于中国诸文明本身，以使他们的人类学取向及著述附属于西方人类学。这在1911—1950年期间多少如此，此后则成为中国人类学志书书写之一进路，以西方人类学遗产为中国未来人类学之希望；另一进路则着力于本土之深厚传统，衔接西学与本土学术，重塑中国人类学与中国。两个进路交互影响，形塑着中国域外人类学的书写。

## 中国域外人类学的深厚传统

始自夏商周诸代，中国与域外相互交流、往来与认知，积累了相当跨域的相处经验。其中有关域外的记录早已汗牛充栋，其指导性原则为天下五服之制等。这些文本包括正统史书、宗教文本和私家撰述如旅行记等；涉及的区域远及西域、天竺、真腊和扶桑等。

在评述这些异域风情时，书写者的天下之眼和他者为上兼具，如王铭铭在《西方作为他者》中所论（王铭铭，2007），且不说《诗经》中的"它山之石"观影响之深远。唐代僧人法藏曾取十面镜子，八方和上下各置一面，相距一丈左右；然后在中间安放一尊佛像，用蜡烛照亮。观者从镜子里看到的是"互影交光"。法藏本是让信佛者明了世间万象的本质非真，但从中国人类学的角度来看，其认识论上的寓意深刻：我们每多一个他者，就会多一个观察自我的维度；他者越多，自我的维度显现越丰富；这些维度交相呼应，乃至"互影交光"。

以中国而论，文献的载体不止汉文，亦有藏、蒙、满等文字，其作者有自己对待他人之见和相应的书写异域的学术史。推至今日，这些文字的书写者在书写域外时有不一样的旨趣，中国域外人类学志书更丰富。

我国近代因引入西方学问，学者试图从既有的文献传统中引出中国人类学的脉络：如严复译斯宾塞的《社会学研究》时，即从荀子的论述中得到启示，将"sociology"译为"群学"；而李安宅在阐释《仪礼》与《礼记》时，即以"礼"为西方人类学所赖之"culture"。这表明，嵌刻在中国古代文献中的社会—文化资源是我们理解西方人类学的基础。

此外，中国文明中的"共主"观念，如汉文中的"天下共主"，藏文中的སྤྱི་མོས或སྤྱི་མོས་གཙོ་འཛིན（共同推举的领导者），蒙古文中的Ejin，<sup>①</sup>皆可为今日理解诸民族共处共存共荣之历史与现实的思想资源。

　　这些遗产在不同时代呈现方式各异（如乌·额·宝力格，2011），有延续、变异、转型和断裂，但总体格局不变。20世纪引入欧洲—西方人类学后，出现新的变数。数千年的志书传统在引入域外观念和知识体系后，受到激励因而有更新自不用说，其余一如往昔；此间的变数即在于欧洲—西方人类学有关中国的文化假定及世界观与中国人类学有关域外包括欧洲—西方的文化假定及世界观之间的差异，遭到不少学人的忽视；他们径直将前者置入中国域外志书之中，于无形之间替代中国诸文明的宇宙观和彼此相处经验，使得中国人类学徒具外表，并无"中国"实质。譬如，英国人类学家弗里德曼即承继马林诺夫斯基与弗斯所倡导的对"Chinese society"进行研究的传统，提出"社会人类学的中国时代"，并非针对整个英国社会人类学而言有一个"中国时代"，更不涉及中国人类学当如何振兴，而是旨在指引英国人类学如何更好地研究他们界定的中国。（Freedman，1962；1963）

　　欧洲—西方人类学为研究中国，培养了不少来自中国的子弟，教他们回乡如何更好地研究中国，以服务于欧洲—西方人类学的建构。如藏族学生当回归祖国进行博士论文研究，而非在中国之外进行研究。国人间或有一两部著作在这个意义上得到欧洲—西方学者的青睐，遂在国内名声大振，但此事本身意蕴幽深曲折，在建构中

---

　　① 此处蒙宁吉加、常宝诸先进赐示，特致谢忱。

国域外人类学时尤其值得反思。①

　　在中国大学就读的中国学生若要前往域外进行实地研究，则有别样困境：除个别例外，大部分学生都没有延续数千年志书传统的意识，尽管有少数人意识到志书要具有"中国"属性。如果不是从深厚传统中来，"中国"属性还能从哪里获得？非独当前，亦非只他们如此。20世纪50年代以后，中国的学生即是如此；此际人类学/民族学的域外研究主要涉及所谓的"跨界民族"及相关群体的海外联系（如田汝康）。他们的现实难处在于无法前往域外，只得依赖二手文献（颇似道光年间魏源著《海国图志》），但他们的理论难处则在于需要在各个领域回应和运用理解尚不深入的欧洲马克思主义，以及其后苏联学者对此所做的演绎，更不用说深厚的志书传统已经成为他们眼中的负面遗产。

　　民国年间人类学者较好地继承了古昔志书传统，因而多少能改造欧洲—西方人类学；域外研究也有可称道之处。李安宅与吴泽霖即代表两种模式。他们的域外研究皆写于域外，与写在国内的作品不同。但1927年吴氏对美国族群歧视的研究几乎与前述中国志书传统无关；他论述中国人等东方人在美国生活，与美国制度并无根本冲突，社会问题反倒是他们遭受美国政府排挤和政策歧视等引起，因而比黑人、犹太人的社会问题要轻得多（吴泽霖，1992）；我们只能在此些微的地方猜测他做此论的苦衷。这里既没有提出中国式问题，亦无中国式解答。项飙最近的研究颇类于此：正是在不需要中国议题和中国解答时，才有必要提出另类的路径，譬如"世界人

---

　　① 今日情形略有不同，如伦敦政治经济学院人类学系博士生刘丹枫即在其师石硬和瑟丽娜指导下前去研究南德意志。这需要两者都有异于往昔的思路。

类学"。

十年后，李安宅发表关于新墨西哥州祖尼人的研究，与吴氏迥然有别。他开篇即鲜明表露中国人类学家研究祖尼人的初衷，乃是自己"来自中国，渴望学习他人的智慧，以更好地教导自己的人民"，由此建立中国实地研究者与他者之间的关联。在后文的论述中，更是时时以自身文化为理解当地的比照对象和路径。

他提出，美国人类学家由于自身的文化背景，误释祖尼人的宗教、领袖、规训和亲属关系—婚姻制度等。以亲属关系—婚姻制度为例。克罗伯曾说，一个男子修建房子后，若因其妻子公然不忠而发生纠纷并分开，他只会将房子留给妻子和他的后任，丝毫没有被剥夺所有物的感受。在休夫事件中，祖尼男人的男子汉气概踪迹全无。李安宅则看到，"从西方文化的角度来看，这确实不同凡响"。不过，祖尼男子不用担心房子的问题，因为他总有地方可去：与妻或母方亲戚同住皆可，在这母系社会中，男子的结构性地位乃是父系社会男子地位的反面。他接着从自身文化背景来解释祖尼人的婚姻关系：

> 在汉人家庭里，妯娌们的典型地位，跟祖尼家庭中连襟们的典型地位惊人地相似。……汉人妻子嫁入丈夫家，即丈夫的父母家，而祖尼丈夫乃是嫁入妻子父母的家。……因此可与嫁入丈夫家庭的汉人妇女相比拟。……我们可以相信，在中国女人有琐碎柔弱的品质，启示我们看到祖尼姐妹的连襟也有同样的困境，这困境甚且是与男女亲属的调整。美国妇女可能会纳闷，共夫的妻子们怎能相安无事，而中国人则看到某位祖尼妇

女的前夫们友好相处，同样会觉得奇怪。美国人的眼光似乎只注意到各种情感因素，而中国人一定会看到祖尼人是母系，从而生动地认识到，妇女是氏族传宗接代的人，没有她们，氏族就会灭绝。（李安宅，2002：94；Li，1937：75-76）

中国人类学的深厚传统在李安宅的研究中异常显著，至为关键。该文指出，人类学家的文化背景是他们解释域外人群的根底，影响着他们的解释。也正是如此，李氏在文中把祖尼人视为现代西方意识形态和中国汉文化的他者，而这也是我们撰写中国域外人类学志书时将之与西方人类学域外志书相区别的重要思想资源。①

吴氏和李氏的范式不过是中国人类学志书传统转型过程中的两个代表性实践而已。尽管它们并非以中国文字写成，但它们之对比关系在21世纪呈现为：一个路径为现代西方话语所笼罩，极大地无视中国人类学的深厚传统；另一个路径则试图整合中国人类学的深厚传统与欧洲—西方传统。

此外，中国域外人类学研究尚有一个不明显，也不曾得到重视的近代资源：自19世纪以来前往世界各国的大量旅人，就当地书写过各式各样的文字，如游记、散文、诗歌和史学著述等，有极少数的是人类学者书写的，如费孝通的《美国与美国人》。但大量的文字则与人类学关系并不大，甚至根本就没有学科上的关系，属于其他学科如历史学、文学、艺术等的，不过它们蕴含中国人看待当地的眼光，具有中国意识、议题或关注，并从中国的角度进行解释；

---

① 毋庸讳言，他的这一研究对美国人类学影响颇大。（Osgood，1963；1985。亦参陈波，2007；2010）

因此，他们是我们对当地进行研究的近代先辈。在中国性上，他们与我们今日的域外人类学研究者有不可割裂的联系，是我们衔接古代深厚传统的一个桥梁，他们的著述也是我们开展进一步域外研究的基础。正是有他们以及他们书写的汗牛充栋的文献，我们难以启齿也无法启齿，说自己是某地/某国研究的"第一人"。

## 当前域外人类学书写的若干进路

自20世纪90年代以来中国人类学努力整合深厚的志书传统、民国时期的人类学实践与域外人类学诸传统，以北京大学较为显著。这一时期台湾人类学家乔健于1998年在北大倡议进行域外人类学研究，似是最早的。（乔健，2016）王铭铭教授受聘于中央民族大学民族学人类学理论与方法研究中心期间，组织了多个系列活动、编辑出版《中国人类学评论》，最能体现这一时期学者的努力。稍后，北京大学在推动域外人类学研究方面着力较早，成果亦较多。中央民大踵其后，一度开设世界民族学人类学研究所，举办论坛与工作坊等。据杨春宇的统计，截至2014年，已经有五十多位学者在六大洲进行过实地研究。（杨春宇，2014）

他们的志书研究在何种意义上是中国的？它们跟深厚的人类学遗产有何关联？以对此问题的答案来判断，当前域外人类学志书有两种模式，占据主导的一种并不将其智识活动与深厚传统中的历史的、认识论的、本体论的和宇宙观的维度关联起来，因为这对他们来说毫无意义。这差不多是吴泽霖范式的呈现，区别只在于他们用中文书写，亦有少数作者提及中国观念的重要性，但并未在实地研究乃至作品中呈现出来。另一类模式稍微边缘，并不占主导，但在上述议题上有更佳的理解，也是最有希望的中国人类学进路。这差不多是李安宅模式的呈现：有强烈的中国意识且用中国文字书写。

早在2000年，王铭铭有关域外人类学的想法就在访问非洲通布图城时萌发。（王铭铭，2018）次年，他实施"西行计划"，前往法国圣安德烈山的"法国农村"（王铭铭，2019）进行实地研究，发现法国社会与中国汉人社会在村落公社体系方面惊人地相似。在他看来，法国山区之行之重要，在于提供一个视角去质疑问题重重的东西二元世界体系论以及东西二元之间的相似与差异论，在于揭示中国建构民族—国家的焦虑是如何在历史中逐步形成的。（王铭铭，2001：176）梁永佳则在七年后以印度个案说明，印度作为中国的他者，在建构现代性时，把西方科学带入传统的占星学实践之中（梁永佳，2008；2009；2013），他们并无我们的那种焦虑。

王铭铭认为，中国人类学志书的灵魂必须来自中国的深厚遗产。2007年他在与同行的对话中提出，中国人类学若要有世界性的贡献，必须建立在自身的人类学调查传统、关键的案例研究和关键概念如费孝通的差序格局之上（徐新建、王铭铭、周大鸣等，2008）①之上，同时拓宽视野，"改掉将非西方当作为西方理论提供'证据'的'素材园地'的坏习惯"，"颠倒'科学'的既有主客关系，通过对域外社会进行'表述'，走上解释世界的道路"，将有关自我—他者关系之见嵌刻在天下宇宙观之中。（王铭铭，2019）2004年，他从天下五服之制观中提炼出三圈学术研究的概

---

① 此后梁永佳亦持类似见地（梁永佳，2009）。

念，第一圈乃是研究乡民社会（李公明，2005）；第二圈研究少数民族社会（王铭铭，2005：8）；第三圈研究海外社会，如丁宏对俄罗斯西北海岸涅涅茨人的访问（丁宏，2009），王铭铭对非洲地区的访问（王铭铭，2003）。这一学术宇宙观并非进化论或中心主义，而是以他者为中心，侧重关系维度和不同文明/文化之间的差异。不同的文化/文明互相依赖，形成多样的他者。（王铭铭，2009）

随后其他的一些作者也认为中国观念是必要且不可避免的，尽管如何将这些观念带入实地研究当中，他们的观点则远不明确。如张金岭强调要"用中国人的理念去研究世界社会与文化"，但他认为中国观点意味着中国学者在借鉴西方社会科学经验，"在知识的理解与应用层面上"将西方理念"中国化"之后，对西方社会科学的知识生产方式的转变进行研究。（张金岭，2011：63，60）对杨春宇而言，汉语海外实地研究中的"中国性"只是一种附带性的甚至是被迫的身份线索。（杨春宇，2007；2014）

中国学人在域外社会研究中如何弥合当前域外研究和深厚传统之间的裂缝？一个至为关键的路径是关注深厚传统中提出的既有问题、话语和概念。譬如就国家建构而言，我们应首先回到历史上的既有类似资源，如天下五服之制以及历史上相应的学术探讨，特别是不同的族群/民族在各异的朝贡情形下觐见皇帝的观念和实践；而近代的思想资源则有李安宅提供的现代国家建构理论：区域分工，意即不同的区域有不同的劳动分工，他们在精神、工业和物资方面互补（李安宅，1944）；费孝通在20世纪80年代末提出的对当代影响较大的中华民族多元一体概念（费孝通，1988）等。这些概念资源是讨论现代国家建构的好起点；尤其是当我们离乡愈远，愈加深刻地需要我们的历史遗产。

遗憾的是今日的实地研究者在这方面极少有深厚的学养。相反，他们与无视自身传统、力图向乡人扩散西方现代性的其他非西方/第三世界人类学家们有更多的相似性。或许正是在这些去除自我学术传统的作者们身上，我们才能观察到龚浩群所说的亚洲、非洲和欧美的学者之间（龚浩群，2014），或中国学者、非西方的对象国的本土学者和西方学者之间（马爱琳，2017）的知识三角关系。

梁永佳早在2009年时就指出龚浩群所说的"三角关系"的历史背景："东亚、南亚、东南亚的知识人和政治人，在20世纪甚至更早，不约而同地获得了一种自卑感，认为自己的技术和制度很'落后'，于是不遗余力地引入'西方先进思想'，并以之重新解释自己的历史与现实。"他认为这个过程对当地带来非常深刻的影响和问题，特别是西学的议题、概念在各地社会科学界至今仍居宰制地位。但"那些发生于西方特殊历史与社会背景中的'理论'和'概念'，看似普遍、客观，却经常无法准确描述亚洲的现实。探索新的概念，已经成了许多亚洲学者的共识"。（梁永佳，2009：19）

在这种背景下回到我们的主题，康敏所说才特别有意义："民族志者如何看待'自我'，将直接影响到她（他）与田野地点的人们的相互关系"，在关系性当中生发"更清醒的自我"意识，清楚地理解自己的"前理解"（即前文所说的深厚的学术传统），"才有可能通过自我与他者的人际互动创造自己，使自我更加丰富，更有价值"。（康敏，2013：58-59，61）

王铭铭更多是以教学和发表文章或出版著作来推动中国域外人类学研究，弱于具体而实际的运作。来自不同院校的学生阅读他和其他学人的相关著述，回应他们的学术倡议，由此而形成不同的域外人类学进路，其中之一我们可以称为历史结构主义。

### 历史结构主义

历史上，中国与域外诸地有不同的联系，记录下各式各样的信息。这些记录是中国当代域外人类学者深刻地理解当地、有意义地解释他们的社会—文化的重要基石。在既有的出版物中，能将历史与人类学志书、域外社会与本土宇宙观、中国与海外学术传统结合起来的典范，当数罗杨博士的《他邦的文明——柬埔寨吴哥的知识、王权与宗教生活》。（罗杨，2016）这是一部主题集中、有"厚度"解释的域外志书。

早在2005年，她即在西雅图研究华盛顿大学人类学系的历史（罗杨，2008）；2011年前往柬埔寨吴哥窟，延续她的异域研究。在此之前，她已积累相当的相关阅读量，发表有关元代周达观的《真腊风土记》的读书笔记。（罗杨，2011）博士论文即奠基于周氏的著作，特别是以真腊—柬埔寨为他者，并深度拓展，可谓当代《真腊风土记》。罗氏穷尽域外既有的关于柬埔寨历史的研究。从其序言中读者便能感受到她在这一领域的知识相当完备，有资格称中国唯一的专家。

她的理论实属历史结构主义，是她在北大多年攻读的结果。她思考的议题是现代柬埔寨社会跟历史上的两股外来力量即印度教化和佛教化的并接，并在村落生活中体现出来，实现历史的转型。

她首先讨论周氏的著作，从中重新发现他的他者观（罗杨，2016：
21），转而梳理近现代的既有研究，以讨论佛教僧人和婆罗门阿加
的处境，特别是他们在现代民族—国家中的相互关系，既有紧张和
互相排斥，但也相互合作为村民完成各种仪式。

西历纪元14世纪时，佛教取代印度教成为主流宗教；但今日二
者依旧共存，通过专门的宗教操持者和普通村民进行互动。村民们
则持有原初的本土文化逻辑如母系继嗣，泛灵论，二元宇宙观，对
祖先、土地和山的崇拜等。（罗杨，2016：12-13，17，25）

法国东方学家研究柬埔寨是为实行殖民控制，传教士通过传教
活动试图让这些"落后的野蛮人""文明化"。人类学家踵其后，
若不能脱离类似的殖民话语和传教话语，否认当地的能动性、探索
与包容他者的能力，就会将当地人抽入历史真空，就好似他们历史
上没有与外来者接触过一般（罗杨，2016：10-11，19）；即便人类
学家确认当地人有过这种接触，有的亦会认为他们生活于印度文明
和儒家文明的边缘而已，不认为他们有自己的中心主义观念。

罗杨博士将学术脉络追溯到13世纪元代的周达观那里，正在避
免这些进路。她认为，周氏著述呈现的是中间圈存在：一端是华夏文
明中心，另一端是天下极远之处。华夏文明中心需要吸纳各地物产以
使自身完美，以成就文明之需，而所谓的"野蛮人"亦不能脱离华夏
而存在。真腊是自身诸文明的中心，有自己的规矩。他注意到真腊人
曾把唐人视为佛，但他们又看不起流落到真腊的唐人，因为他们不守
当地规矩，违反当地风俗；真腊人把他们当作"野蛮人"。（罗杨，
2016：20-21）她在一篇短文中，以结构路径，明确地把自己的实地
经验跟周达观所述联系起来。（罗杨，2016：215-18）

　　总体来说，她用来解释这些村落的乃是关系主义框架，基于四对关系。（罗杨，2013）这一框架来自王铭铭。（王铭铭，2011）

### 域外研究的连续性传统

　　另一个值得关注的人类学志书传统，是若干代学人持续关注一个域外群体，即是胡振华、丁宏和李如东等延续的志书学脉：东干人研究。东干人是19世纪70年代从陕西、甘肃迁往吉尔吉斯斯坦的回族。他们的研究与罗杨对柬埔寨的研究不同，罗杨追踪于远古的志书，但中国学者对东干人的研究，始于当代学者胡振华，此后有丁宏和郝苏民等，他们创建出一个学术脉络。李如东正是在他们之后延续这一学脉。

　　丁宏是语言学家胡振华的学生。胡重点研究吉尔吉斯斯坦，是苏联时期第一个研究东干人的中国学者。丁氏是20世纪90年代开始其东干人志书事业的，其主旨涉及国内的回族与东干人的联系，以及东干人西迁以后发生的社会转型，从而与回族区别开来。（丁宏，1999）他们的研究奠定中国东干人研究的基石，推动后辈学人前往中亚东干人中，以各种形式进行研究。

　　十多年后，丁宏的博士研究生李如东继承这一脉络，前往东干人中进行实地研究，时间超过一年。在此之前，他已经有过较为充分的阅读和理论准备，特别是完成相关英文文献的综述，使他对相关议题有一个较为宽广的视野；也使其研究框架更为精细，在实地挖掘的故事细节更多，关注点也转向社会对东干人观念的组织。社会对观念的组织，这个概念是受到罗伯特·雷德菲尔德和弗里德里克·巴斯的影响而提出，用以说明历史上东干人如何界定自己与苏联和中国故乡的关系，以使自己成为整个东干人最正宗的代表；也用来理解东干人内部不同群体如何互相争论谁能代表最正宗的东干人，以及他们如何对吉尔吉斯斯坦环境进行重新分类。（李如东，2016）

胡氏和丁氏都集中关注同一区域，但也将自己的研究拓展到相关的课题和区域。在东干人研究之外，胡氏以研究柯尔克孜族的史诗《玛纳斯》著称于世。2007年丁氏在俄罗斯访学期间，按照俄罗斯民族学的传统，参与该国民族学机构组织的涅涅茨人考察（涅涅茨人位于俄罗斯西北海岸）。这一探险颇为吸引人，带着典型的俄罗斯风格。此行为她的人类学研究开启新的篇章（2009），后来她更提出"北极冻土带驯鹿文化"（丁宏，2011：36）概念，用以描述涅涅茨人的生活方式。这是一个颇为吸引人的概念，有待中国后辈学人在实地加以探索。他们都从实地研究跨界群体开始，走向更远的地方。

类似的是台湾人类学者郭佩宜。她追寻先辈刘斌雄的足迹，详细地梳理过刘斌雄先生的亲属制度研究（2008），前往南岛研究那里的岛国群体（郭佩宜，2008；2004；2002），尽管研究的议题千差万别，在自我身份的取向上也有不同。

中国人类学域外研究亟须培育类似的长久关注某个域外群体的研究传统。将自己的研究议题和研究对象与过往的学术脉络建立联系，皆是中国域外人类学志书亟须解决的难题。


**与中国—中国诸族群相关联的取向**

第三个值得关注的取向，便是与中国—中国诸族群相关联的域外研究。

年青一代志书作者前往域外进行实地研究的一个很好理由，便是当地与中国/中国人相关：学人之所以要研究他国群体，乃是因为他们移居自中国。这也是建立中国人类学域外志书的内在脉络关联之途。

跨界群体是中国人类学目前较有潜力的一个议题。根据中国20世纪50年代以后民族识别工程，有30个民族跟境外他国的群体有族性文化方面的联系。实际上，当中国一侧的族群成员被识别为民族以后，有关跨界群体的研究就已开始。20世纪80年代早期，学界就开始关注跨界群体，中央民族学院还将其研究列入研究生课程。2007年云南大学民族研究所制定海外（实际上是陆地联系）民族志研究计划，对生活在与云南省接壤的异国的跨界群体进行研究。（何明，2014）学者在研究中注意到国界两边的群体有差异。

有不少学者在民族音乐学研究中侧重于跨界群体，诸如连接中国与朝鲜、泰国、缅甸和老挝的朝鲜族、傣族、布朗族等的研究。（杨民康、王永健、宁颖，2017）民族音乐学家杨民康用王铭铭的理论，根据历史上东南亚与中国西南的音乐联系，把东南亚划分为两圈：内圈主要是佛教音乐区，由缅甸、泰国、老挝、柬埔寨、中国云南等地相互影响的跨界群体组成；外圈包括印尼、马来西亚、新加坡和菲律宾，其特点是受伊斯兰和基督教的影响。（杨民康，2017；杨民康、王永健、宁颖，2017）

民族音乐学家萧梅是蒙古族，就职于上海音乐学院。她曾沿着中国北方和西北的广大区域，追踪呼麦（Holin-Chor，Хөөмий，或Mooden Chor）的分布区域，直到中亚和南亚。呼麦是一种音乐形式，唱呼麦的男子通过自己的喉部发出多种声部，造成和声的效果。她的研究旁涉相似的音乐表达形式，如用一件乐器造成同样的和声效果。（萧梅，2013；2014）她在人类学理论上深受王铭铭的影响。2017年12月8日在北京大学的讲演中，她尝试将这一类音乐实践视作一种文明（civilization），即呼麦文明；它穿越若干族群，在较大区域流行，并将这些群体勾连起来。"文明"这个概念正是近十年来中国人类学引入莫斯（Marcel Mauss）的"文明"概念而传播开的。

2002年到2003年，笔者曾在拉萨郊区进行13个月的实地研究，对那里的博巴（བོད་པ།，传统上指生活在拉萨及周边区域的人）了解相对较多。2007年在"亚洲学者"基金会的资助下，笔者前往尼泊尔洛域王国的洛巴人中进行实地研究，发现他们的根基是苯教，但他们的宗教实践沟通着南方的种姓制度和北方的藏传佛教体系。他们的实践具备交互连通性，将跨区域的诸种实践沟通起来，特别是他们的亲属制度实践。（陈波，2009；2011）之后，因西方的"Tibet"话语极大地影响有关藏文化的解释，我开始从人类学的视角研究欧洲观念诸如"民族""帝国""王国"等，以及它们的文化/文明背景让它们构成一个系统。这个系统或明或暗地发挥作用。这迫使我去追寻欧洲历史上的这些概念，一直到当前的日常生活，为的是了解他们如何运用这些概念。

域外人类学研究空间上更远一点的是移居远方他国的中国人。这也是不少学者前往域外进行研究的理由。如1983年春台湾人类学学者陈祥水开始对纽约法拉盛的华人（oversea Chinese）进行的研究揭示唐人街社区从历史上的单身者社会（bachelor society）为有室有家的新移民社会所取代，以及新移民融入社区其他邻居人群如

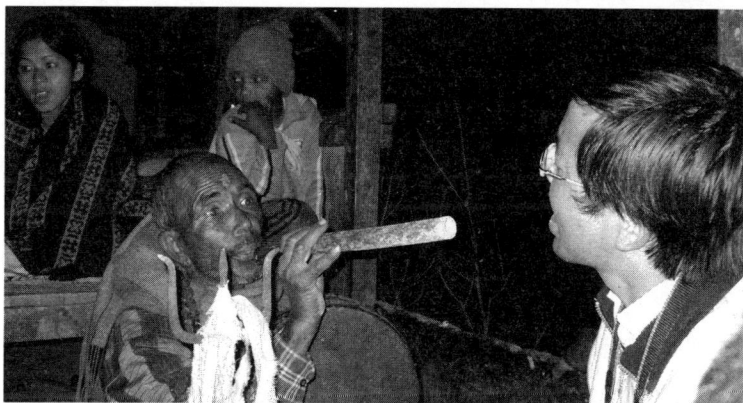

2008年4月，尼泊尔伯卡拉的古荣萨满为笔者举行治疗牙疼的仪式（艾伦·麦克法兰摄）

朝鲜人、拉丁美洲人、印度人、希腊人等的过程，尽管他用英文写作，但可作为类似研究的重要参考。（Chen，1992）贺霆研究中医在法国的实践，在文化接触的视角中探讨一些中间性的实践形式。（贺霆，2007）他特别强调"中医在他国的形态，并不完全代表中国文化，而更是当地居民根据自己的需要、自己的习惯对中国文化及中医的解读"（贺霆，2006：91；2014），"'西方社会的中医'是指西方人根据中医传统，经过当地文化的解读而形成的'中医'"，而"通过人类学实地调查，描述传入西方社会的中医的形态、历史、演变，揭示其文化模式，为中医药对外交流与合作提供支撑；并以此反观自我，为中国本土中医发展提供参照"（2013：83）。张金岭在里昂对法国人眼中的中国进行研究后亦有类似观察（张金岭2008）；曹南来前往法国研究温州商人移民，以揭示基督教信仰支撑和形塑他们的域外人生（曹南来，2016）。刘朝晖追溯福建邱姓宗族迁往马来西亚的后嗣，发现海外华人与祖籍国对他们的期待之间存在着关联与断裂两面特征。（刘朝晖，2009）即便罗杨也曾关注柬埔寨的华人。（罗杨，2013）李安山曾出版一部专著，涉及非洲的华人华侨史，上至唐以前的时代，下至1999年，侧重于他们在当地的生活以及他们与中国的关系。（李安山，2002）徐薇研究博茨瓦纳，也曾关注华人在非洲的困境，并对解决这些困境提出一些设想。（徐薇，2014）彝族学者阿嘎佐诗2007年获得博士学位。她的博士论文把新加坡视为东西交汇点来研究，考察新加坡从一个渔村转变为一个民族—国家的历程，特别侧重传统的发明。她通过该国莱佛士（Raffles）宾馆的展陈来说明。（阿嘎佐诗，2007）

根据以上简述，我们发现中国域外人类学志书的地图，与王铭铭所说的三圈稍有不同，它是由四圈构成的：（1）跨界群体研究；（2）研究中国周边国家的诸社会（亦参郝国强，2014：59—61）；（3）研究前两者之外的跟中国人有关联的诸社会，可以用文化结构并接的方式来研究；（4）前三者之外的其他诸社会，可以在比较的意义上进行研究。

第一圈的研究者尚有台湾学者如黄树民（对台湾学人的相关研究所作的综述，参王建民，2013），郝国强（老挝的佬族、苗族），马翀炜、张振伟、张雨龙（缅甸、泰国的阿卡人/哈尼人，2011；2013），高志英、段红云（缅甸傈僳族，2012），何林（缅北怒人，2013），侯兴华、张国儒（泰国傈僳族，2013），袁同凯（老挝蓝靛瑶，2009；2009；2013；2014），郑宇、曾静（越南赫蒙族，2013）和褚建芳（2011）等。第二圈如罗杨、吴晓黎（印度，2009；2015）、龚浩群（泰国，2009）、康敏（马来西亚，2009），台湾学者如郭佩宜、童元昭等对南岛族群的研究（参王建民，2013：24-26）等。第三圈如李亦园（马来西亚的华人，1966），黄倩玉（马来西亚、越南南部、美国华人社群），梅慧玉（印尼华人），郑一省（印尼坤甸华人，2012），吴晓萍、何彪（老挝和美国的苗族，2005），玉时阶（美国和越南的瑶族，2010；2011；2013），段颖（缅甸曼德勒华人，2012），黎相宜、周敏（美国洛杉矶海南籍越南华人，2013），李静玮（加德满都泰美尔旅游区集市因房东、本国商户、包含中国商户在内的外国商户和游客的差异性构成而导致的复杂的民族互嵌性和多样性，2016；2018），庄晨燕（对坦桑尼亚华商与当地社会日常互动的研究，2017），周大鸣（德国柏林华人移民，2012；可以比对俞明宝更早的深入研究，见Yue，2000）等。第四圈如乔健对北美原住民拿瓦侯的沙画与中国藏族的曼荼罗所作的比较（乔健，2004；Chiao，1971；2010）；麻国庆对日本与中国的家进行的比较研究（麻国庆，1992）；李晶借日本仙台秋保町农协的"地方性知识"看其对中国农村建设的借鉴意义（李晶，2011）；彭雪芳对加拿大原住民的教育进行考察，与她此前的彝族、藏族教育研究显然有对比关系（彭雪芳，2002；2006；2009；2012）；周建新对爱尔兰边境小镇朗纳斯的研究，跟他此前的中国西南跨界族群研究亦紧密有关（周建新，2002；2007；2008；2009）；徐新建比较英国与清朝在国名和旗帜等符号象征方面互相误解对方的情形（徐新建，2012：71-72）；李荣荣在研究加州悠然城时，亦尝试在复杂的社会历史背景之中将美国出现的无家可归者现象与中国并没有出现这种情形进行比较（李荣荣，2013：113）①。当然有的研究完全看不出这种比较意识的，如尚文鹏对波士顿在家教育者的研究。（尚文鹏，2017）

### 域外人类学中的民俗学派

最后我们要涉及一个域外人类学志书学派：民俗学派。这个学派旨在从民俗学出发，学习人类学以改造之，特点之一是植入现代性。2001年，北京大学人类学研究室高丙中教授开启海外民族志研究项目。高氏毕业于北京师范大学民俗学专业，他后来的许多学生着手研究民俗学设定的议题，包括有着民俗学训练背景的学生。（龚浩群，2009；李荣荣，2012：301）他倡导研究域外，提出"到海外去"（高丙中，2006）的口号，本是模仿自20世纪初中国民俗学先辈提出来的口号，即"到民间去"②。这些民俗学口号暗含的前提其实是一脉相承的现代性诉求。高氏从国家社科基金和外国获得充裕的资金资助，推动大量的学生在2002年后前往海外进行实地研究。（高丙中，2009）包智明教授并非人类学者，亦非民族学者，只是担任世界民族学人类学研究所所长时，职责所在，故作相关论述。（包智明，2015）这一学派主导着国内人类学域外志书的产出，截至2012年，他们已经出版6部志书。

这一派的学者有着强烈的现代性心性。他们设定的中国现代性建构，主要侧重描述西方现代性展布于世界各地后的社会—文化后果，以从中获得可能的启迪。他们把现代性视为历史的必然结果，

---

① 李荣荣主张的"个体化"进路与康敏所主张的"整体性"进路（宋霞，2014）明显形成对立。

② 有关的研究参见吴星云，2004。

并以此为标准去当地判定世界各地其他的政治和社会形式。

其中的许多学者有着强烈的探索公民—国家关系的现代性心态，所涉及的国家有泰国、印度、法国、美国、澳大利亚等；他们追随高丙中教授的认知，即中国的未来应当着眼于导向公民—社会的建构：在社会中培养面对国家的个体公民。他们先行假定他人在国家建构中的独特经验会有益于中国的未来。（亦参郝建国，2014）这是基于一个难题重重而未经证实的先行假定，即欧洲—西方的公民身份和个体主义模式具有普世性，是世界各国应然的未来。由此，这一派的域外人类学志书的最终目标是将欧洲—西方的霸权置入中国人类学志书的分析概念之中。

这一派中著作发表较多的学者有吴小莉（在印度从事实地研究）、龚浩群（泰国）、康敏（马来西亚）、张金岭（法国）、李荣荣（美国）、杨春宇（澳大利亚）、周歆红（德国）和马强（俄罗斯）等。

即便高氏本人，亦在2002年未能践行实地研究之后，最终在2007年前往美国进行为期两周的"预调查"：他在威斯康星州的一个小镇从事民俗调查。（高丙中，2008）他未在美国民俗中寻求另类性或他者，因此现代性就被理解为西方理念及其实践。不过，他主要的学术贡献，依旧是在中国国内进行的民俗学研究。他的域外民俗学研究与国内的民俗学研究部分交织。

我们多少可以说这一学派形成中国域外人类学志书的民俗学派，其民俗学取向与人类学取向明显交织在一起。如张青仁于2014年至2015年间在墨西哥从事实地研究，其关注点正是这一学派现代性民俗学—人类学志书混合取向的例子。（张青仁，2016；2017）

其他的例子如龚浩群关注泰国的节日体系展现其作为现代民族国家的连续性历史时间观（龚浩群，2005）；马强对俄罗斯复活节以及民族国家日历的关注（马强，2015；2017），甚至他对达洽（即俄罗斯城里人在乡村的份地及别墅）的研究亦可见出民俗学的视角（马强，2011）；张金岭亦关注过法国的"时间实践习俗"（张金岭，2011）；康敏将其域外志书命名为《"习以为常"之蔽——一个马来村庄日常生活的民族志》（康敏，2009），更是彰显民俗学取向与志书的内在关联。此外，重要的是，这一派中的学者在学习、研究和著述中，有一个与民俗学脱离的转型过程。既要保持民俗学的取向，同时又要有人类学的他样诉求，这一张力不仅是个人的学术过程，也是学派内部普遍性的范型转换过程。此处限于篇幅与主旨，不细加分析。

该派学者尚有一个强烈的心性，即他们是中国人类学者前往所在国从事实地研究的第一人；有时甚至不区分学科，是第一位前往当地的中国学者。马强自述2007年时高丙中教授对他讲的一番话：

> 在西门外的社会学人类学研究所里，高老师对我说，俄罗斯是中国最具对比性的国家，而中国人还并没有真正了解俄罗斯，这是海外民族志的使命，俄罗斯经验研究大有可为。
>
> 高老师的计划让我热血沸腾，从那时起，"到俄罗斯去做主体民族的田野调查，写一本关于俄罗斯的海外民族志"成为以后十年的奋斗目标。（马强，2016）

在他们的域外志书事业之路上，这种使命感强有力地推动着他们。

我们在这一学派学者的著述中发现，域外人类学志书与中国深厚志书传统之间的隔膜甚深，一如在西方国度接受教育的学生所书写的人类学志书。似乎对他们而言，志书作者的文化—历史背景，在他们的概念框架中是和实地研究过程无关的。因此，在学术脉络上，当前不少域外人类学志书的研究跟中国并没有多大关系；不仅如此，他们的写作更像是在域外学术群中进行对话，与本土无关——除了用汉语书写。我们基于研究议题而将这些作品纳入时，发现它们与翻译自欧洲—西方作者的著述已无多大的分别。

如何从中国视角出发，在他者那里发现多样、繁复的"他性"，而不是像格尔茨批评的"在别人那里去寻觅自己家里的真理"，是当前中国人类学域外研究面临的一大挑战。不只是民俗学派的学者，所有域外人类学研究的从业者都得面对这一挑战：不仅现在如此，将来依然如此。

## 重塑中国的多样性与他者

近来，随着中国人类学域外研究的扩展，越来越多曾从事"跨界民族"国内一侧民族研究的学者前往他国的类似群体中进行实地研究，譬如新疆大学的学者前往土耳其的原住民中进行实地考察。这些考察与自我的关怀是什么呢？美国学者瓦桑库马尔曾在甘肃夏河实地研究。他接触的一位当地普通人是流亡尼泊尔数十年后回归的；这名回归者把自己在尼泊尔生的孩子称为"真正的华侨"，并把自己开的饭店命名为"华侨饭店"。（Vasantkumar，

2012）这给人以启示。2014年中央民族大学丁宏教授主持的一个
项目中就整合这些差异性的称呼，把流散于国外的少数族群如藏、
苗、瑶、回、维吾尔等都归入"华侨"范畴之中（丁宏、李如东，
2015）。同一年苏发祥教授亦参与推动学生去研究尼泊尔境内跟
藏族有关系的族群。才贝毕业于中央民族大学，就职于青海民族大
学，2016年与两名藏族同事一道前往尼泊尔进行为期一个月的实地
研究。他们基于传说、实地访谈和藏文文献展开考察，关注的议题
诸如他们的旅行经历、佛教铜像的建造和流传、有关加德满都大佛
塔区大佛塔和藏传佛教徒社区布达纳斯的叙事等。他们关注的显然
稍有不同。

　　扎洛博士就职于中国社会科学院。他在研究喜马拉雅地带之
前，曾经对青海家乡，特别是部落制做过深入的研究，也涉足过藏
族史；他在《清代西藏与布鲁克巴》中侧重锡金、不丹和尼泊尔之
间多国关系，这与他此前的研究相当不同，视角更具综合性，且从
国家的视角来审视历史事件和历史材料。他还呈现另一个维度，即
从天下宇宙观和天下心态来审视清乾隆朝晚期（1789—1795）中国
与尼泊尔、锡金和不丹之间的边界划分。（扎洛，2012）

　　一名藏族人类学志书作者或许会去研究异国与藏系族群相关的
群体，可能因此而以中国方式处理与藏族有关的议题。当一名藏族
学者离开中国前往异国进行实地研究时，其关注的东西不仅是与其
民族文化背景、个人性格、个人经历或人生史相关的事实，而且也
会关注那些与中国有关的事实。当一名女学者看到一块告示板上用
中文写着"中国女人最漂亮，我爱中国女人"并拍下一张照片以作
留念时，她显然将自己认同为"中国女人"的一员。他们的志书报

告反映了国家的视角和他们自己的民族文化背景。

　　2008—2009年，陕西师范大学马强博士在马来西亚的穆斯林华人中进行实地研究。他尝试把中国概念"华"带入这一领域，提出"华穆"概念，指的是具有马来西亚国籍、属于华人、在中华文化和中国文明中成长起来的穆斯林；他认为"华穆"是"华人"的一部分。（马强，2011：28）

　　我们在中亚也同样发现对"中国"的新理解以及多重的自我与他者。丁宏博士在当地人中进行实地研究时习惯地称自己是东干人，这在吉尔吉斯斯坦是官方确定的一个民族；但当地一所大学的校长把她当作东干人的一分子，并赋予这一符号比"中国人"更有利的价值，此举激起她的中国人身份意识。对她来说，国家身份即中国人的身份是第一位的、首要的身份，此后才是各个民族的身份。（丁宏，2009：203）

　　不过，在中国域外人类学志书的话语当中，一直有一个把"中国人"当作同质化民族的压力。比如，徐薇在一篇文章中说"中国人是一个对食物从不挑剔的民族"。（徐薇，2014：87）大江南北著名的民族大学有16所之多，求学于其间，不难发现诸多民族的生活习惯、饮食习惯差别甚大；谁会对食物不挑剔呢？即便汉族的饮食习惯，各地也有不同。周飞舟甚至将"广土众民"的中国的饮食分为四个区："安徽、江西中部往西，到四川、云南，叫作'吃辣区'；安徽、江西中部往东，从江苏南部沿海一直到广东，叫作'吃甜区'；华北、东北诸省叫作'吃面区'；大西北包括内蒙古、新疆、青海以及西藏叫作'吃羊区'……陕西省处于'吃辣区''吃面区'和'吃羊区'的交接地带，所以关中一带的人就既吃羊、又吃面、又吃辣，羊肉泡馍、臊子面之类的东西就是典型。"（周飞舟，2018）这个大区域划分已经让我们意识到中国人饮食的复杂性：20世纪80年代初吃辣的四川人到了广东一带，非常不习惯那里的甜食，出发前一定随身携带一罐辣椒（当然不是每个四川人都会如此），挑剔如此！即便同一个区域的人，饮食也会"挑剔"：譬如青海吃羊的安多藏族到四川的嘉绒藏族区域，就非常不习惯当地的人们日常吃猪肉的习惯，日夜思念家乡的羊肉（有安多人习惯吃猪肉、有嘉绒人习惯于在西北吃羊肉也是可能的）。

我们难以无视全国的多民族共处文化、饮食多样性的现实。举凡涉及某某人的"民族性格"（钟鸣，2013：65）这样的话语，便是特别值得我们注意的地方。若是看看周歆红所述西方如德国学者塑造本质主义的"中国人"（Chinesen）并对其"国民性"所作的批评（周歆红，2008：32），或者如梁永佳避免使用"中国文化"这样的全称同质性概念（梁永佳，2009：20），我们或许在这方面更多一些自觉意识。

## 自我与他者：评论与引申

目前的中国域外人类学志书有若干不利的特征。首先，大多数实地研究的语言是用英语进行的。云南大学民族学研究所原主任何明在研究计划中确认这是海外实地研究的一个缺点，但并没有提出任何修正的措施或建议。（何明，2014）亦如康敏所批评的："利用其语言优势在对象国获取一手资料的历史、政治、经济和社会文化方面的研究则很少"。（康敏，2010：35）从方法论来说，中国域外人类学志书所冒的险乃是回到前马林诺夫斯基时代的实地研究，依赖于中间人的口译或笔译，对这个过程中丢失的信息一无所知，最终失去文化洞识，得到的只是干巴巴的信息。这也是20世纪50年代以来一直困扰中国民族学的，不同的地方只在于国内民族学在研究少数群体时，绝大多数人的实地研究语言是汉语。

其次，绝大多数研究较为单薄；主要是志书系统地忽视某个地方的四对复杂关系：此即王铭铭所阐释的内外关系、上下（等级）关系、前后（历史性）关系和左右（当地社会不同组成部分之间的）关系。（王铭铭，2011）[①]结果便是中国域外人类学志书出现去圜局化（the de-contextual orientation），没能在圜局之中理解其所研究的对象。

如历史的几个维度都遭到忽视。首先，志书作者出于各种理由，无视中国人前往当地、书写当地的历史，即中国学者对某个域外地方的学术脉络的贡献。最重要的一个理由便是出于学科的歧视，以那些书写者不是人类学家，他们书写的内容不是志书为由不加考虑。杨春宇在反思澳大利亚实地研究时，引用王蒙和汪宁生访问澳大利亚后所写的感言，已属难得。（杨春宇，2014：39）其次，在大多数情况下，志书作者对所运用的概念及其历史未加深入辨析，缺乏深度；最后，志书作者认为当地的历史无关紧要而忽视之，给人的印象好似当地人根本没有历史那般。我们把这看作是中国域外人类学志书中的"去祖运动"。

实地研究者把所研究的对象、所在的国家本身，想当然地视为

---

①　吴晓黎在反思印度的实地研究中，以及杨春宇基于澳大利亚的实地研究中，朴素地提出"边界"，来解释他们的实地困惑。参吴晓黎，2009：22；杨春宇，2014。

是同质的，在字里行间给人的印象是全国没有多样性，没有族群差异、宗教或信仰差异、语言或方言差异等。加上"去祖运动"和去圈局化，这导致志书所呈现的异域社会出现部落化（tribalization）：它们就好似马林诺夫斯基所呈现的太平洋岛国上的原始野蛮人：没有历史，没有等级，没有文明，没有中央集权的政治结构；在某些意义上，他们甚至是没有精神性生活的。

第三，由机构安排而进行的域外研究，跟不基于机构计划而进行的域外研究之间的对立，目前在国内相当明显。机构运作在塑造域外研究中起着宰制性的作用，而非机构性的域外研究者只能通过边缘性的方式获得资助，进行学术探索。

最后，但并非最不重要的是，绝大多数志书作者高度缺乏异域研究训练背景。他们可能长期关注某个国内议题，只是不期然地转向域外研究。我们可以见到部分志书作者只是突然在自己的履历中加入一项若干月乃至若干周的域外研究经历，这一转变太过突然，且与此前此后的学术经历都没有任何内在关联，也不知道是何原因要去从事域外研究。绝大多数研究者没有相应的在域外进行实地研究方面的基本训练。更让人震惊的是这样的学术背景案例：她或他在本科阶段时学的是物理学，随后的硕士阶段读的是社会工作专业，毕业论文写的是汶川特大地震中的社会服务；好不容易到博士阶段攻读人类学，博士论文做的却是体育运动或服饰研究；博士毕业后，因为人际关系的原因，开始从事博士后研究，题目是影视人类学。在此期间，因人际关系或是极其偶然的原因，申请到慷慨的资助，前往印度研究该国后工业社会的处境，与自己此前的任何知识背景都缺乏内在联系。

对绝大多数人而言，域外研究更是全新的。与西方大学就读的绝大多数博士生实地研究者相比，无论在哪个意义上，中国的域外研究者都还是有待成熟的初学者。与华盛顿大学人类学在20世纪50年代拓展的域外研究（罗杨，2008）相比，半个多世纪以后中国人类学拓展的域外研究远未达到让人赞美的地步。

## 他者的取向、价值和参照

我们前行步履蹒跚，须谨记人类学重视的他者的取向、价值和参照。

他者不仅是空间上的他者，还有时间上的他者，以及他者的历史上的他者。

唐朝诗人李峤（645－714）有一首题为《中秋月》的诗道：

> 圆魄上寒空，皆言四海同。
> 安知千里外，不有雨兼风？

李峤质疑四海同月。同一时间，各地的风景可能是不同的。这首诗讲的道理再明白不过：没有普遍一致的风雨月。它们皆因地而异。

与此相反，刘禹锡写道："东边日出西边雨，道是无晴却有晴。"（《竹枝词二首·其一》）东边与西边明明是不同的气象，他却在这不同的风景里，发现相似之处，发现处于二者之间的景象和境界。同异皆因事、因情、因景（境），相对而生，妙的是处于二者之间。

张若虚在《春江花月夜》中，尽管提到"滟滟随波千万里，何处春江无月明"，但也只是"人生代代无穷已，江月年年望相似"而已。更妙的是诗中问道："江畔何人初见月？江月何年初照人？"感慨"不知江月待何人，但见长江送流水"。

诗人已经将自己的"我性"相对化，在历史长河中，不是唯一的，也不是绝对的。他者和自我，在时空两方面并皆相对化，依据圈局的变动而不同。

这样的哲理性诗句，除了引人无限惆怅，还引起无穷无尽的哲思：历史长河中的他者有几多？如何追寻这样的他者？

这些哲人的思考，比古语"它山之石，可以攻玉"要深刻而繁复得多，尽管东汉郑康成说过"它山，喻异国"。它们启迪我们，去思考他者，去重审自我。

在中国思考美国，在美国思考中国，我们的他者观又会有怎样的不同？我们在实地研究中又能提出怎样的新见呢？

本书将实地研究杜克大学。在杜克大学2019级本科的国际学生中，数量位居前三的都是来自亚洲的国家：中国留学生数位居第一。杜克大学的第一位国际学生，也是中国人，而且这位中国学生对中国历史产生过举足轻重的影响。从人类学的实地研究的角度去了解这所大学和它所在的社会—文化背景，从时空多重他观的角度，具有重要意义。

我们在杜克大学丰富的藏书里看到他者：我们的大学少有它那样大量的藏书。据2019年统计的藏书量，一般图书7478410册；按每一页文件的长度来计算，手稿和档案总长度达到63132英尺（19242.6米），尚不计它购买的1097个数据库（数据截至2020年6月27日）。

这些是以图书馆的年度经费为基础的。2019年杜克大学图书馆的经费是41707506美元；杜克大学的经费，若是分摊到每位学生（研究生和本科生），则是2657美元。[①]此外，杜克大学图书馆系统全校流通，不像有的高校那般，校内各院、系、所的图书馆各自为政，互不流通。

从它作为私立大学的历史中，我们可以看到它曲折的办学历程：从19世纪位居穷乡僻壤、名不见经传的小学院到位居美国著名大学的前列。在它一度处于穷乡僻壤的历史中，在它至今仍然不在任何都市的现实中，我们同样看到他者：不像许多大学屹立在闹市；它占地8693英亩（52769亩），光杜克森林就7044英亩（42759亩）[②]，是许多大学无法比拟的。

纯粹地说他者，不如直指他者的社会—文化及其历史。

杜克大学嵌刻在怎样的社会—文化背景和历史中呢？它的历史经历过哪些阶段，成长机制又有哪些值得关注的地方呢？在中观美、美观中的二元观之外，我们从杜克大学的历史中又能看到怎样的突破二元观的路径呢？

为了避免陷入自诩人类学"美国研究第一人"的窘境，我将回顾不同时代国内学人有关美国及其宗教与社会—文化关系的著述，梳理这些论述中的不同的他者观及其关系，考察它们与天下观的联系。我试图在前辈学人在研究美国的宗教时所取得的成绩之上前行。

---

① https：//library.duke.edu/about/reports-quickfacts 访问时间：2020年6月25日11:05 AM。

② https：//facts.duke.edu/ 访问时间：2020年6月25日11:00 AM。

# 第一章 情景他者：我们认识美国的方式[①]

## 问题的提出

我们如何认识美国这个问题，有一个前提问题，那就是我们为什么要认识美国。对我来说，纯粹是因为先有了在美国生活的体验，并由于这个体验有许多与别人的体验不尽相同的地方，促使我开始思考"何为美国"的问题。

2006年夏天，在美国生活的最后三个月里，我开始有意识地以我任教的杜克大学为个案，研究美国社会和文化。难题是，这种认识如果不反思我们为何要认识美国，如何认识美国，乃至不去反思美国的历史，则是浮乏的。

本章先要梳理我们的先人如何认识美国，看看他们的认识方式和结论对本研究有哪些启迪。在粗疏的阅读中，我强烈地意识到过去若干世纪里，我们的前辈曾以美国作为参照，来设定自身社会和文化发展的方向。我的那些另类实地体验提醒我，以人类学意义上的社会–文化的眼光，把美国社会–文化当作一个总体的他者来观

① 本章曾得到龙成鹏、张颖同学的襄助，并得以在东杰兄的王府图书馆内阅读有关近现代史的丰富藏书，倍感顺利，感激之情，谨此致谢。

察，可能会有助于我们反思。

　　毫无疑问，我没有办法逃离从清代道光年间以来认识美国的那些基本格局，我不能声称要创立一套空前绝后的美国认识论基本原理，以终结所有的"美学研究"（America Studies）。我得老实承认，本研究仍是在这个研究之流中，承受着先人们的恩泽，赓续着他们的传统。但与此同时，我也看到这个研究之流有一个时空的格局，在先人的视角中，格局中的有些因素被忽略、被遗忘、或被淡化。从总体的格局出发，恢复这些被忽略、遗忘或淡化的要素，去实地探索一个美国社会–文化的整体，似乎是本研究能有所贡献的。

　　有关美国的研究文献真是汗牛充栋，本书无法面面俱到，难以对诸多具体的领域进行细致的考察。在具体研究中，任何一个单独的领域都有作者取得了独特的成就，杰出而深刻；而那些普泛性的著作，专家们的记述全面而广泛，覆盖美国社会生活的各个角落，他们的观察细致而敏锐；除非我有编纂美国大百科全书的职责，否则我无法也没有必要包容它们。因此，本章的根本出发点，是要根据华人访美者的言论，而非根据曾对美国乃至中美关系提出看法的中国人的论述，从总体同时又是具体的关联中，探讨美国文化的本相。

　　这些先辈们是如何认识美国的呢？

## 天下观中"化外蛮夷"的"不经之甚"与"仁政待民"

　　张德彝15岁（1861）入同文馆习英文，后数十年间遍访各国，留下数百万字的日记，弥足珍贵。他并非留洋学者，终其一生都根植于华土，所以他的记载更能反映一个中国士大夫对外邦的典型看法；其《欧美环游记（再述奇）》（下略为《再述奇》）是同治六年（1867）至八年（1869）游历美国、英伦的记载，他在美访问大约六个月（同治七年三月初八日至八月初三日，中间闰四月），其所记有助于我们了解他有关美国的观念。

《再述奇》自序："天下土宇，分五大洲，邦国数百，人百亿兆，风土人情之迥殊，衣服饮食之异宜，隔海离山，距我朝率千万里"；"德明两次奉命随使航海，东西绕地一匝，计里十余万，历国十有三"。（张德彝，1981：23）天下之大，有宇内无所不包之慨；作者写这些日记的心态便是天下心态。

同治六年四月初三日，至旧金山之岗州会馆，"鼓乐喧天，锦绣铺地，悬花结彩，华丽绝伦，有朱签楹帖三幅，一云：圣天子修礼和邻，化外蛮夷浑若赤；贤使臣宣仁布德，天涯桑梓视同家"。（张德彝，1981：53-54）

五月初四日，在纽约，当晚在代拉莫呢扣店，"新埠阖邦绅商是日在此恭请中国钦差晚酌"。设长案九张，坐二百九十余人，"作乐侑食。食毕，齐立称觞，恭祝大清国大皇帝，次祝合众国伯理玺天德。后蒲钦使与纽邦总督起立，代达中外和好，言罢众皆举酒大呼曰：'额卜额卜额卜，贺来贺来。'①以示宾主欢洽之意"。（张德彝，1981：75-76）

同年闰四月十五日，在华盛顿哥伦比亚特区，张德彝随"志、孙两钦宪至总理各国事务衙门，会同徐尔德至统领府，谒见统领朱温逊……朱云：'贵钦差辱临敝国，本统领当竭力襄办，一是不可

---

① 注：额卜即up（起来），贺来即hurroh（好哇）。

令有不便。'云云。""记：朱温逊少有大志，隐于缝匠，所有天文地理、治国安民之书，罔不精心攻习，国人敬之。前任统领凌昆卒后，众遂推彼登位，故国人呼为缝匠统领。其府周约三里，系汉白玉石建造，外绕花园。土人呼曰'白房'，嘲语也，盖国中呼厕为白房。"（张德彝，1981：65-66）

七月初四日庚辰，在波士顿，"巳正，随志、孙两钦宪乘车行二里，入其范仪堂。堂亦宽敞，可容六千余人，系范仪捐建"，"是日通城商贾工匠，入堂参谒中国钦差。钦宪立于正面台上，台之左右有阶，左升右降。先见者班、韦二总督，一系木匠出身，一系屠户出身。自巳至未，升台谒见者已有五千余人，而台下立待者仍不减少。而楼上妇女倚阑瞻望者，有如云如茶之美，珠履三千，不知倾城几许矣"。（张德彝，1981：101）

在旧金山参观完欧兰庄后，深夜作《欧兰记》，文中说："远视绵亘凸凹，蔚然深秀者，肆前之山岗也。楼台点缀，野芳幽香者，肆后之名园也。"末尾说："而俄延瞻望不复言别者，众客醉矣。众客醉，而星使归矣。"（张德彝，1981：51-52）《欧兰记》仿欧阳修《醉翁亭记》的痕迹无疑，张德彝悠游天下和君临天下之心态可见一斑。笔者以为这种天下心态在这里得到充分展现，或这是因为在本土时也无法如此充分表露。

美国的一切似乎无不在张德彝的"天下"关照之中。且看，四月初一庚辰，在旧金山"虔谒关帝庙进香"，"圣帝之威灵，无远弗届矣"。（张德彝，1981：53）闰四月初二日，在纽约新埠，"闾巷千百，按数而名者，有自头条胡同至二百二十九条胡同。亦是朝朝佳节，夜夜元宵"；初六日，"午初，乘车行里许至义社，系富室古柏尔建造……广置天下书籍画本、石人泥像，令郡内居民学习，或读或画，或塑或刻，听其自便，一切支应皆伊供给。又行三里许，至义书堂……内储各国古今书籍七万五千余卷，国人乐观者，任其流览，以广见闻，惟禁携带出门，与点窜涂抹而已"。（张德彝，1981：60-61）六月二十四日辛未，在尼亚加拉瀑布，"早有老媪年约六旬，携其子郭腾文投帖见明（即张德彝），云：'今早产得一孙，求赐乳名。'明即书'福儿'二字与之。媪问何义，遂以洋字还音，且翻云：'哈辟柏艾'①也，母子拜谢而去"。（张德彝，1981：96）又"闻有粤人王阿秀在此开张茶铺，甚获利，已纳番女为妻"。（张德彝，1981：102）

2005年12月，旧金山唐人街

---

① 注：happy boy。

美国其俗，更有伤风化伦理者。五月十七日甲午，"闻合众及英国有同姓而婚者。此等人散处于野，另奉邪教，名'墨尔门'①。盖暗号，其义未详。有伤伦理，现国家设法严禁，而此风少戢"。十八日，记："合众女子少闺阁之气，不论已嫁未嫁，事事干预阃外，荡检逾闲，恐不免焉。甚至少妇听其孤身寄外，并可随相识男子远游万里，为之父母者亦不少责。不为雌伏而效雄飞，是雌而雄者也。"（张德彝，1981：83-84）六月初四日，记："盖外国风俗，妻禁其夫，不令一夕宿于外，而妻终夜街游，其夫莫之敢问"；对奸夫淫妇，"经官审定，奸夫罚洋银五百元赎罪，淫妇令伊父领回，因其夫不喜也。若其夫仍念旧情，不忍他适，官亦听之。是璧虽不完，而镜可重圆矣"。（张德彝，1981：85）初十一日，记："有等不肖男女，猝遇于途，相距甚远，则彼此自啜左手背，或啜右手五指头，啜毕，持放左手心，向彼吹去，含笑而罢，洵流荡之极者也。"（张德彝，1981：87）

七月二十日丙申，"闻国人自北方胜后，而南方时有不逞之心，乃聚众立党，称为'分尊卑党'，仍以奴辈视黑人，只于不敢放肆。所有大小官僚，仍系'平行'，与'分尊卑'二党并进，各怀私意，彼此不睦。现任伯理玺天德将及四载，各邦人民应公举堂中二大官为一正一副。因二党不和，'平行'者欲举二人……'分尊卑'欲举（另）二人……二党如此争衡，后患恐不免焉"。（张德彝，1981：107-108）考其政治现实，张德彝以儒家的天下伦理加以检讨，认为不合适。

---

① 注：摩门教。

六月二十三日辛未，张德彝在美国首府，"晚有邻人马拉斯者约观剧，是时本系西历一千八百六十八年，而所演者乃假造一千八百七十二年事，亦不经之甚矣"。（张德彝，1981：72）

然美国并非一无是处或如此"蛮夷"者。"合众国自乾隆四十年苦英苛政，叛而自立，于今百年，已化三十六邦。民主其国，公立统领一人为首，在位限以四年……任满，集众议之。众以其贤，则再留四年；至多不过十二年。"（张德彝，1981：73-74）"统领"一语，自然在"大皇帝"之下；他又将美国"统领"（president）一语翻为"伯理玺天德"，其想象美国之根据，仍然是天下的伦理观念。"统领"当是有天德有伯理者，且是执玺人。他关于历任"统领"的考察和记述，无过于此。又说："自畔英自立后，纯以仁政待民。欧罗巴各国游民望风引领，来隶版图……天时亚于华夏，南如江浙，北如燕晋。各邦皆有公举之正副首领、巡察、赞议、刑官、指挥等官；所办政事一有偏私，则群议废之……不以兵戎而以玉帛，合众有足多焉。"（张德彝，1981：108）关于美国南北战后，"刻下黑人既驰其禁，即各听其便，富者安居，贫者佣力，洵合众国之第一仁政也"。（张德彝，1981：71）

六月二十七日甲戌，在尼亚加拉瀑布附近的柏费娄，城旁临益湖，"湖通运河，河边建积谷仓，高十五丈，周八十丈，前一双筒，伸出如象鼻。内作连斗，插入米内。轮机动，则连斗齐转，将米运上倾于楼顶斛中。随斛有称，只需一人计数而已。称过则米流入各廒，颗粒皆归官府，绝无偷盗之虞，勾稽不爽丝毫，永鲜侵吞之弊"。（张德彝，1981：97）他也看到尼亚加拉瀑布附近"乡人议事厅，楼房宏敞，修饰洁丽"。（张德彝，1981：106）

十八日乙丑，在纽邦敖奔城附近参观农器，"又有打麦器……磨动，则皮带随齿轮而转，自然粒出于左，而流入于仓矣。梃净壳飞，各有所在，精巧之至"。七月初五日辛巳，在纽邦参观其火药库，"所储铜帽、药料、火弹无不精良"。（张德彝，1981：91，102）

张氏曾记："前在纽约，时当盛夏，明等被纱罗大衫而游于市，而土人谓其服寝衣而游，共非笑之。盖西俗夜着长衣，昼着短衣故耳。"（张德彝，1981：107）后来他到英国，见当地人婚礼着白衫，手执白花，首罩白纱，他说："盖泰西尚白，故新妇服此，一取其吉，二明其洁。曾记斌公《海国胜游草》有诗云：'白色花冠素色裳，缟衣如雪履如霜。旁观莫误文君寡，此是人家新嫁娘。'"（张德彝，1981：115）这提醒我们，张德彝注意到文化两边这种意义对反的情况。

张德彝更有关于不同信仰与风俗的比较与论说，甚是精彩。他在美国京都，于徐尔德家随钦宪会见各国公使及本国诸大僚二百余名：

> 登楼忽见一人，黑发黄面，貌如亚细亚人。明以为日本使臣，及谈，始知系上洋人，来此已七载矣。询其何干，云："学习传教。"曰："汝尚欲回中土乎？"曰："然。""然则汝发已剪，何得回耶？"曰："蓄之令长可也。"伊又云："公等旋归，可将西国风俗政事之善者以劝华人之不善，不数年间，华人必效西国矣。"明言："汝既中华人，当晓中土事。夫各国皆有善政美俗，以彼移此，尚有宜与不宜，况中国

历来数千年，古圣先贤，所遗嘉言懿行，不可胜数，何必取彼数百年善政，以易我数千年之善政乎？然则汝知中国有孔圣乎？"曰："知。""汝知大清国有同治皇帝乎？"曰："知。"曰："汝既知，则吾告汝，但恐汝皆忘却也。夫大清国之禁律，男子剃发长服；今汝已剪发异服，则吾不以华人视汝矣，必以为欧罗巴及阿美里加者也。然汝学习传教将何为？"曰："必得其真实善道，以劝我华人同登善道也。"曰："予惜汝何其愚哉！夫所谓真实善道，非尔所知。耶稣者言教化西土，欧罗巴各国人民咸被其泽，世奉其教。孔子生于耶稣五百五十余年之前，在周之世，所遗嘉言懿行，传流教化亚细亚各国及附近岛屿，如日本、琉球、安南各国人民咸被其泽，世尊其教。汝亚细亚人也，何弃此而归彼哉？然则汝先祖即天主教乎？"曰："非也。""汝父为天主教乎？"曰："亦非也。"曰："然则汝之随天主教也，非为行善，乃取利耳。汝今为取小利而乱大义，忘却尔祖尔父，汝死后将何以见尔之先代祖宗乎？尔之祖父必不以汝为其子孙矣。嗟乎嗟乎！亡羊补牢，未为晚也。"其人大惭。（张德彝，1981：66-67）

这一段关于信仰与传教的对话颇为典型。华人信仰基督教而献身于其传教事业者，颇不乏人。杜克大学毕业生宋耀如是卫理公会的教徒，他的资助人卡尔将军（General Carr）就是冲着要他学成归国传教这一点而设计他的受教计划的。张德彝批驳的这位，我们已经无法考察他后来的经历，但他绝不是孤例。

张德彝的日记体现着儒家知识分子看待天下的典型风范。这种心态对后世认识美国的影响非同小可，尤其是关于可学与不可学、信仰与否之辩。

## 爱国心判定可学与不可学

容闳（1828－1912）长张德彝18岁，应该是第一个留美、详细观察并有记录的国人。由于他12岁即在华人传教士所办的学校就读，随后跟从传教士入美国求学并在耶鲁大学获得学位。他长期受西学的熏染并入西教，身上保留的本土文化观念究有多少实难细究。不过，从他留下的《西学东渐记》（*My life in China and America*）中，我们可些许得知他及其同时代人对美国的观念。

他在自序中说："一向被当作西方文明表征的西方教育，如果不能使一个东方人变化其内在的气质，使他在面对感情和举止截然不同的人时，觉得自己倒像来自另一个世界似的，那不就奇怪了吗？我的情况正好如此。然而，我的爱国精神和对同胞的热爱都不曾衰减；正好相反，这些都由于同情心而更加强了。"1894年，容闳66岁，已近"从心所欲，不逾矩"的人生。"对中国的爱"促使他回国效力抗日。（Yung，2005：103）这种爱国精神和对同胞的热爱，可以作为评价容闳一切成就的出发点。他苦心孤诣的派遣留学生的计划，"是我对中国的永恒热爱的表现，也是我认为改革和复兴中国的最为切实可行的办法"。（容闳，2005：1）作者晚年于异乡说这些话时，美国作为另一种文化，其对作者的影响不可小觑。爱国心实际上要在这种异文化的氛围中才可能被充分激发出来；反过来说，作者身上的中国性因为遭受到质疑，自我的质疑或他者的质疑，才有此种表现。像张德彝那样短期访问者，自然不会有此种感受。

他信仰基督教，所以视天津人民反教者为迷信之徒（容闳，2005：120），但容闳在美国求学遇到严重的学费负担问题。他断然拒绝教会要他毕业后回中国传教为条件而提供的资助："予虽贫，自由所固有。他日竟学，无论何业，将择最有益于中国者为之。纵政府不录用，不必遂大有为，要亦不难造一新时势，以竟吾素志。若限于一业，则范围甚狭，有用之甚，必致无用。且传道固佳，未必即为造福中国独一无二之事业。""以吾国幅员若是辽阔，人苟具基督精神，则何往而不利。反之，若人无此精神者，任何然诺都不能融化其冰封之灵魂。"（容闳，2005：27；Yung，2005：17）

尽管容闳在书中并未评价美国宗教，但我们似可以从这里看到他心中潜在的一个基本观念，那就是美国宗教是真正的宗教信仰，而中国人的信仰则为迷信；他复认为"中国之所谓革命，类不过一姓之废兴，于国体及政治上无重大改革之效果。以故中国两千年历史，如其文化，常陈陈相因，乏新颖趣味，亦无英雄豪杰，创立不世伟业，以增历史精神。"而太平军起，则大不同前，"非彼果英雄豪杰，以含有宗教性质尔"；"而能所向无敌，逐北追奔，如疾风知扫秋叶，皆由宗教上所得之勇敢精神为之"。（容闳，2005：77-79）他真正相信基督宗教是给中国带来精神振作的希望。他对太平天国运动的评价是说它在政治上和宗教上都没有给中国带来福祉，"太平起义带来的唯一的良好结果，乃是上帝利用这个起义作为一个动态的力量，去打破一个伟大民族的停滞，并唤醒它意识到新的民族历程"。（Yung，2005：56）

从上面的引文中，我们还看到，他认为美国是启蒙了的、富强的国家，而中国则不是，需要"新生"；在这些辨识后面，是他想如何更好为中国谋福利之心。这就是他经丁日昌上达"天庭"的四条奏疏中最后一条"禁止教会干涉人民词讼，以防外力之侵入"，原因在于"今日外人势力之放恣，已渐有入中国越俎代庖之象"，教徒遇到民刑诉讼事件，"竟由教会自由裁判，不经中国法庭讯理"，为制止之以夺回世俗之权（temporal power），"以后无论何国教会，除关于宗教者外，皆不得有权以管理奉教之中国人"。（容闳，2005：118；Yung，2005：80）这和韩教准（1864–1918）自美国回乡之后的诸多行动，有着多么惊人的相似性。

容闳自然不认为基督宗教是能为中国谋福利最好者；他因受美国教育之故，故认定西学东渐是于国人最大的福利："'我能以我的教育做什么呢？'就在我即将结束学院生活之时，我已打定我将来作为的主意。我认定中国将来的一代人应分享我所受教育的福，以使中国通过西方教育，能得以新生，得以启蒙与富强。我尔后壮志之指引，皆在于践行这个目标。"（Yung，2005：20）其毕生最大的成就便是推动清廷内部学习他者，获得朝廷的支持，先后派出120名幼童留学美国康涅狄格州数年。后留学事业夭折，容闳回到北京，用将近一个月的时间，遍访京中政要包括恭亲王、庆亲王及六部尚书等。（容闳，2005：146）

在留学方面，与他观点截然相反的，是留学生督学陈兰彬及陈氏去后所推荐之督学吴子登。吴子登尤视留学生为"对中国文化之叛经叛道者"，数度上奏谓容闳纵容学生放荡淫逸，而学生在美专好学美国人为运动游戏之事，且仿效入各种秘密宗教或政治会社，且学生多半信仰基督教，长此以往，必致丧失爱国之心；纵然回国，亦将无益国家等等。（容闳，2005：134-37；Yung，2005：92-94）在他们看来，美国学生的行为方式与中国人的行为方式相去甚远，而学生们信仰基督教则成为反对的核心议题，且不说清廷早已经历罗马教廷的"中国礼仪"之争，对此洞若观火。如果基督教的确可学，则当大力引介，若学则妨碍自我身份，则不可学，更不必注意。断然说他们的看法"顽固""落后"，恐非今日学术研究所宗，看到他们观点后面也是一种爱国之心则更为重要。

这些翰林的观点可以说是中国文化内部一种典型的看法，这种看法如果联系前文张德彝等人的看法，则更属中国文化内部考察异文化之两分观点之一。

即便就容闳自己来说，他去美或留学或办事，数次渡船回国；对美国船主言行之粗鄙庸俗，或怪异可鄙者，皆予记录，不瞒其鄙视之情：一次是1854年学成归国，遇船主费城人辉布（Whipple）；一次是1865年赴美采购机器归国，遇船主楠塔基特岛人诺登（Norton）。在容闳看来，这些决然不是文明，是决然不值得学习者。

《西学东渐记》写成于作者之晚年，并非即时的实录，有关他到美国初期时对它的看法甚少，而这样一些看法可能是最具有文化直觉的。他少有张德彝那种天下心态则是肯定的。皈依基督新教以后，容闳完全以另一种角度来看大清国，更不可能如张德彝那般正气凛然地怒斥华人习传教者，这一点也是可以肯定的。他因痛恨两广总督叶名琛屠杀当地人而转而认定太平军起义、推翻清王朝统治有理，更是走到张德彝的对面。不过他始终不肯替人传教，并进而主张限制西方宗教在华势力，只允许其涉及宗教，不可有过问教徒方面的世俗权力，则他的爱国心又使其比起以传教为业者大有不同。

笔者毫不怀疑容闳的爱国心有最大的宽容度，也就是说，只要是爱国的言行，他都会去做，而几乎不问所爱的国是谁在主导；其对自我的界定方式发生改变，不再以天下而以国。和他类似的其他人还包括韩教准（宋耀如）、孙中山等。他们的自我意识是被类似美国义化这样的他者所激发出来的。

同样被激发者尚有梁启超。1903年，他游历美国，用时约为五个月：癸卯（1903）年4月16日由加拿大入纽约；9月12日，由美国之波特兰至温哥华返亚洲。梁氏访美时，容闳已届耄耋之年；梁启超到哈佛入住旅馆后，第一件事便是前去拜访容闳，梁氏说他"矍烁犹昔，舍忧国外无他思想、无他事业也。余造谒两时许，先生所以教督之、劝勉之者良厚，策国家之将来，示党论之方针，条理秩然，使人钦佩。翌日乡人请余演说，容先生亦至"；"容先生导余游其高等学校，实全美国最良之高等学校云"。（梁启超，1981：54）容闳以高龄者亲为后生导游，可见双方关系之亲近，不是人际关系，而是缘系故国和思想。

梁氏与容闳略同。一方面，容闳盛赞光绪帝为爱国的皇帝和爱国的改革者（Yung，2005：110），而梁启超亦尊奉大清皇帝。六月廿八日，"为今上万寿节，在汶天拿省遥祝焉。附近各市，皆各出代表人至，一同庆祝，且议本属各支会改良进步之法"。（梁启超，1981：119）但他对"祖国"的情感，则是在和"万国"的比较之中生发的：他在美京华盛顿图书馆，见观书堂"以精石编刻古今

万国文字，凡百余种。吾中国文亦有焉……二十一字，写颜体，笔法遒劲，尚不玷祖国名誉"。（梁启超，1981：66）

梁氏留下的关于初到美国的资料，比容闳留下的多。他蓄志游美国有4年之久，故此行的目的十分清楚。1898年，梁氏在国内曾写"自由祖国之祖"，内云：北美洲"其族之先百有一人，苦英苛政，相率辞本国……尔后有志之士接踵而来，避秦而觅桃源者所在皆是"；"天下事固有种因在千百年以前，而结果在千百年以后者"，梁氏对这些人称道有加。（梁启超，1981：57）此段话在游记中依然保留，可见梁氏仍然认同之。

他观察芝加哥附近之西贤雪地有创教者杜威，其所立教欲成一地上之国，"彼之教理亦有大可佩者"；"盖上帝之条，本重悔改。悔改者，前恶尽消也，云云。此其义与佛教大乘法全合。所谓一切众生皆成佛，即其义也。此亦杜氏独到处，宜其有以立足也。此人或为第二之马丁路得亦未可知。顾吾终觉其权术过于道力耳"。（梁启超，1981：111-114，尤其114页）与大乘佛法比拟，以及对道力的批判，显示出梁启超认识美国后面的文化逻辑。

他怎么想象美国实在是一件有趣的事。"故华盛顿者，在美国诸省中，不属于一省，别以七十英方里之地，自名哥林比亚，为联邦政府之直隶（略与我顺天府不属于各省者同，而其性质微异）。"而纽约州与奥尔巴尼市的关系，奥市原来繁盛过于纽约，后交通大开，其商业中心点随之移动，而政府所在则未移动，"如我中国直隶省会本在保定，通商以后忽移于天津；但我则政治枢纽随之而移，彼则尚仍其旧耳"。（梁启超，1981：81）在以自我的体系想象美国的过程中，自我的体系也因这种比较而有突出的特征。

他考察美国的住房，"全纽约赁人合居之房屋，凡三万七千间，住于其中者百二十万余人云"。"此等住居，非特有妨于卫生也，且有害于道德。"犯罪也在其间。（梁启超，1981：45）

他在探讨外来移民对美国的影响时，看到"外来者多好淫，故摩门教利用之（摩门教起于美国中部，以一夫多妻为教义）"；纽约因女多于男数倍，"故怨旷之声，洋洋盈耳"，"此摩门教所以岁月侵入，而卖淫者之数殆逾三万，其号称良家而有桑濮之行者且遍地皆是也。此亦纽约黑暗之一大端也"。（梁启超，1981：37，47）对"淫荡"之关注，非梁启超一人独有，而为诸多华人视角之一特点矣。"犹太人之趋利若鹜，视钱如命，诈伪贪鄙，此尽人所同知也。故西国通用语，呼人之贪吝谲诈者曰'周'；周者，犹太字之原音也。吾尝论犹太人对于本族有道德，对于本族以外无道德。虽然，凡道德者皆爱其类利其群之谓耳，又岂独犹太人哉！"（梁启超，1981：41）

他看到美国对待黑人之残暴，"此实文明国中不可思议之一现象也"。根据一项统计，自1884年以来，每年白人对黑人之"焚杀"此等私刑，"殆平均百五十七次云。嘻！俄国斯杀百数十犹太人，举天下以为暴，吾不知美与俄果何择也"！他认为这是美国白人的人种成见。"美国独立檄文云：凡人类皆生而自由，生而平等。彼黑人独非人类耶？呜呼！今之所谓文明者，吾知之矣。"（梁启超，1981：105）

梁启超在美京观"大统领之官邸，即所谓白宫者，则渺小两层垩白之室，视寻常富豪家一私第不如远甚。观此不得不叹羡平民政治质素之风，其所谓平等者真乃实行，而所谓国民公仆者真丝忽不敢自侈也。于戏！倜乎远矣"。在他看来，平等与国民公仆这样的理想，并未实现。他说整个首都"公家之建筑最宏敞者为国会"，"最湫隘者为大统领官邸。民主国之理想，于此可见"。（梁启超，1981：66-67）关于"民主其国"的想象，离后文将论及的"共和"想象，又有多远呢？

梁氏到美国，自然是希望学习美国那些"优秀"之处。他当然看到美国之船坚。在西雅图他写道："余甚陋。不知世界。自庚子年由印度楞伽岛航澳洲，乘英国P. & C.公司之船总容积九千吨者，余喜愕不知所为。又从该岛港口见德国公司船容积一万一千吨者，余愈喜愈愕。去年见美国航太平洋之'高丽''西伯利亚'两船寄泊横滨，闻其容积一万八千吨，余愈喜愈愕。今次游美，矢愿附之；而船期适不合，往来皆相左，余滋憾焉。顷到美国，乃复闻有大北轮船公司造绝大汽船之事。""以故欲以太平洋线航利压制他线者，势不得不用大船。""吾国人于实业思想，毫未发达。闻吾喋喋论此，不隐几而卧者希矣。虽然，此太平洋上之航权，实我国应染指者也。而以吾招商局开设四十年，曾无丝毫之远虑。而其余商人，亦更无有起而图之者，吾侪亦复何颜以责备政府耶？吾记此，吾有余悲，吾犹有余望云尔。"（梁启超，1981：122-24）

他在纽约看到大报馆出报纸之多，"每日出至十数次以上，大抵隔一点或两点钟即出一次。午间向街上卖新闻者而求其早间所出之报，则已不可复得矣。凡大都会之大新闻，大率类是。以视吾东方之每日出一张，销数数千乃至数万，即庞然共目为大报馆者，其度量相越，岂不远耶？"（梁启超，1981：64）

他看到犹太人"以数千年久亡之国，而犹能屹然团成一族，以立于世界上，且占其一部分之大势力焉，则其民族之特色之实力，必有甚强者矣。吾中国今犹号称有国也，而试问一出国门，外人之所以相待者，视犹太为何如？而我国人之日相轧铄相残杀，同舟而胡越，阋室而戈矛者，视今之犹太人，又何其相反耶？吾党犹嚣嚣然曰：中国将为犹太。呜呼！其亦不惭也已矣"。（梁启超，1981：40）对自身猛烈的抨击，全赖有一他者。与张德彝比较起来，梁启超的视角既然从大清国为万国之一出发，以族性为归依，则自我的问题在比较中就昭然若揭；然而，问题的关键还在于在梁氏意象中自我有问题存在，张德彝氏则无此。我们恐不能说张氏就"茫然"不知美国为何物，说他思想保守、落后等。

梁氏在美的许多观察，每每与"祖国"之利害攸关联系起来。比如他考察美国之托拉斯，考察它从国内非法走向合法而兴盛，并至国际托拉斯，"而受害最剧者，必在我中国。然则我辈不能以对岸火灾视此问题也明矣。至其起源、其厉害、其影响，及吾国今后对之之策，吾将别著论论之"。（梁启超，1981：29-30）

梁氏之见，与其后数十上百年间国人看待美国的主导方式，实非二致。其基本的着手处，大率皆社会学或政治学的维度，如访大统领罗斯福进而考察美国大统领的地位、职权、与三权分立的关系、党派私选之弊、大统领之庸才，甚至其对外政策之门罗主义者对我国的威胁等，足称详细。（梁启超，1981：66-79）我们更要进一步审视他对宗教的考察；他自然提及杜威所创立的新教，对其教义称赞有加；也谈到欧美人高尚之目的最重要者第三即为"宗教之未来观念"（梁启超，1981：149），然而他是不是明白这种观念对于其社会的影响则值得详细论说。比如，当他看到美国贫富差距悬殊时，又看到美国富豪大量的捐助（梁启超，1981：45-46，94-96），他由是认为"慈善事业，易导人于懒惰，而生其依赖心，灭其廉耻心者也；此所以此等事业虽日兴，而贫民窟之现状亦日益伤甚也。观于此，而知社会之一大革命，其终不免矣"。（梁启超，1981：46）梁先生当时所说"社会革命"不知所指为何，但今日之美国，若言其贫富格局与百年前相去辽遥，恐非事实。

梁氏对移民的考察尤为深刻。他说：移民的大多数"非无智无学之农民，则荡检败行之丑类也。或其生计不能自存于本国，或其性行为不能见容于本国，乃不得已而以新大陆为逋逃薮。据伦敦移民会报告书云，每岁由爱尔兰移住美国者，其诸百分之七十四，为罪满出狱之徒。观于此，不能不为美人瞿然惊也。失业无赖之人麇集既众，于是酗酒、奸淫、杀人、盗窃恶风，日浸淫于美国，终非宗教之制裁所能范围"；"其他虽不悖于法律，而有害于风俗者尚多"；"外来者多不能同化于美国，各自用其国语，沿其风俗，于合众国政治上，别为一团……每当选举时，其妨碍公安公益者实甚"。"外来者以无智无学无德之故，实不能享有共和国民之资格。以一国主权，授诸此辈之手，或驯至堕落暴民政治，而国本以危"。（梁启超，1981：36-38）梁氏可能没有考虑，此一国若尽皆他所描述，何能有值得我国学习者耶。有趣的是1906年，他曾认为美国的共和制之导源乃是"盎格鲁-撒克逊人种固有自治之特性"，"清教徒高尚纯洁的宗教观念"，"仅有极少数之团体员"，以及"利害关系同一而无冲突"。（梁启超，1989：66）如果宗教观念是一种核心原则，它与教育、民主是什么关系呢？梁氏未曾作如是考虑。

## 两种认识方式的比较

梁氏的心性与容闳相比更蹙一筹，更不用说与张德彝有根本不同者，在于梁氏笔下，大清国民已为与万国争利者，天下无复天下。如在美华人颇受白人之侮辱：在表雪地，华人六百余，"数年前，工党用强制手段，不许西人就食于华人餐馆，固此损失甚巨，全市为之寂寥"，"全美中待华人最酷者，此市为第一"；而"汶天拿省（即蒙大拿州）以西人最相凌侮，故维新会别立一联卫部，专贮积公款，为相周相救之用，法甚密，意甚，现各属多有踵效者"（梁启超，1981：118-119）；华人之所以受白人如此欺侮，其原因在"彼有选举权而我无之"，"使我华人在美者有此权，今此下民，或敢侮予？噫！"（梁启超，1981：38）

无论怎样，我们要注意的是这两种看待美国的方式后面的关键性差异。在爱国主义关照下，"国"的意义被突出，而大清国则为万国之一，无复君临天下之势。这是一种"国家观"，其看待美国的方式即倒置天下观的方式，尤其在看待宗教信仰上即如此。我们还意识到，看到美国的"不经之甚"与"仁政待民"，与看到美国有值得华人可学与不可学之处，实际上在历史过程中、在现实政治论战和文化认同中都可以有多种的组合，比如"不经之甚"：在时、地变动以后，华人皆有可学与不可学两种态度与择选；而"仁政待民"亦如是。对待同一事物的态度，在历史的流程中，华人的主流可能出现一个择选的序列，出现"可学"-"不可学"-"可学"的序列，而且这个序列绵延相续，没有终结。

徐继畬（1795–1873）在《瀛环志略》中说：

> 有华盛顿者，米利坚别部人。生于雍正九年，十岁丧父，母教成之。少有大志，兼资文武，雄烈过人。尝为英吉利武职，时方与佛朗西构兵，土蛮寇钞南境，顿率兵御之，所向克捷，英帅没其功不录。乡人欲推顿为酋长，顿谢病归，杜门不出。至是众既畔英，强推顿为帅。……由是血战八年，屡蹶屡奋，顿志气不衰，而英师老矣……英不能支，乃与顿盟……时乾隆四十七年也。（徐继畬，2000：106）

其按语："华盛顿，异人作也！起事勇于胜、广，割据雄于曹、刘；既已提三尺剑，开疆万里，乃不僭位号，不传子孙，而创为推举之法，几于天下为公，骎骎乎三代之遗意！其治国崇让善俗，不尚武功，亦迥与诸国异。余偿见其画像，气貌雄毅绝伦。呜呼！可不谓人杰矣哉？"（徐继畬，2000：107）我们当然可以根据这段话说"其字里行间，无不洋溢着一个开明的中国士大夫对美国开国政治家的仰慕之情"（杨玉圣，1996：19），如果我们不深入考察这种观念后面的文化力量的话。后世论者多以己身所持之立场而对此加以热切赞扬，似乎在叙述各自对当前美国政治的关怀，而缺乏全局与历时视角，立论过于仓促者，不在少数。

梁启超游历美国，对同样的这段话，评价却截然不同。他在美京华盛顿哥伦比亚特区看到华盛顿纪念碑落成，各国赠石，石上以本国文刻字："吾中国亦有一石焉，当时使馆所馈，道员某为题词。其文乃用《瀛环志略》所论载，谓华盛顿视陈胜、吴广，有过之而无不及云。呜呼！此石终不可磨，此耻终不可洒，见之气结。"（梁启超，1981：67）梁任公何以"气结"呢？是华盛顿比之陈胜、吴广，要更伟大乎？或者华盛顿不及陈胜、吴广乎？无论如何，数十年间评价体系居然颠覆过来，或可使我们看到天下观与国家观之间的冲突。

再看康有为与胡适对"物质"的辩论。康有为在出游海外8年之后，于1905年游美，期间写下《物质救国论》，他认为"如以物质论文明，则（欧美）诚胜中国矣"，如果以道德来比较，则中国数千年来的成就，"不以奢靡淫逸奔竞为尚"，则是中国胜于欧美。他认为中国病弱的原因，不在于道德哲学，而在于不知道欧洲之新物质学；因为"中国数千年之文明，实冠大地，然偏重于道德哲学，而于物质最缺然"，而当时的新物质学已经从欧洲兴起；因此，中国救急之方在于兴物质。（康有为，1981：565–574）

到胡适留美归来的时候，观念为之一变："人们常说东方文明是精神的文明，西方文明是物质的文明，或唯物的文明。这是有夸大狂妄的人捏造出来的谣言，用来遮掩我们的羞脸。其实一切文明都有物质和精神两部分：材料都是物质的，而运用材料的心思才智都是精神的。""我们不能坐在舢板船上自夸精神文明，而嘲笑五万吨大汽船是物质文明。"他由此提出了人要战胜物质的观点。（胡适，1996：757–758）

20世纪80年代以后，我国学人对美国与中国在物质与精神关系方面的看法，同时呈现着多种态度和侧重，但基本的一点还是美国是物质上的"富翁"，精神上的"贫儿"。（杨玉圣，1996：268–

269）这一时期中国有关美国的表述之丰富，在相当程度上是对上述二元性对比的既是共时的，又是历时的呈现；既是异地的，也是同一空间的呈现。

徐继畬并非唯一用自我的体系表述美国的中国人，尽管他未曾去过美国。若试图勾勒出徐继畬为什么这么说的文化逻辑，便要避免这两种方式间的关系被一种进化论支配的表述体系所宰制。我要追问：这种视角带给我们什么新意呢？

我以为天下观与国家观并非势不两立者；[①]相反，它们之间的相依相存关系恐为最难理解之处，然而这种联系确实存在并发挥着我们难以察觉的作用。要作这样的考察，迫使我们不得不放弃有关他们在具体政见方面的分歧、攻讦，看到他们歧异后面的一致性，或者由二元性歧向见地支撑的一致性。

"天下"这个视角的看法，我们要稍作一些扩展，便能看到有清一代许多学者都有，无论其留洋与否。郑观应在《盛世危言·教养》中说："观英、德、法、美诸邦崛起近世，深得三代之遗风：庠序学校遍布国中。"（郑观应，1982：480）

梁启超访美归来后，曾撰文曰："呜呼！共和共和，吾爱汝也，然不如其爱国；吾爱汝也，然不如其爱自由。吾祖国吾自由其终不能由他途以回复也，则天也；吾祖国吾自由而断送汝之手也，则人也。呜呼！共和共和……吾与汝长别矣！"（梁启超，1981：86）这时他已经放弃"共和"理想。他所说的"共和"（republic）

---

① 文稿初成时，未能广泛阅读学界的诸多关于这一关系的专门探索。近来的许多著述尤其值得注意的，如罗志田，2019，2007；马戎，2018；陈廷湘、周鼎，2008；Zhao，2016；赵汀阳，2005；王铭铭，2004。

来自哪里？把共和与天人观念链接起来，难道会是周代国人暴动以后的"共和"观吗？这个表述最早用于美国者，当是林鍼（1824—？）在1847年初次游历美国后所写，他说纽约"巧驿传千里，公私刻共和"。（林鍼，1985：3）林氏的"共和"表述难道是他在翻译"republic"时自创的吗？不是。我们若仔细研究，又可发现"共和"这个周代术语如何借美国的面孔在中国大地获得复兴的合法性，尤其是邹容对"中华共和国"的设计：中华共和国为自由独立之国。立宪法，悉照美国宪法，参照中国性质立定。自治之法律，悉照美国自治法律。凡关全体个人之事，及交涉之事，及设官分职，国家上之事，悉准美国办理。（周永林，1983：73）

梁氏又说："吾祝吾祷，吾讴吾思，吾惟祝祷讴思我国得如管子、商君、来喀瓦士、克林威尔其人者生于今日，雷厉风行，以铁以火，陶冶锻炼吾国民二十年、三十年乃至五十年。"（梁启超，1981：148）如果两种思考和看待天下的方式之间没有某种关联，管子、商君、来喀瓦士、克林威尔这四人如何能并置呢？

1898年1月，康有为在《上清帝第五书》中说："论者皆谓病在膏肓，虽和缓，扁鹊不能救；火延眉睫，虽焦头烂额不为功，天运至此，何可挽回。……职窃以为不然。少康以一成一旅而光复旧物，华盛顿无一民尺土而保全故国，况以中国二万里之地四万万之民哉！"（康有为，1981：207—208）

章太炎对华盛顿也有一番评价，他说："今夫民主，至公也，《尚书》始《尧典》，序以禅让；《春秋》崇五始，而隐元不书即位，圣人之情见乎辞矣。然而据乱行之，则以适治；据治行之，则以适乱。剥桡之既极，君子险哀，鸟兽虫蛾无得遂其生，于是有民主焉，以苏民困，以卫华夏，吾跂足须之矣。"华盛顿"于不毛之地，剪除榛薄，始奠天地，其功若女娲、燧人，杀黑龙而积芦灰也。当是时，民非斯人，固无所戴也。斯人者出令而创民主，民固所竞矣"。（汤志钧，1977：21）章氏并不赞同将"民主"行于当时的中国。

上述引证使我们看到天下观的体系与国家观的体系之间有着难以割断的联系，这种联系支配了19世纪以来中国人对美国的想象。

1902年，康有为撰《大同书》为天下观统束国家观、二元分述指出一个出路，且看他的叙述："夫国界进化，自分而合，乃势之自然。故自黄帝、尧、舜时为万国，至汤三千国，武王一千八百国，春秋二百国，战国为七国，秦则一统矣，凡二千年。马代灭千余国而为波斯；印度之先，佛时亦千余国，阿育王乃一统之，色腻王与回教再一统之，及英继统之。……而德、美以联邦立国犹为合国之妙，令诸弱小忘其亡灭。他日美收美洲，德收诸欧，其在此乎，此尤渐至大同之轨道也。"这种大同境，"孔子之太平世，佛之莲花世界，列子之甀瓶山，达尔文之乌托邦，实境而非空想焉"。（康有为，2005：69-70）

中国是如何走向联合国的呢？若是离开康有为思考的路线，我们恐怕难以得到全面而满意的解释。康氏的路线，在看到大清国为万国之一，但同时将天下的路径以人所不察觉的方式表述了天下万国。我们看到，一方面中国以外的万国之历史传统以平级的方式与大清帝国并列；另一方面天下的表述体系却超越这些具体的万国，而成为对它们的最高表述，即万国成为天下的内容之一，我们也可把这称为天下体系的丰富。

在这个时候，且让我们再回到有关宗教的二元论述去。胡适在1916年11月18日的日记中，评价美国的清教，说它的缘起，在痛恨英国国教的邪侈腐败，而准备扫除清净之，"故其初俗崇礼义、尊天、笃行，以卫道自任。其遗风所被，至于今日，尚有存者。今所谓美国之'清净教风'（Puritanism）者是也。此风在今日已失其宗教的性质，但呈一种极狭隘的道德观念。其极端流于守旧俗，排异说，与新兴之潮流为仇"，"此种陋见最足阻碍社会之进步"。（胡适，2001：512-513）

1915年7月8日，胡适记述他从陆里村君那里听来有关摩门教的评价：

> 陆君言木尔门派（即摩门教——引注）虽多不经之迷信，如经典之神示、先知之预言之类，在今科学昌明之日，此种迷信，信可鄙笑。然是派在当日实为耶教各派之最先进者（advanced），其制度尤合近世趋势，其附从之众，兴起之勃焉，未尝无因也。（胡适，2001：188）

他记述此教可以称道的制度包括平等观、女权、均产主义、共和主义、大同主义、教育等六项。关于大同主义，"教中信奉'人类皆为天之子'之说，故人道胞与之风极盛；慈祥之俗，敦睦之风，甲于他派"。（胡适，2001：188-191）

我们应该把他的观点归到历史的哪一部分去呢？

# 作为美国之魂的文化

前文已经提及，美国作为中华的他者，在不同时代有不同的形象。这些他者形象，不单是根据美国社会内部的变动来确定，还根据中华社会内部的变动来寻求并确定，所以在历时的过程中，中国游历美国的知识分子眼中的美国形象变动不居，处在一个人们意识不到但又相当清晰的脉络中。无论如何，用自我的文化体系来想象他者都是一个基本的认识途径。

从社会科学的视角考察美国，它所引起的价值二元裂分无法在自身内部找到解决的方式；尤其中国知识分子被进化论所宰制以后，考察者永远流于正负价值的判断、描述和选择当中，尽管最近三十多年里中国知识分子为突破这种认识论的困境，提出诸多值得关注的进路；但是不是就有一个如有的学者所声称的"正确"认识美国的结论（杨玉圣，1996：295-305，尤其298页），实难遽定。笔者觉得依靠想象的方式，我们没有希望走出这种正负二分的视野。

我们准备把考察的范围缩小到文化或宗教议题上，并主要考察受过现代社会科学训练的作者的视角，与本书的主旨联系更紧，思路也更清晰。20世纪30年代初，杨庆堃从燕京大学毕业后留学美国，1939年在密歇根大学取得博士学位。20世纪40年代初用中文撰成《美国与留美》，美国国际教育社社长斯蒂芬（Stephen Duggan）评论此书时说杨氏"对于美国的文明与文化，有精到的分析"，"美国的现象可以说没有一样跳过了杨君锐利的眼力，外国同学读此书，可以领会到基督教团体以至工会等伟大组织，在我们文明中所占的地位"。（斯蒂芬，1948）实际上，杨氏此书对于基督宗教与美国社会和文化的关系并不是专门涉及，但他讨论从不同地方来的移民们如何组成一个美国的问题则相当有趣。据他说，造成美国文化一体的是教育，各种社会团体、社会生活的急剧变动性，阶级壁垒的脆弱和民族夸大心理这四种力量。（杨庆堃，1948：5-6）尽管杨氏并未触及这些社会事项后面的文化力量，但以社会学家的视角分析美国及其历史，许多独到之处至今仍为人所钦佩。

### 费孝通

费孝通在1943-1944年访美一年，开始埋头编写《乡土中国》（*Earthbound China*）一书，休息期间开始访问各地，"随感随写，随写随寄"，后来整理成书，名为《初访美国》，一开始就引用杨庆堃给他写的信，杨氏希望他能到美国看见人生的另一条道路。（费孝通，1985：5）作为中国早期杰出的人类学家之一，费氏观察美国的视角给我们一个新的知识，那就是关于鬼与上帝的故事。他说："我们若要了解美国人，不知道他们男女之间的关系，并没有多大重要，若不明白他们的宗教精神，我们根本就捉摸不到他们重要决定的脉络"。（费孝通，1985：109）他认为美国是一个没有鬼而有上帝的国度，他说基督教是西洋文化中重要的一个柱石，"主要的使他们具有一种基督所象征的精神"。（费孝通，1985：110）

在费孝通看来，美国文化的支柱就是美国人承认有不完美的理想，但却要追求的那种完美的理想。这种基督精神使得美国人追求自由和怜悯他人、"锄强扶弱"、乐善好施的行为；这种理想促动他们要求进步，并在人间创造天堂；这种精神统束（或者支撑）

着美国现代的科学和民主，支起一部社会"单车"。（费孝通，1985：109-117）

在费氏看来，中国文化中的"鬼"是什么呢？他说："生命在创造中改变了时间的绝对性，它把过去变成现在，不，是在融合过去、现在、未来，成为一串不灭的、层层推出的情景——三度一体，这就是鬼，就是我不但不怕，而且开始渴求的对象。"美国人的流动性使得人和人、人和地无法产生"死不了的联系"，"流动把人和人的联系冲淡了，鬼也消灭了"。（费孝通，1985：96，98）

美国人的心灵有一个转折，那就是1929年开始的经济恐慌带来的打击。在1947年主要是读了米德（Margaret Mead）的《枕戈待旦》（*And Keep Your Powder Dry*），诠释她的观点、又加入自己诸多看法的《美国人的性格》一书中，费孝通讨论这次大萧条给美国清教徒心灵信仰的冲击，基本是受到韦伯式阐释路径的影响。在他看来，清教徒的上帝会给合于他意志的人具体恩赐，这种恩赐通过生活上的顺利和繁荣来体现，所以他们把日常生活作为测验上帝意志的指数。美国开拓时期，社会生活蒸蒸日上、事业顺利，美国清教徒便自信受到上帝的恩赐，自觉自己的行为合于上帝的意志；经济恐慌一来，失业增多，生活不顺，他们的自信心受到严重的打击，"更严重的是找不出上帝为什么要谴责他们的理由"，在他们看来，"这些不幸必然是因为人犯了罪，但是每个人自问良心并没有做过什么错事"。（费孝通，1985：177-182）这个打击使得美国人即便面对经济和社会生活的复苏，依旧担心经济恐慌再次来临。

他在字里行间不断地把美国与中国作比较，以自己的经历来评判二者，并不是一边倒的，比如他批评美国人道德上的毒刺：对待黑人的种族偏见。费孝通继承着林鍼、张德彝等观察美国的视角，也带着容闳、韩教准等学习美国的理念，尤其是后者，费氏似乎是换了一个角度来推进他们的事业。可学与不可学的内容，在费氏这里有了变化；作为深受五四运动影响的知识分子，他作的那些断言是不是有效，历史已经有明证。

无论怎样，费孝通是以中国人类学家的他者立场，在比照中美文化中发现他者；我以为他在考察美国的时候，已经敏锐地指出美国文化的根本，是作为象征体系的基督信仰。这是绝大多数"美学"知识分子所不及的。我们可以大胆地说，他比较的是两个象征体系。在这一点上，他和李安宅有着共同之处，尤其是与李氏与欧兹古（C. Osgood）推动的互惠人类学相同。

### 许烺光

华裔学者对于美国文化的人类学考察，成绩斐然的还有许烺光。他在上海完成本科学业，后到英国、美国留学，并从此定居美国。这种跨文化的"边缘人"经历使他反思，并最终使他在1953年出版《中国人与美国人：两种生活方式比较》一书。我们或许可以把这种比较的方式放置在上述中国人看待美国人的传统当中，但是忽略其美式人类学背景可能是不对的。

许烺光认为中国人的宗教可以说是多神的，而美国人的宗教是一神论的，它认定"只有一个上帝是善的，所有其他的神都被认定为虚假的因而也是邪恶的。神的追随者们不仅拒绝与虚假的或邪恶的神相妥协，而且必须清除这种虚假和邪恶，并消灭之"。在中国人那里神和鬼的区别则是相对的；美国的宗教基本上是个人的宗教，"强调一个而且只有一个神与个别的人类心灵的直接联系"；对美国的基督教信徒来说，他"自我依赖的信念越强，他对只有一个无所不在、无所不能甚至无所不知的上帝的信仰就越坚定"。（许烺光，1989：242，240）美国人对待宗教有三个特征：正在逐步摆脱强迫原则而向兴趣动机方向转化；无法统一的分裂；用物质判断成功与否。有趣的是，许氏认为美国人的宗教分裂主义常常是人与人之间的差异，简单说就是个体主义，而不是基于教义的不同；而这则是受到兴趣动机推动的。美国人的个人中心主义使他们"必须寻找到将某个神私有化以区别于所有其他神的独特方式"，造成每个教派的各教堂之间的竞争形势的高度商业化："物质——经常是新奇的——成就的数目和规模变成了判断一所教堂是否成功的标准"。（许烺光，1989：260-275，尤其271页）

许氏认为中国人与美国人的差别，在于美国人的生活方式是个人中心主义的，而中国人的生活则是以情景为中心的。从这个视角去揭示两国人生活方式的差异，宗教就被看成是被不同的中心所支配的，他的论述实际上也是如此：宗教必须用来说明这种中心主义。许氏便在美国文化和社会中发现比宗教信仰更为重要的组织原则或者精神：个人中心论。通过两种文化的虚拟性并置或比较，许氏得到的结论仍然是"为中国的"。（许烺光，1989：316-347）

作为美式人类学家，他的功能主义决定论式的结论使我们处在非常尴尬的位置，因为他对文化的评价和归结点是根本性的，如果我们说中国社会和文化有这些缺点，那肯定是由这种根本性的东西造成的；要想改掉这些缺点，就必须改掉文化的根，比如说把支撑情景中心的儒家思想等根除。而这，几乎是无望的事业。与此同时，我们注意到他并没有对美国文化作类似的反思。这让我们反思：他是推许以美国社会或文化为判断的标准，抑或出于现实处境的考虑？从思想之流而言，作者如果不是受到清末以来引入中国的进化论思想的影响，那么他多半是受到和容闳、宋耀如等类似的传教思想的影响；而这两种思想之间并没有本质的差异。

我们自然可以根据当代人类学的最新理论对许氏提出严厉的批评，比如象征主义人类学和实践论等；但对本书来说，他对美国社会的研究能提供一个"个体主义"的参照，就已经足够。

19世纪至20世纪初的中国学者在考察美国时，都力图在这种考察中看到对方的优点：无论这种优点是器物上的（船坚炮利），还是组织上的（军旅整齐），或者是宗教或文化核心上的（作为社会理想的基督宗教、个体主义）等；并从这些方面来反思中国社会和文化自身的不足。本书所做的历时的考察，给我们提出一个相当反讽的视角：那就是今日认为是对方的优秀之处，明日可能被完全颠覆；一部分人认为是对方不足之处，在另一些人看来完全是优点。如王希所说：每一阶段的不同认识都是与中国的国内政治以及中美、中西关系密切相关的。（叶凡美，2007：116）这种反讽迫使我们提出一个概念：情景他者（the situational other）。

正如许烺光所说，中国人的生活方式是以情景为中心的。我承认这个概念来自中国儒家文化，在直接的线索方面，也来自李安宅所说的圜局（context）概念。明白地说，美国就是中国的情景他者。我们看到这个情景他者从天下观中成型，与国家观的他者并存，又经历着被天下观所包纳的过程。

### 李安宅

在结束之前，我们必须提及李安宅先生的祖尼研究。1934年和1947年他两度访美，但没有对前述学人论及的宗教议题置一词；不过，他在1937年发表关于祖尼研究的文章，震惊美国人类学界。李安宅在文中专列一节讨论有关祖尼宗教的学术史，进而以实地观察，提出自己的修正意见。

在他看来，美国人类学界对祖尼宗教的论述，都受制于他们的白人文化背景。露丝·本尼迪克特（Ruth Benedict）在《文化模式》中，露丝·邦泽尔（Ruth L. Bunzel）在《祖尼节庆、起源神话、仪式诗歌和祖灵导论》中，因了这一背景，认为"祖尼人的总宗教是形式主义的，很少带有个人情感"。邦泽尔的著述是专题的论文，讨论深入，且较为全面；但她强调过形式主义的一面，并因此而为本尼迪克特所利用。后者是"想通过对比祖尼人、夸口特尔人和多布人的生活，从而建立清晰可辨的文化类型。既然有此意图，于是绘出了可能过于简单的图画，这一点是可想而知的。但是这些画面是经过了一番淘汰和精选的过程绘制出来的，所以看起来像完整无缺的独立实体，因而也就容易使人产生误解"。（李安宅，2005：79-80）

李安宅进一步用跨文化的宗教比较来揭示研究者所作的单向度表述。他说：

> 一个人在进入到异文化中去时，往往会把事情看得很简单，而完全忘记了自己民族的文化形式原本也是错综复杂的。如果有人向研究民族学的美国学者问起，在他们美国人的宗教

里，按固定程式进行的教堂弥撒中是否含有较多的个人感情成分，答者就会倾向于按具体的人作具体判断。（李安宅，2005：81）

祖尼人参加宗教典礼也有同样的多样性表现。这表明，异文化的研究者刻画的"独立实体"形象，实际上是选择性表述的结果。从祖尼宗教来说，个人祈祷也是多样而复杂的，并不是单一的：从宗教气氛中体现出的"最诚挚的个人情感交流"，到最刻板的祈祷形式，中间有多样的变化幅度。

祖尼人的宗教活动极其频繁，他们还会有时间和兴趣来从事非宗教的活动吗？李安宅评论美国人类学家们提的这个问题时说：

这里又是祖尼文化研究者们的先入之见在作怪，几乎所有的研究者都是在作神秘主义的笼统描述，这就给人造成了祖尼文化缺乏平衡性的印象。但我们只要略加思索即可明白，无论给人的印象如何，一个社会如果真失去了平衡便无法运转。更何况，外人觉得稀奇的东西对处于该文化有机体内的所有人来说，因为有着完整的背景，可能是毫不足怪的。脱离原有背景单将某特质引入另一文化中去，的确是让人丈二和尚摸不着头脑的。因而，所有关于不守信用的多布人或寻求灵验的平原印第安人的描述，如果缺乏全面性，就会失去在其特定背景中所具有的意义。美国大学的文娱竞赛很可能会给外人一种似乎美国大学生一定没有什么时间来搞学业的印象。祖尼人中明摆着的事实似乎表明，宗教的作用在于它乃是一种生存斗争的手

段。宗教活动不仅要用来对付未知世界，而且也左右着世俗世界的各种活动。（李安宅，2005：82）

换句话说，祖尼人的宗教融入他们的生活中，"宗教性的戏剧舞蹈不仅主要用于祈求干旱的祖尼土地得到最渴望的雨或雪，而且也充当着该社区的日历和社会协调力。除了舞蹈团体外，其他团体，即各种兄弟会，大都是医疗会社，其作用十分明显，无需多谈"。（李安宅，2005:82）

除了那些有跳舞这一神圣职责的人以外，在这种场合中，一般人不会自始至终地在旁观看的。在本社区进行舞蹈活动时他们还要从事农耕或干别的活，只是在日近黄昏或没活可干的白天，才会有大批观众来围观表演。即使是高级祭司也要去照管他们自己的庄稼地。可是，一旦舞蹈有大批观众围观时，围观者和表演者就似乎都在默契配合而形成一种协调的气氛。这就是说，观众也在履行着神圣的职责。这种现象看样子尚未引起祖尼研究者们太多的注意，但将它指出来是有价值的，特别是因为这些表演活动是在露天场地进行的，有各种各样的人参加，但却不用任何人来维持秩序。与任何室内聚会，无论是教堂的弥撒还是宴会的喧闹情形相比，在祖尼人举行集体舞蹈活动的广场上占主导的是一种扣人心弦的宁静。（李安宅，2005：82-83）

　　为了反驳"独立实体"论，李安宅特别指出祖尼人从其他部落如霍皮人、库曼斯人、阿帕切人、萨特奇维人和拉库纳人等那里学来的宗教舞蹈，包括假面舞和完全是娱乐性的非假面舞两种。（李安宅，2005：84）

　　这篇论文综合着人类学的方法论，尤其在学术批评之中进行知识建构，是一篇耐读的文献。李安宅虽然没有直接论及前述学者涉及的美国的基督宗教，但已经在比较的视野中将它牵扯出来，并且由于这一举措，直接质疑前述学者所用的"美国宗教"概念，其实是难题重重而不可用的。正如我们将在杜克大学教堂地下室看到的那样，美国的宗教繁多；前述学人差不多都将这些繁杂的宗教简单化为单一的基督宗教来表述，且不说忽视其他宗教，包括印第安人的各种宗教，单基督宗教内部各种派别的差异和对立，就不曾述及。据记载，在20世纪90年代之前，美国有"一百多个新教、天主教和犹太教宗派，又演化出现代派、基要派、福音派、自由派、温和派、进步派、新右翼、新左翼等，形成教中有派、派中有宗、宗中有团体的复杂格局"。（雷雨田，1993：4）

　　各个阶层的信仰，显然也是千差万别的。20世纪80年代中期，社会历史学家李世瑜曾经在费城讲学，闲暇时考察该城的宗教信仰，他曾写过简短的描述，字里行间素描出另类信仰图景，让我们留下至为深刻的印象：

　　　　每到星期日，当我走在街上的时候，钟声、鼓乐声、唱歌声、诵经声、祈祷声、讲道声以至呼喊哭叫声响成一片。我看到许多教堂的牧师在"讲道"时不是讲《圣经》，而是大演降神附体：眼睛一闭，大喊大叫，顿足捶胸，常要闹上三四十分钟。

　　我曾广泛接触过多种教派的信徒，他们大半表现为痴迷、热心，而有的则迹近邪妄。瓦尔纳街一座教堂名叫"奇迹教堂"，信徒们相信这座教堂建筑是上帝一夜之间盖好赐给他们的，还说有个侏儒因为虔诚地恭敬上帝，一次礼拜时在众目睽睽下变成一个巨人。在彻斯纳特街国际大厦里有间房子租给一个教派叫"爱的医疗集团"，他们相信由一位术士（牧师）作法可以治疗一切疾病；不用刀剪只用手势即可给病人开刀，取出内脏割除病患。在三十六街有个旅馆，那是"和平运动教会"开办的，信这个教的人，都要把财产全部捐出来，然后到教内开办的企业去干活，一切供给，不许结婚。在五十六街有个浸礼会教堂，有信徒四十余人都是女性，她们受到牧师的"启示"后，认为自己的丈夫都是魔鬼，于是全部与他们分居。金萨森街有座教堂的一位信徒传出来说他看见某条街上的一棵树上圣母玛利亚显像了，于是八方信徒争来朝拜。（李世瑜，2007：754）[1]

我们无法把"美国宗教"同质化，也不应将它本质化。

　　李安宅先生的论述，还让我们意识到，宗教一直处于变动不居的流脉之中。祖尼人的宗教，跟周边群体的宗教有着千丝万缕的关

---

[1]　这里的意思，与美国政治学家瑞恩的观点有神似之处。他说：美国宪法中最不重要的部分就是宪法文本，比宪法文本重要得多的部分是不成文宪法。瑞恩认为，是不成文宪法在守护着美国的社会与政治秩序。（瑞恩，2008）

联，不是绝世独立的。前述学人论及的"美国人的宗教"，也同样处在缠绵不绝的关系之中，它来自欧洲，又流向其他地方。本书将通过欧洲白人来到北卡州和韩教准受教回国传教的案例，来具体地展现这种流动性。

最后，宗教与生活的关系，是紧密关联的、是互融的，不只祖尼人如此，北卡州乃至整个美国的白人基督教群体同样如此。"至今，美国依然号称'圣经共和国'和'上帝的伊甸园'。在这个典型的基督教国家，全国两亿多居民中，基督徒占88%以上，95%的人声言信仰上帝，58%的人每天至少象征性地祈祷一次。"（雷雨田，1993：1）这是20世纪90年代初以前的统计信息。在今日，"基督教对于很多美国人来说依然像呼吸一样地自然和重要"，"美国教会的触角几乎伸向了社区生活的方方面面"。（李荣荣，2012：139，156）它"像一面无形的立体大网，包笼了社会的各个阶层"。（雷雨田，1993：4）

我们还注意到，宗教与体制性教育有着密切的关系。北美殖民地时期有9所大学，其中哈佛学院建立于1636年，半个多世纪后，才陆续建有其他学院如 "威廉·玛丽学院（1693）、耶鲁学院（1701）、新泽西学院（1746）、费城学院（1749）、国王学院（1754）、罗德艾兰学院（1746）、女王学院（1766）、达特茅斯学院（1769），连哈佛学院共9所学院，它们分别是后来的哈佛大学、威廉·玛丽学院、耶鲁大学、宾夕法尼亚大学、普林斯顿大学、哥伦比亚大学、布朗大学、拉特格斯学院、达特茅斯学院的前身。这些学院最初都受教派控制，以培养教士为宗旨，其办学方针以哈佛学院为代表，基本上照搬英国大学的古典教育模式，标榜博雅教育，崇尚经院学术，古典语言和文学是课程的核心，以拉丁语为教学用语。这些学院初办时规模均很小，以哈佛学院为例，仅有1名校长，几名导师和管理人员，20到50名住宿学生，到1655年方增到4个年级"。（戴美政，2010：32-33）据统计：

> 1861年内战爆发时，在美国的516所高等院校中，政府兴办的仅仅有9所，其余绝大部分都与宗教团体有联系。其后，公立学校才日渐增多，教会学校呈现出衰落趋势。但在美国的教育制度中，公立、私立两条腿走路的方针沿袭至今，828所教会大学，构成了私立大学的主体，其中489所属于新教，339所属于罗马天主教，约占全国大学总数的四分之一。（雷雨田，1993：235-236）

在雷雨田看来，"公立学校的创建，在其三大要素——校长、教师和课程方面，也同样受到教会的明显影响"。（雷雨田，1993：236）

上述材料和论述表明，美国的基督宗教和该国大学的关系极为密切。我们将在杜克大学的实地案例中更具体地看到这一点。

总结本部分的考察，我们为近两个世纪里先辈学者对美国社会和文化的考察和分析而感到钦佩；是他们的视角给我启迪，对本研究而言，尤其是费孝通、许烺光和李安宅的视角启发最大。岁月荏苒，他们的许多结论并不随着他们的离去而无效，它们仍值得我们重视。

在对杜克大学这所私立大学的实地研究中，我们因这些启迪，特别要指出教育、信仰和社会制度的社会-文化背景，是理解它们的关键；而它们不只是社会-文化背景的体现，本身就是社会-文化的一部分。但它们不只是固着在彼处，它们还处在流动之中，在历史上的彼处，在空间上的彼处；它们来自他乡，来自历史上的某处；它们流动到此岸，进入今日，进入他乡。时间之流与空间之流并行：这便跨越界限分明的二元分野观。（原祖杰，2015；2008）

　　在这一时空流动的视野下，杜克大学便成为我们极好的研究对象：它是一个专门的教育机构，一度与某一特定宗教同行；它产生自欧洲殖民背景下的极具自身特色的卡罗来纳州，建构出自身的特色；它的诸多品格，又在这里通过国际学生的来去，扩散到异域。用"情景他者"这个概念来理解，恐怕是最为妥帖的。

# 第二章 北卡，遥远的原住民

1852年以后，杜克大学前身师范学院的学生组织文学社（Hesperian Literary Society），开展过一些讨论，其中一个问题是：在非洲黑人和美洲印第安人中，哪个所受白人的虐待更大？最后结论是：美洲印第安人。（Chaffin，1950：126）

## 原住民居地

北卡罗来纳州（以下简称北卡州）的边界是美国各级边界的缩影，包括国界、州界和县界。北卡州的边界，人为性极其明显。它的北边界限几乎是一条直线，南方的边界也大多是直线，只有西边界是不规则的，是以阿巴拉契亚山脉为界的。但这个边界是在18世纪以后才逐渐形成的。1662年英格兰人建殖民地的时候，这个地方称为卡罗来纳，它的范围包括现在的北卡、南卡、田纳西州以及弗吉尼亚州和肯塔基州的一部分。实际上，在殖民者的脑海中，西边是没有边界的：一直到太平洋，都属于殖民者所有，只要他们宣称（claim）如此即可；且英格兰殖民者从英格兰国王那里获得的特许状，是在北纬31至36度之间建立殖民地（李剑鸣，2001：139），没有规定西部边界。

西边建田纳西州是因为州府无法有效管理那么大、那么远的区域，前去殖民的人不满州府，掀起独立建州的运动，期间北卡州多次自愿放弃对它的管理；在人口增长超过6万人，符合美国政府规定的建州标准后，在1796年独立成田纳西州，并加入美国。

2005年，从悬崖（Hanging Rock）公园山顶远眺北卡州与田纳西州分界的阿巴拉契亚山脉

卡罗来纳州分为南北两部分，双方社会—经济的矛盾不断，最终在1700年激化，复争执二十余年后，在1729年裂土封疆，分别称南卡和北卡，都属英土直辖殖民地。此后双方经过多年的纠葛，最终确定了目前的边界。北卡与弗吉尼亚之间也是在多次争执和谈判之后才确定以北纬36度30分为界的，所幸未发生激烈冲突，毕竟美

国其他州之间为边界争端而兵戎相见的事并非没有。

在殖民者到来之前，完全没有这种划分。我们可以明了，古代生活在这里的人类群体，是不以这些晚近划出的边界线来作为活动依据的。他们因相互的敌对或联盟而往来迁移，流动性极大。他们因这种流动而形成密切的交往、交换、收养和联姻，实际上是你中有我、我中有你的。

就原住民生活的地域，北卡州著名的早期地方史专家阮氏写道：

> 我们今日的城市和小镇，统统没有；也没有一点宽阔的耕地。听不到工厂的轰鸣声，乡村也没有公路或铁路穿行。没有伐木者砍伐高高的松树，也没有猎人持枪瞄准四周的猎物。西部湍急河流的水能没有得到利用，东边海岸丰富的鱼类也没人下手。在今天所说的北卡范围内，不存在框架性房屋、金属工具、书籍甚或手表。这真的是蒙昧人的大地。
>
> 要描述它，非常恰当的术语会是"狩猎者的天堂""无边无际的森林""野生动植物的家园"等。确实全部就是这些。比比皆是的猎物远不像今日兴趣寡然的猎人所能想象的。几乎不需要追踪就有；非但如此，人们常常还得避开它们，因为熊要比今日的浣熊多得多，人更容易遭遇到。相当近期的猎人在一个季节能猎获一百多头熊。那时鹿之丰富，就好比现时的兔子。它们生活在各地繁茂的森林中，是经验丰富的猎人可以轻松够到的猎物。野火鸡数量巨大，因而大胆无比；河流与海岸充满鱼类。小猎物如松鼠、兔子和鹌鹑很多，而大型的、更贵

重的猎物也非常多，只是猎人们对它们不感兴趣，不过是孩童们取乐的对象而已。罗森在旅途中发现75种猎物的名字。他和团队途次弗吉尼亚和北卡之间的边界线，说他们看到北卡西边有水牛。

　　这些动物生活在广阔的森林里，那里没有道路，只有动物们走过的小径；没有公路，只有溪流。这里高贵而庄严的松树、橡树、桦树、枫树、橡胶树、山核桃等树木如此繁盛，连最野心勃勃的伐木者都会视而不见。整个地域确实是未开采的森林。这实在是充满各种野生动植物的未开发的乡野。我们将要研究的住民是名副其实的野蛮人。这就是白人到来之前印第安人时期的北卡州。（Rand，1913：1-2）

　　根据历史学家们的研究，大约28000年前到20000年前，亚洲游猎者开始逐渐从西伯利亚向东迁移，越过白令海峡的大陆架，进入今天的阿拉斯加。大约公元前9000到前8500年，这些人当中的一部分才来到今天被称作北卡罗来纳的地方。这时候他们在这一地区主要狩猎柱牙象、巨鹿等大型哺乳动物。到公元前7000年到前6000年，他们的狩猎对象开始转为小型动物和植物。前700年到前500年，这是北卡历史上所称的"林地时期（Woodland Period）"，陶器出现，农业开始，矛被弓箭取代，印第安人进入复杂的发达多样化社会。（Paschal，1984：4-5）

　　因此，北卡的地域，并不真的像阮氏所写的那样，没有宽阔的耕地。欧洲殖民者"低估了印第安人从事农业的程度"；实际上，"在这一片土地上，夏季较热，冬季较冷，骄阳炙人，风急雨骤；

适合在这片土地上生长的，以及这片土地上所生长的植物品种都多于欧洲本国"，"在欧洲移民来到之前，大西洋沿岸原来就有人居住。印第安人不但在森林中开辟了无数耕地，而且还有他们的农作物和种植方法，补充了新大陆天然食物的不足，减轻了从欧洲迁来的困难。此外还有一个有利条件，就是沿海的环境可使船只安全停泊，并且增加了食物的来源"。（拉尔夫·布朗，1990：13，9，6；亦参1990：26，28）

威廉·斯特拉彻（William Strachey）对弗吉尼亚的聚落和生计所作的描述，可作我们了解北卡州的参考：

> 他们的住宅或村镇多半在河畔或距清泉不远，一般是在山冈上，这样他们可以俯瞰河流，能把河上活动的一切细小事物尽收眼底。一个村镇里的房屋并不多，疏疏落落，彼此距离很远，看不出街道的形式……在房屋周围，一般都辟有方块形的开垦地用作菜园，有的是100英尺（30.5米。译注。下同）见方，有的是200英尺（61米）见方。他们在地里种烟草、南瓜和一种类似甜瓜的水果……他们在狩猎的时候，成群结伙地离开自己的住地……他们到山上，到河流的发源处狩猎鸟兽，那里的禽兽确实很多。（引自拉尔夫·布朗，1990：14）

印第安人在一个地方开垦土地耕作十多年，然后抛荒，另辟新的地方居住，但他们最主要的生计资源则是来自狩猎，种地和打鱼都是次要的。他们种植玉蜀黍、菜豆、南瓜和番瓜。（拉尔夫·布朗，1990：15，27）不过，"印第安人的确种过烟草"，对杜克大学影响甚为关键的烟草，可能是1612年从美洲热带地区的特立尼达岛，运到英格兰的第一个永久性殖民地弗吉尼亚中部的詹姆斯河（James River）地区的。这里的气候夏季长，有热带特征，适宜种植烟草；产品则供给英国国内。（拉尔夫·布朗，1990：46）卡罗来纳州种植烟草的时间，要到1665或1666年。（Hawks，1858：144）弗吉尼亚殖民者将"烟草文化"（the tobacco culture）及其种植系统传播到他们南向迁移的地方，随之而来的是殖民者购买并随同带来种植烟草的黑人奴隶。他们在地理空间上的分布，与殖民者在地理空间上的分布高度一致：1767年，北卡州的黑人人口将近五分之二都聚集在该州东北沿海一带，此即殖民者最先经营之地，此外便是东南部。（Link，2018：24，47，50）

## 生齿与群落

摩尔根把美洲的印第安人分为三类：一类是村落印第安人，基本上是以园艺为生，居住地包括美国的新墨西哥州、墨西哥、中美洲以及安第斯高原；一类是非园艺的印第安人，以鱼类、面包、根块和狩猎为生，居住地包括北美西北海岸等地；第三类是介于二者之间的，是半村落—半园艺的，如易洛魁人（摩尔根，1971：254-255），在今日北卡州地盘上生活过的一部分印第安人就属于这一类。

16世纪80年代，欧洲殖民者们发现这里的印第安人总共约30支部落，每支部落人数从数百到数千不等。根据阮氏的研究，北卡东部最大的部落是塔斯卡洛刺人（Tuscaroras），他们是易洛魁人的一支，占据北卡州东半部中心地带，有16个重要聚落（villages）。可以作战的人口是大约1200人。

摩尔根就塔斯卡洛剌人的历史和组织写道：

易洛魁·塔斯卡洛剌部落在过去的一个不曾知道的时代中即与其主要的集团脱离，当他们初次被发现时，他们居住在北卡罗来纳州的纽斯（Neuse）河流地方。约当1712年，他们被迫离开他们所居住的区域，迁移到易洛魁部落所栖息的地方，并得其许可，以第六的资格加入联盟。他们共有八个氏族（gents），组织为两个胞族（phratries）：

第一胞族：

氏族——（1）熊，（2）海狸，（3）大龟，（4）鳗；

第二胞族：

氏族——（5）灰色狼，（6）黄色狼，（7）小龟，（8）鹬。

这八个氏族中，有六个是与揆由加及温嫩多加共通的，有五个是与辛尼加共通的，有三个是与摩和克及奥奈达共通的。他们当中以前曾有鹿氏族，到近代才归于灭绝。此外尚可注意的，狼氏族现在分为灰色狼和黄色狼两氏族，龟亦分为大龟及小龟两氏族。第一胞族中的三个氏族，与辛尼加及揆由加部落中的第一胞族中的三个氏族是相同的，唯狼氏族分为灰色狼及黄色狼二氏族，而移于第二胞族，此其相异之点。自塔斯卡洛剌部落与其同族分离至复归于其同族，其间经过了数百年之久，这便在氏族存续的恒久性上提供了一些证据。在塔斯卡洛剌部落中也和在其他部落中一样，属于同一胞族的氏族互称

为兄弟氏族，对于其他胞族的氏族则称为从兄弟氏族。（摩尔根，1971：149-150）

在塔斯卡洛刺人从北卡迁走以前，他们的周围，是若干小的部落：

华库恩人（the Wacoon Indians）：两个镇，作战人口120人；

马甲奔嘎斯人（Machapungas）：一个镇，作战人口50人；

雀弯人（Chowan）：一个镇，作战人口大约15人；

帕斯奎坦卡人（Pasquotank）：一个镇，作战人口10人；

克里人（Core）：一个镇，作战人口50人；

博爱思凯特人（Boeskeit）：一个镇，作战人口30人；

哈特莱斯人（Hatteras）：一个镇，作战人口16人；

纳塔威人（Nattaway）：一个镇，作战人口30人；

卡拉奈人（Caranine）：两个镇，作战人口30人；

纽斯人（Neus）：一个镇，作战人口16人；

攀皮提科人（Pamptico）：一个镇，作战人口20人。（Rand，1913：6-7）

中部的若干部落，有瓦克斯豪斯（Waxhaws），居住在山麓南边；更南边一点的是伊索（Esau）和苏嘎立（Sugaree），聚落较多；在远西的山地乡村，有卡达葆（Kadapau）。在中北部，塔斯卡洛刺人以外的地方，居住着萨颎纳斯（Saponas）等五部。上述诸部都不太大，作战人口总共有大约两三百人（Rand，1913：7）。

> 1750年时，切诺基人居住的范围较大，横跨北卡西部、南卡东北部、佐治亚州北部和田纳西州东部。卡塔巴斯人（Catawbas）是切诺基人稍东的一个巨大部落。（Rand，1913：7-8）

这些部落之间相互的文化接触显然远在欧洲殖民者到来之前就广泛存在，从这一事实来说，北美原住民遭遇文化迥异的殖民者（李剑鸣，1994），并没有什么奇特的地方；这些遭遇经验，不过是他们遭遇过的诸多文化接触经验的一部分而已。因此我们可不必仅仅把原住民与殖民者的接触才称为文化接触。那样实际上是延续欧洲中心主义视角和表述。

阮氏推测，在殖民者最初达到北卡海岸时，北卡范围内的原住民人口大约有35000人。但天花和酗酒对他们的人口数量影响甚大，特别是后来北卡东部殖民定居点附近的那些部落，他们喜欢殖民者的朗姆酒，尽管殖民者跟他们交换用的是劣质的朗姆酒。原住民为朗姆酒取了一个带有魔性的名字："火水"（firewater），足见他们之喜欢："它越是燃烧他们，他们越是渴求喝上一口。"印第安商人，经常是喝完所有的"火水"，才开始做生意；而原住民的需求量极大，行商首要带的就是它，酗用"火水"大大缩减他们的寿命。（Rand，1913：8，32-33）

他们的语言有方言的差别，但主要分为三支：阿尔衮琴（Algonquian）、易洛魁（Iroquoian）和西奥安（Siouan）。

阿尔衮琴有9到10支部落，居住在从弗吉尼亚边界南到伯格（Bogue）入海口，北到今天的华盛顿、北卡的纽奔、新英格兰、特拉华州、马里兰州等地，西起落基山脉的广袤土地上。摩尔根认为，这些州的阿尔衮琴诸部落极可能有着同一来源（摩尔根，1971：177），他们在公元800到900年就在这里生活。北卡主要有两大考古文化区：一是东北文化区，一是东南文化区；其中，东北文化区对阿尔衮琴人的影响最大，同时他们和欧洲外乡人的接触也最多。

他们的村落有大约10到30座房屋。这些房屋有的用栅栏围护，有的只是聚落，四周是空旷的田野。房屋长方形，一般尺寸为11乘以14.6米，桶形的屋顶，因此许多英格兰外乡人说它们是英格兰的凉亭。它的基本结构是由枝条搭成，上面覆盖树皮或芦苇席子。

他们主要种植玉米，也有南瓜、豆角和其他作物。在春季和玉米收获之前，渔猎就很重要，工具主要有木头、骨、贝壳。

他们信仰多种神祇，还树立人形的神祇来膜拜。相信有来生。（Paschal，1984：5-6）

从外乡白人的记录中，随着他们的南下和扩张，引起其他地区的印第安人迁移到北卡地方再又迁走的，主要是欧肯尼基人（Occoneechee）。欧肯尼基人属于红色人种西奥安人的一支。据说其大部分在白人到达之时，在初次冲突以后，随着外乡欧洲人从弗吉尼亚地区大量南下（Paschal，1984：9），开始向西迁移到大湖区和密西西比河以西，在那里他们被称为达克他人（Dakota）。白人最先知道这支部落是1670年，雷约翰（John Lederer）在弗吉尼亚州克拉克斯维（Clarksville）附近瑞诺克河上的小岛上发现有他们的足迹，据说对白人比较友善。当时欧肯尼基人依托于从纽约南下的易洛魁人，在河的北岸种植玉米，收成可供一年以上食用。他们的阿肯那兹村还是一个商业中心，他们的语言既用于商业，也用于其他印第安人进行宗教祈祷。1670年后，另外两支亲属部族加入他们，一支是萨颇尼（Saponi），一支是土特洛（Tutelo），他们分别生活在欧肯尼基人所在岛屿的北、南两边的岛上。（Boyd，1927：5—6）

1676年，萨斯奎汉纳斯（Susquehannas）部落因为在齐萨皮克湾（Chesapeake Bay）受到当地易洛魁人的驱赶，迁来加入这三支部落。但是新来者对他们的富庶嫉妒不已，双方很快发生摩擦；这时弗吉尼亚的殖民军（约200人）便来帮助他们，但在打跑敌人以后，殖民军也开始掠夺他们的储藏，最后原住民打败掠夺者。这以后欧肯尼基人似乎厌倦战争，迁居北卡的希斯伯罗（Hillsboro），而萨颇尼和土特洛人则迁到萨利斯伯利（Salisbury）的亚肯（Yadkin）地区。

在欧肯尼基人的东边住着艾诺人。他们更接近西部的普韦布洛人或者南方的喀塔瓦人。他们最先居住在塔河（Tar）与奴斯（Neus）水系上游。在他们和白人的接触当中，据说其酋长艾诺维（Eno Will）最友好，夜里常常为白人唱歌唱到他们入睡，第二天又早早起床为他们做向导，带他们到东卡地区海岸地带的白人居住区。据说是北卡最早的历史学家罗森（Lawson）曾表示："他是我在印第安人中所见过的最友善、最好的一个，随时准备帮助英吉利人，不是出于获取，而是出于真正的热爱。"（Boyd，1927：6—7）

一个印第安人的酋长怎么会真正热爱和他言语不通、宗教异途的外乡人？

## 原住民的信仰

了解杜克大学所在地原住民的真正方法，是从他们的神话传说入手。弗吉尼亚的毕威廉在他著名的《分界线史》中记载一则神话，非常有趣。

当白人殖民者前来请教毕尔森金（Bearskin）关于原住民的宗教的时候，毕氏给他们解释说：

他相信有一个至上的神，在他下面有几个低级的神。这个主人——神在很久以前创造世界，它还一开始就告诉太阳、月亮、星星它们的职责，它们自此以后便忠实地履行。自那以后，创造万物的权力还被用来使他们保持秩序和运转。他相信神在创造这个世界之前，还创造过其他世界。但是这些世界，或者因为太老而破败，或者因为居住者的不忠诚而被破坏。

神非常正义、非常善，喜欢带有似神品格的人，将好人置于其安全保护之下，使他们变富，填饱他们的肚皮，保护他们免遭疾病，保护他们不受惊吓和敌人的征服。但是对说谎、欺骗的人，它一定会用疾病、贫穷和饥饿惩罚他们，甚至会让他们承受袭颅、被敌人开颅之苦。

他相信在死后，好人和坏人会被一个强壮的卫兵引导进入一条坦途，在这条路上即将告别的灵魂会暂时一起旅行一段时间，一直到一定的时间，这条坦途分叉：一条极为平整，另一条堆满碎石。分叉处有光亮闪烁。右边的路通向好路，左边的路通向坏路。

右边的路通向温柔之乡，春天永在、永远是五月，人们尤其是女人们如星星之灿烂，绝无骂人者。在适宜的气候里，火鸡、大角鹿（elk）和水牛无数，永远肥壮温顺，树上结满可口的水果。地上不用人工，自动出产玉米，如此健康，吃它就不会得病，长生不老。通向这希望之乡的入口有一位老人坐在密织的垫子上，严格检查路人，如果他们表现尚好，他就明令卫兵打开水晶之门，让他们进入愉悦之境。

左边的道路崎岖不平，通向黑暗赤贫之乡，永远都是冬天。地上终年覆盖着雪，树上结满了冰。所有人饥饿无比，除了一丁点土豆，他们的身体满是可怕的、发臭的溃疡，痛苦无比。所有妇人又老又丑，像豹子一样有爪，逃避蔑视她们情感的男人们。这些老妇人们无可救药地喜欢、期待着倍受关爱。她们絮絮叨叨，极为刺耳，给耳朵带来剧烈的痛苦，耳朵非常柔软，哪怕一点尖锐的声音就会刺伤它。在这条路的终点有一个可怕的老妇坐在可怕的癞蛤蟆凳子上，她的头覆盖着响尾蛇，闪着白眼，让所有看到她的人都感到恐怖。一只鳗类鱼对那些被抓到她的审判庭上来的可怜的倒霉蛋做出让人痛苦的审判。此后倒霉蛋们会被送到巨大的火鸡鹈鹕（buzzard）比如鸟身女怪（harpy）那里，而它们又把他们重又带到前面提到的地方。在这里，根据他们罪行的不同，受折磨好几年以后，他们又被送到人间，再次审判看是不是改过自新，能不能在天堂里有一席之地。（Boyd，1927：9-10）

无独有偶，摩尔根在《古代社会》中记录易洛魁人在建构部落联盟时，也是借助神话完成的：

联盟计划的起源，则归诸一个神话的或至少是传说的人物，他的名字叫作哈约万哈（Hä-yo-went'-hä），即是朗费罗（Longfellow）的著名诗中所称述的喜亚窝塔（Hiawatha），他出席上面所说的会议，是规划联盟组织的中心人物。在其向会议的建议中，他为要把他所提议的联盟的机构和原则向议会说明，所以他使用了一个温嫩多加部落里面的巫师大嘉罗维达（Da-ġä-no-wé-dä），做他的通译兼发言人。这个传说又说，当联盟的工作完成以后，哈约万哈便乘着一个白色的小舟，很神妙地冉冉升天而去。依据这个传说，还有其他许多神奇之事，随着联盟的形成而更为卓著，现在他们还时时加以庆祝，作为他们先民的聪明才智所构成的一种杰作……

……沉默的哈约万哈大概是易洛魁苗裔中的实在的人物，但是传说将他的性格完全罩上了超自然的外衣，致使他失掉了他是他们当中一员的地位。若是喜亚窝塔果为一个真实的人物，则任通译的大嘉罗维达必须处于从属的地位；但是，如果喜亚窝塔不过是在联盟组织之际所祈求的一个神话人物，则计划联盟制度之功，则应属于大嘉罗维达。（摩尔根，1971：210-211）

如果说后来相当一部分印第安人"接受"基督教，我们就必须从这些神话传说中去寻找"接受"的知识背景和信仰背景。18世纪前期，州界调查员伯德（William Byrd，1674—1744）在和印第安人密切接触的过程中，发现印第安人害怕在同一口锅里同时煮地上的野兽和空中的鸟儿，因为这会激怒森林的保护神；伯德认为这种想法和英格兰人混合各种材料而做出布丁，西班牙人混合各种食材做成大杂烩（Hotchpotch）是相反的，不过希伯来的利未律法（Levitical Law）也禁止混合不同的物品。（Byrd，1901：136）这说明，双方在信仰方面的距离其实没有想象的那么遥远，不像传教士们为了"征服"对方而宣传的那样。

阮氏提到：

> 印第安人是宗教性的。他们对自己的神灵信仰有加。他们为丰收、为打仗获胜、为追猎成功而崇拜善灵（the Good Spirit）；而在歉收、战事不利和追猎不顺时，则归诸恶灵（the Evil Spirit）。他们感谢善灵的祝福；但善恶二灵都予以献祭。他们相信来世（hereafter），那是理想的狩猎之地，没有疾患，没有饥荒，没有饥饿和匮乏；那里只有漂亮的女人，狩猎也无所不获。（Rand，1913：16）

不知为何，阮氏这篇耐读的文献没有把北卡印第安人的丧仪放到信仰当中去考虑。但他们对生死的观念，实在值得放在信仰中来提一提：

> 若是死了要人，印第安人的丧葬仪式则尤为隆重。可陈尸一昼夜，然后整洁地裹以大衣一样的外套，此即下葬衣服。随后举行丧仪。死者的亲戚，以及部落中的许多人和联盟部落赶来的代表肃穆地聚集在遗体周围，端坐席垫上。一名术师（conjurer）随即致悼词，提及战士生前所捕获的头皮（scalps）数，在狩猎中展现的诸多功绩，他的妻子数及她们的美貌，颂

扬死者的英勇、机智、勇武、快速，以及他为部落所做的宝贵服务，和他可能做过的任何值得尊崇的事迹与在世时可能具有的诸种品格。悼词最后让在场的服丧者确信死者的灵魂已经前往漂亮女人所在的、捕猎无所不获的来世，那里没有寒冷、饥饿与饥荒。如果在场的还有其他术师，他们也颂扬死者，内容大致相同。然后下葬。尸体放入五六英尺深的墓穴，里面有足够的空间。墓穴上方用灌木和棍子搭成架子，与尸体隔开。在架子上覆以土。人们就这样恭敬地将遗体埋入窖中。经过相当的时间以后，遗体腐烂，人们取出遗骨，洗净，用鹿皮精心地包裹起来。然后埋入名为冢祠（Quiogozon）的地方，这是所有国王和伟大的战时指挥官遗骨的最终栖所。因此，印第安人对他们崇拜的人，设有一个部落冢祠，整个部落都对这个地点敬重有加。风俗是在墓边表达哀思，祭悼荣耀人物。墓地是神圣之所；部落如迁移，则必携带遗骨；可保数世纪之久。（Rand，1913：14）[1]

这让我们想起杜克大学教堂墓室里埋葬的杜克家族成员和社会要人。

## 初 遇

拉尔夫·布朗把欧洲白人接触北美的历史分为界限分明的两

---

[1] 更细致的研究，参Yarrow，1881。

段：第一段是探险家们在15世纪末来到北美洲，到1535年为止，这算是初期探险；此后间隔漫长的岁月，从1607年开始才是欧洲殖民者前来现今的美国境内各地殖民。中间这段时间，人们对美洲的想象多于事实。（拉尔夫·布朗，1990：2）

一般而论，欧洲殖民者随船带来的食物并不足以供给他们长期生活，因此他们极大地依赖印第安人种植的粮食如玉米等，还有他们种植这些作物的方法。最初的时候，当地人性情温和，对这些外来者是善良的。（拉尔夫·布朗，1990：28，20；Rand，1913：19-20）

16世纪20年代，欧洲白人移民到来的时候，原住民和外乡人的接触增多；1524年，G.维尔拉山诺（Giovanni Verrazano）率领的法国探险队接近北卡罗来纳的菲尔角陆地。（拉尔夫·布朗，1990：2）到16世纪80年代，英国殖民者华特·罗利爵士（Sir Walter Raleigh）多次派人从沿海地带到瑞诺克（Roanoke）岛建立定居点，尽管以失败告终，但为欧洲人认识北卡地方的印第安人提供机会。1584年7月，罗利本人并没有亲自到那里。他派出的两艘船靠岸，直到第三天才见到3名印第安人坐独木舟前来，其中一人在英格兰人的陪同下，登上其中一艘船，"英国人呈上礼物，他表示感谢，收下礼物。在检查两只船以后，他回到独木舟上，发出声音，捕鱼。半小时后，他满载而归，把鱼分给两艘船上的人们"。（Rand，1913：19-20）

第二天，当地国王的兄弟在一大群印第安人的陪同下前来造访两艘船。两位船长和善地接待他们。后来，一小队英国人随同他们回去，得到最热情的接待。后来双方又多次互访：白人小心翼翼，而印第安人则自在而往。他们也进行贸易，买卖对白人有利，但印第安人也满意。"白人离开时，一致认为印第安人是居住在世界上最好的国度的最友善的，最慷慨的人。"他们还把两名印第安人带回英格兰。（Rand，1913：20）

　　1585年6月26日，另一队殖民者109人在北卡靠岸，后来一部分离去，大部分留下的人由拉夫·莱恩（Ralph Lane）统领。不久，一名印第安人偷走他们的一只银杯。"莱恩找不到杯子，遂严厉地惩罚印第安人，烧了他们的聚落，割掉地里种植的玉米。这激起印第安人的敌意。莱恩攻击他们，杀死许多人，包括他们的国王温格纳（Wingina）。他的补给随即短缺，处境岌岌可危，在弗朗西斯·德雷克到来并答允把他们送回英格兰以后，不得不放弃这一定居点。"（Rand，1913：20）[①]不久理查德·格林维带着补给到来，留下15个人后返回英格兰。两年后，约翰·怀特带着115名殖民者前来，发现那15人已经消失，只留下一副骨架。怀特在6周后返回英格兰。他的殖民地也消失。他们都是罗利所遣。

　　我们发现，印第安人—殖民者的关系一开始是非常友善的，后来才变得充满敌意。此后，殖民者与印第安人的交往，基本上在后一情景中展开，充满殖民者的欺诈与暴力，尽管有的时期双方相安无事。（Rand，1913：20，23）

　　值得注意的是，从此以后，从英格兰本土前来殖民的几乎绝迹，反倒是从其他殖民地来的人成为唯一的殖民人口来源。因此柯雷文称北卡州海岸是最早的"真正美国人"的定居点（Link，2018：26；Craven，1967）：1653年，罗杰·格林（Roger Greene）自弗吉尼亚

---

① 该历史有一个极简的版本，见李剑鸣，1994：28.

殖民地前往北卡雀弯（Chowan）河岸殖民。1655年纳撒尼尔·巴茨在阿尔伯马尔西岸筑庐而居。（李剑鸣，2001：139）1662年，乔治·杜兰特（George Durant）自弗吉尼亚前往今日的北卡裴奎曼斯（Perquimans）县殖民。杜兰特从印第安人那里购买土地，但人们无法确定他是否付了钱。这是殖民者从印第安人那里夺取土地的开端。（Rand，1913：21）

　　1660年，新英格兰的殖民者来到菲尔角河口殖民，但气候和环境不适合他们既定的养牛目标，"为了弥补遭受的损失，他们请求附近的印第安人让他们把印第安孩童送到英格兰去接受读写教育。殖民者得许后装载一船小孩前往英格兰。这些小孩被运往西印度群岛卖为奴。在按计划这些小孩该回来之前，这群殖民者就已离开当地"。（Rand，1913：21）

## 白红冲突

　　欧洲白人称当地的原住民为"红人"（the red man），美洲原住民则主要以"白"来概括外来的殖民者（李剑鸣，1994：26-27），后者也自称为"白人"（Moor，1880：7，37，1，39；Byrd，1901：214）；我们固然可以用美国"印第安人与白人的关系"（李剑鸣，1994）来概括本段的内容，但我们用"白红"概念，并不是要遮蔽双方在历史过程中展现出来的复杂关系，正如后文将要提及的：这一用法至多只是用来说明双方众多的关系可能性和实际关系中的一个主导性的关系而已。

　　16世纪后期以后，欧洲诸国的殖民者中，"绝大多数的移民都来自社会上经济能力较低的各阶层，他们很难有能力带齐他们所需要的各种物品，家畜或其他必须设备中甚至连一件最好的东西都没有"。（拉尔夫·布朗，1990：36）他们背井离乡，也有自己的各种苦衷，宗教信仰是其一。他们离开英格兰，有遭受宗教迫害的背景；但那些从别的殖民地跑到卡罗来纳州来的第二代、第三代移民，也有遭到宗教迫害的，譬如17世纪末期从弗吉尼亚州前来卡罗来纳州的贵格教徒们（Quakers）。（Link，2018：26）不过清教徒追求"上帝之城"则是内在动因，并在移民美洲以后进行意识形态控制（原祖杰，2012：185），与当地人在信仰上的冲突是内在而必然的：殖民者不是诋毁当地人的信仰，就是"根本否认其存在"；他们担心"宽容会导致信仰的丧失"（李剑鸣，1994：187；2001：131）。

殖民者"进入现场加以占领"的活动，使他们所谓的"发现权"开始生效。（拉尔夫·布朗，1990：36）殖民者们带着欧洲的语言、知识和观念，开始掌握印第安原住民的知识、语言和交往方式，它们激发殖民者的知识，殖民者在原住民之外，建构自己有关这片土地的一整套知识。（Boorstin，1964：276）

印第安人相互之间交往，有时候也会订立盟约，对双方的行为和权益作出规定。在印第安人方面，我们从摩尔根最权威的记录中，可以看到这一点：部落联盟就是这种盟约的产物，并且这种盟约也不是尘世的产物，而是归之于神灵的功劳。如易洛魁联盟：联盟之下的各部落各自独立，相互有一定的境界线，参加联盟以后，各"部落组织并未削弱或因之而蒙受损毁。各部落在其固有的范围内都是生机蓬勃，有如我们合众国中的各州一样"。在摩尔根看来，两种政治体系是可比的，只不过他认为部落联盟是"氏族社会"所能产生的最为复杂的社会组织。（摩尔根，1971：210-212，222，226）

在他眼中，它的社会组织程度当然是低于当时的欧洲殖民者的。但欧洲殖民者和美洲印第安人之间，最正式的交往依然是通过订立各种协定（拉尔夫·布朗，1990：39），加上各种欺诈手段，背信弃义，实现土地的转让；17世纪五六十年代，当殖民者暴增以后，"印第安人迁走，为新来者让出空间；他们对此并没有感到愤怒"（Rand，1913：22）。

18世纪是北卡殖民人口的增长期。该州在1790年才有正规的住民统计，此前的殖民人口数是不确定的，只能根据各种记载来推测。根据迪克斯特的考察，1663年时，大约有300户家庭；1677年时有1400家纳税人，大约2500—3000人，加上菲尔角（Cape Fear）的殖民者，差不多有4000人；因叛乱、混乱和菲尔角定居者撤走，到1694年剩下787家纳税户，总人数不到2000人。到1711年塔斯卡洛剌战争以前，北卡殖民地分成两部分：第一部分在阿尔伯马尔湾（Albemarle Sound），有大约1500—2000名英格兰人，分作三区；第二部分在巴特县（Bath County），主要是瑞士农民、领主和法国胡格诺派教徒，人口大约1000—1200人。（Rand，1913：23）

据迪克斯特的估计，此后的人口是：

1711年，将近2000家；

1717年，10000人；

1732年，30000人，另有非洲裔6000人；

1754年，62000人，另有非洲裔15000人；

1764年，124000人，另有非洲裔30000人；

1774年，260000人；

1787年，224000人；

1790年，429442人（人口普查数）。

迪克斯特说，美国独立战争前十年，北卡州比其他地方的人口增长都要多；在诸州中，1790年的总人口数位居第四，位居弗吉尼亚（820000人）、宾夕法尼亚—特拉华州（493467人）、马萨诸塞—缅因州（475327人）之后。（Dexter，1889：44-46，44，38，28；Link，2018：47）[①]

拉尔夫·布朗认为，在18世纪前期，"这些人口主要分布在河流两岸，田地多为小块，偶尔也有个别的种植园。在早年也和现代一样，通过较高的、较干燥地区的公路附近，没有聚居的村庄，人烟也很稀少，这种情况时常使当时和现在的陌生人对于当地人口数目和农业生产基本情况产生误解"。（拉尔夫·布朗，1990：83）

卡罗来纳州最初的几个殖民镇都是在今北卡西北部建立的：

1705年，巴斯镇（Bath）；

1709年，纽奔镇（New Bern）；

1715年，毕福特镇（Beaufort）；

1722年，艾登顿镇（Edenton）（Link，2018：47）。

他们发展出来的种植园，"指的是从林地中清除开垦出来的一块耕地"。还有面积较小的农场。负责耕种的是黑奴——北卡州盛行蓄奴制（拉尔夫·布朗，1990：170，172），远逊于南卡州，

---

[①]　各家估计的数据都不一样，甚至同一个作者在同一部著作中的不同地方，数据也有歧义；这里主要是采用迪克斯特的估算，部分采用林克（Link）的数据。

并且奴隶是不直接从非洲和加勒比海买来，而是从别的州带来的（Link，2018：50）。他们不仅种植烟草、水稻、棉花，打鱼、划船、摆渡，还砍伐木材，从事与海军有关的活动如收集松节油等。实际上，一切体力劳动都由他们来进行。一年四季，轮流进行，周而不息。（Link，2018：48-49）他们才是数量最大的被压迫者群体。①

2006年，达勒姆镇知书店（The Know Bookstore）的非洲裔知识分子布鲁斯·布里奇斯（Bruce Bridges）

① 我在达勒姆期间，多次参与非洲裔知识分子的活动。2006年3月，杜克大学的长曲棍球（lacrosse）队的三名白人队员受控强奸达勒姆的一名非洲裔妇女，但北卡州的检察长办公室以证据不足为由而不予立案，引起新黑豹党北卡分部举行大量的示威活动。我曾亲临他们示威的现场，发现平时与我聊天的非洲裔知识分子都参与期间，并起着领导示威活动的作用。

　　殖民者人数多起来以后，印第安人就成为负面的形象。在英格兰殖民者眼中，印第安人是他们需要对付的诸多敌人之一，其他的敌人还有法国人。（Boorstin，1964：358）白人书写的北卡史，即便涉及印第安人，也以负面的口吻涉及；一般的情况是北卡罗来纳史是殖民者的历史。譬如卡罗来纳这个地名，就是根据英王查尔斯二世的英文名字"Charles"的拉丁语对音"Carolus"来取的；而最早的北卡通史就是从1653年亚磊（Francis Yardley）和罗利"发现"北卡开始书写的（Hawks，1858：17，68），19世纪末的史书也不例外（Moor，1880：vii）。

　　历史书写正是双方历史叙事呈现分野的领域之一。譬如白人作者会说，"我们为了在荒野获得立足之地、为建立政府而斗争"；"北卡的各个人类阶段为社会研究提供丰富的原料；譬如，我们州历史丰富。这里是英吉利人为殖民新世界而最早进行尝试的地方，这里也是美国爱国者最先对外国统治暴政表达不满的地方"。这里是"狩猎者的天堂"（Perry，1946：9-10），而这里的"狩猎者"当然不会指印第安人狩猎者。

　　随着殖民者人数增多，殖民地的增加，殖民者与原住民的关系也倾斜性地转变：

　　　　到塔斯卡洛剌战争时，白人殖民定居者和印第安人绝大多数时候都和谐共处，后者居住在森林里，前者则居住在森林中的空地上。印第安人在森林里热情好客地接待正在变得更加文明化的白人。白人任凭印第安人前来他们的空地，友好地接待他们，把廉价的小装饰品送给他们做礼物。白人自然藐视印第安人，因为他们认为自己在智力上比红人要高，并且不依赖他们。印第安人自然地尊敬白人，因为他们在许多有价值的物品上都依赖白人，如枪支、刀具、短斧和其他诸如此类的工具。心智虚弱的印第安人，一旦品尝过白人的"生命之水"，会为品尝下一口而什么事都干得出。白人因此毫不掩饰地自视比印第安人优越。

在商业和社会关系中，这种优越性很明显。白人商人卖给印第安人劣质的商品，收的却是优质商品的价格。他们卖枪的时候，经常卖的是开不了火的枪支，因为枪管是弯的。劣质的朗姆酒和廉价的商品换来的是上好的貂、鹿和其他动物皮毛。贸易的利润如此丰厚，另一个殖民地的人若要来和印第安邻居贸易，就得罚他一万磅烟草。同时，白人殖民定居者有时还把印第安人抓作奴隶。这并不经常，乃是因为印第安人不是好奴隶人选。此外，跟印第安人进行贸易的白人频繁地找印第安女子为妾。印第安人并不反对，相反，他们还支持这种关系。这助长白人商人学习他们的语言，并以优雅的姿态进入到部落之中。印第安人犯罪，若是涉及白人，会立马传唤犯罪者，一般都交出，并严厉处罚。因此，在两个种族交往中，印第安人处于卑微的地步。（Rand，1913：23-24）

欧洲白人殖民者人口增长的背后，是对当地人土地争夺的加剧。如阮氏所说，白人殖民者通过两种方式来驱逐印第安人：繁衍人丁和战争。（Rand，1913：24）21世纪初，我在康涅狄克州的持枪白人那里，真切地感受到他们描述的印第安人印象。在他们的口承故事中，他们先人手中的枪支，似乎就是用来与印第安人争夺土地的：他们储备了大量枪支，从手枪到来复枪，各种牌子的，各种年代的。对他们而言，这些枪支真正的意义，是在印第安人的土地上，与他们争夺、战斗时使用，快速操持，越快越好；最快的方法就是让保险随时打开。当他们在操练这些器械的时候，年迈者仿佛都回到自己的青春岁月，容光焕发。

北卡当地原住民和外乡白人之间的冲突在1677年加剧；1710年外乡白人在纽奔镇建立定居点，又一次引发双方的冲突，1715年印第安人被打败。随着沿海的印第安人部落开始消亡，内陆的切诺基人开始成为外乡白人的下一个目标。1750年，殖民者向西推进时，遭遇远西的主要部落切诺基人和卡塔巴斯人（Catawbas）的抵抗。当时他们正在与西部的一些印第安人部落打仗。这次战争中，两部的主要目标是南卡州的殖民者，对殖民定居者在北卡的推进影响有限。（Rand，1913：7-8）

除了摩尔根提到的易洛魁人从北卡撤走，1759年到1761年的切诺基战争（Cherokee War）中，切诺基人被打败。（Paschal，1984：10）印第安人外迁，最著名的一次是19世纪30年代：切诺基人迁移到俄克拉荷马。1830年，美国国会通过"印第安人迁移法案"，有目的地将密西西比河以东的印第安部落迁移到河西。据估计切诺基人在"血泪之路"（Trial of Tears）上，有大约四分之一的人死去。（Paschal，1984：12）

不仅当地人和外乡人有冲突，当地部落之间也有战事，正如欧洲各国的殖民者之间也有战争一样，会有一个部落的印第安人协助殖民者攻打另一个部落，甚至会有同一部落内部的人背叛自己的部落，与殖民者为伍的。（Rand，1913：28—30）战争、迁移和疾病成为北卡地区印第安人消亡的主要原因。（Rand，1913：31；Paschal，1984：12）

我们不能忽视的是印第安人在与殖民者打交道的过程中，也通过各种方式掌控殖民者以及交往后果，从而拓展自身的各种努力和实践方式。

留下来的切诺基人在北卡开始和白种欧洲人后裔共存共在的历史：他们在许多领域继续自己的生活，主导着该土地；在另一些领域则被边缘化，被白种欧洲人后裔主导。从整个美国的框架内来说，他们和"无神论者""异教徒"们一样，被美国的法律体系和文化象征体系所包裹。美国将每年的11月设为全国原住民遗产月（National Native American Heritage Month），举办众多涉及印第安人的活动。这些活动很快成为原住民酋长们搜集有利于本族群信息的仪式。

2005年底的统计，切诺基人大约为13500人，拥有土地56000英亩（约339936亩）；他们经营卡斯诺赌博游戏机（Casino）、瓶装水企业，为独立的政府服务，为数千的原住民提供教育、雇工和服务。它的一名酋长，密歇尔·西吉斯（Michell Hicks，1964— ）曾经在纽约市和美国东北海岸地带工作过6年，为社团客户担任公共会计师，后来他把这些生意场上的经验带回切诺基人当中。但是，他从2003年才开始学习自己的民族语言切诺基语。他开始意识到社区和就业对保持自己族群的原住民美国人身份至为重要：他们在为本族群的文化永续而努力着。在2005年的遗产月活动当中，他前往教堂山的北卡大学，对前来听讲的大学生和教授们演讲，将印第安人定义为活生生的、"进步的"人（progressive people）。听众当中不少人，包括学生和教授是来自北卡的其他印第安人；他的演讲很快成为他们对照的镜子。相比之下，龙比（Lumbee）印第安人有大约50000人，但不幸的是他们的语言完全丢失，而且至今还没有得到北卡政府的承认。听众当中的一名19岁的二年级龙比印第安人学生阿西丽（Ashley Oxendine）对记者说自己深受启发，感到有值得带回自己部落的东西。（Rocha，2005：1，8）

北卡州印第安人诸部落的命运，是其他州原住民命运的缩影和先声。殖民者的推进是缓慢的，但是一直在推进。类似的夺地故事，类似的双边关系，后来在南卡罗来纳州、在田纳西州、肯特基州等地上演。

## 达勒姆镇

1775年5月20日，北卡州梅克伦堡（Mecklenburg）县的人们聚集起来，"宣布他们自由和独立。他们用最庄严的、最一致的形式隔断所有和英国国王的联系，建立一个独立于王室总督权威的政府体系。"（Jones，1834：1）

18世纪中叶，苏格兰—爱尔兰人或者英吉利人的后嗣来到后来叫达勒姆的地方，他们是从格林韦的伊尔（Earl）那里得到土地的。伊尔是被英国国王赐予因而拥有弗吉尼亚以南包括南北卡地方八分之一的土地。1752年，橙县成立，其所辖地方包括卡斯维尔（Caswell）、伯森（Person）、阿拉曼斯（Alamance）、卡桑（Chatham）和罗金汉（Rockingham），另有贵弗德（Guilford）、兰朵夫（Randoph）、理县（Lee）、维科县（Wake）的一部分以及

达勒姆的绝大部分地方。而橙县东部的居民后来成为达勒姆的主要人口。（Boyd，1927：15）

　　1881年前，达勒姆地方的土地属于橙县和维科县。而居住在杜克河谷的，大多数是节俭、勤勉的乡民，绝大多数是坚忍的苏格兰—爱尔兰（Scotch-Irish）长老会信徒或者德国路德教派信徒的后嗣，他们是18世纪上半叶从宾夕法尼亚州迁来。（MacNell，1929：434）

　　达勒姆的出现全在于铁路的修筑。橙县在19世纪上半叶根本没有任何市场；为解决这个问题，1848年北卡州府拨出200万元修筑铁路。当铁路修筑到橙县附近的时候，铁路公司准备在西尔斯堡（Hillsboro）和莫里斯维（Morrisville）之间的普拉茨堡（Prattsburg）设立一个车站，但是地主皮威廉（William Pratt）担心火车骚扰到利用他货舱的雇主们的马匹，不愿意出让土地，故意抬高地价；不得已铁路只得绕道。这时一名医师，他的名字叫巴立·达勒姆（Bartlett Durham），抓住机会，愿意给出4英亩土地。这就够了。1854年，铁路修成，站名叫达勒姆维（Durhamville），后来缩写成达勒姆。从此以后这里就成为橙县东部的贸易和商业中心。（Boyd，1927：27）随着经济的繁荣，人口增长。1865年前，达勒姆人口不到100人；1870年，有256人；但10年后就增加到2041人。1866年12月，州府的特许状（charter）允准达勒姆设镇，但旋即被议会否决；后几经周折，到1969年议会才最终同意设镇。（Boyd，1927：97）

　　铁路线建成以后，一个意想不到的后果是烟草种植沿铁路线而行：原来在东海岸的烟草种植，因了铁路的便利，开始北上、西进。19世纪50年代，北方山麓地带开始种烟草。1865年以后，东起达勒姆，西至温斯顿之间的地带，大量的小工厂蓬勃地发展起来，烟叶就成为重要的商业收入来源。位于北卡中部的达勒姆成为主要的烟叶储藏地和香烟生产地。1916年至1919年间，北卡的烟草种植面积翻倍，烟草价格则增长五倍多，取代棉花，成为利润最为丰厚的农产品。（Link，2018：166-67，171）

达勒姆的企业家卡尔（Julian S. Carr，1845-1924），也就是资助韩教准入读杜克大学的那位，"从两位小商贩那里购买了后来的布莱克维尔（Blackwell）达勒姆烟草公司，把巴达勒姆（Bull Durham）发展成为烟斗、烟草和咀嚼烟草的主导性品牌。卡尔的运作是高度资本化的，涉及全国的市场。到1884年，他的工厂雇佣1000多名工人，生产的巴达勒姆烟草将近500万磅。"

《北卡：一个南方州的传统与变迁》的作者、历史学家林克就此写道：

> 更重要的是橙县的企业家华盛顿·杜克，还有他的孩子本杰明·杜克和詹姆斯·杜克，在19世纪80年代侧重于香烟产品来组织生产烟草。杜克的各家工厂使用新的本萨克（Bonsack）机器，可以大批量生产香烟。该家族在纽约市建立起高度资本化并且产量巨大的运作机制，与在北卡的各项设施一道，得到大众广告的支持。1890年他们组织泛美烟草公司，杜克家族在这一行业里就获得几乎是完全的宰制。（Link，2018：271-73）

# 第三章　杜克家族

在美国短暂的历史上有许多商业富豪和工业巨子，但只有三名工业大王：约翰·D.洛克菲勒（John D. Rockefeller），石油大王；安德鲁·卡耐基（Andrew Carnegie），钢铁大王；詹姆斯·杜克（James B. Duke），烟草大王。（Forbes，1922：68）

## 欧洲家族的后裔

杜克家族的祖上来自英吉利和爱尔兰。根据《杜克家族》的记载，杜克家族乃是起源于诺曼（Norman Origin），作为家名，杜克居于最古老的英吉利家族行列中，也出现在《末日审判书》（*Domesday Book*）中，并持续出现在诺曼诸王统治时代创作的历史文件中。这个家族在英格兰获得许多土地，并在内战中站到王室的旗帜下，和王室联姻。在理查一世的第四到五年（1192—1193），彼得·杜克成为伦敦的名誉郡长（Sheriff），并在约翰王时代服务。彼得的儿子是罗杰，在亨利三世时居然也成了伦敦的行政司法长官。做名誉郡长一年后，他被提为伦敦市长。他做过四年的市长，是亨利在位的第十二到十五年。

　　罗杰的儿子华特在爱德华三世（1327—1377年在位）时，定居布朗顿（Brampton）。从那以后就以地名冠在他的名字上，在谢丁菲（Shadingfield）还有土地。他给他的儿子取他父亲的名字，仍然叫罗杰，一直住在他们家的产业上。此后几代人一直就和这两个地方连在一起。他们同时也在增加产业。

　　罗杰的长子和继承人叫罗伯特，那时是在亨利六世时期（1421—1471）。罗伯特的长子和继承人叫约翰，他的妻子是娟（Joan），这是斯巴克（Spark of Astacton，County Suffolk）的女儿和继承人。他们有一个儿子，叫托马斯。托马斯结过两次婚，第一任是乌德维的女继承人；第二任妻子叫玛格丽特，是萨佛克县（Suffolk）斯贝克谢（Speckshall）的亨利（Henry Baynard）骑士的女儿和继承人。托马斯的儿子和继承人叫威廉，和汤杉（Thomasine）结婚。她是萨佛克县诺体谢（Knottishall）的埃德蒙（Edmund Jenny）爵士的女儿。他们有一个儿子：乔治·杜克。

　　乔治和安（Anne）结婚，她是阜荣谢（Fronshell）的托马斯（Thomas Blennerhattet）爵士的女儿。他们至少有两个儿子：乔治和爱德华。爱德华是长子、继承人，他给家族购买萨佛克县的贲霍（Benhall）；他的妻子叫多罗瑟（Dorothy），是萨佛克县罗斯布鲁克（Rosbrook）地方杰明（Ambrose Jermyn）爵士的女儿。爱德华在1598年去世。他给他的儿子取他外祖父的名字安伯罗斯·杜克（Ambrose Duke）。他被叫作贲霍的安伯罗斯·杜克。他和伊丽莎白结婚；此女是萨佛克县科叟（Bartholomew Calthorpe）骑士的女儿，也是她父亲财产的一个共同继承人。1610年杜克去世。次年妻子去世。他们的儿子就成为"贲霍、布朗顿和武陵罕

（Worlingham）的爱德华·杜克爵士（1604—1671）"。1661年他被查尔斯二世封为骑士，随后又被封为从男爵。他和艾伦结婚，艾伦是邓布莱县（Denbligh）约翰·潘顿（John Panton）骑士的女儿。他们有好些子女：长子和继承人叫约翰·杜克，准男爵，此后英国的杜克家族就按照他的系谱来传承；他们的另一个儿子，亨利·杜克（Col. Henry Duke）上校，他传承的一支，就是美国的杜克家族。（Armestrong，1926：33）

亨利上校是英格兰萨弗克的本地人，[①]出生在17世纪中叶。据说他成年的时候，弗吉尼亚（Virginia）吸引很多英国家庭里的年轻人。他也追随着这个殖民潮。他在军队里，先是做上尉，然后是上校，还是州长王室委员会的成员。还作过城市议员会（House of Burgesses）的成员和詹姆斯镇的行政司法长官和检察官。他1714年去世的时候，留下数千亩的地产。他的妻子叫李迪雅（Lydia Hansford），是韩查斯（Charles Hansford）的女儿。

亨利上校给他的儿子和继承人还是取名叫亨利·杜克，他也是城市议员会的成员，但在他父亲死后的第四年他也去世了。1718年1月18日，他的遗孀伊丽莎白成为产业的管理人。她婚前的名字叫柯伊丽莎白（Elizabeth Cliveures），属于胡格诺（Huguenot）世系。他们的儿女包括亨利·杜克三世和柯·杜克（Cliveures Duke），后者

---

① 根据杜克大学档案馆的另一份材料，亨利·杜克上尉是威廉·杜克的儿子。威廉·杜克出生在英格兰的萨弗克，1678年在弗吉尼亚的查尔斯城县去世。亨利则是1718年去世，他给他自己的儿子（1700－1773）取自己父亲的名字。参见Armestrong，1926：34。

成为杜克家族在弗吉尼亚世系的传人。[①]

　　亨利·杜克三世的产业在弗吉尼亚州的鲁艺萨县（Louise），近邻他的弟弟柯·杜克。他的妻子叫安（Ann）。他们的儿女中，包括亨利·杜克四世。他们在革命战争爆发前不久搬迁到北卡州，定居在橙县东部。[②]受到殖民事业的吸引，亨利四世很快应召入伍，先作上尉，随后在大陆阵营里做少校。他在战前和苏珊娜结婚。他们的子女包括泰勒·杜克。泰勒大约出生于1770年，1867年去世。他是州民兵（State Militia）的成员、行政司法副长官。（Deputy Sheriff）[③]

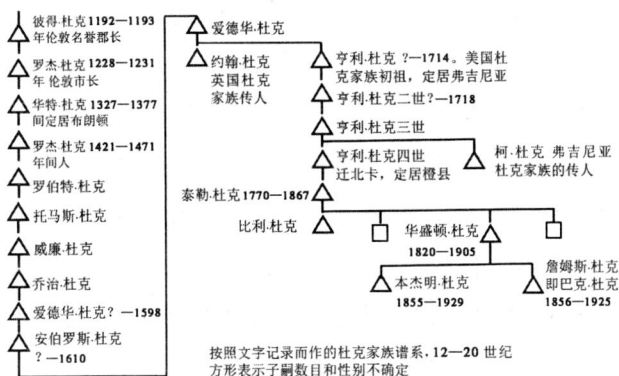

按照文字记录而作的杜克家族谱系，12—20 世纪
方形表示子嗣数目和性别不确定

---

　　①　在迁移到弗吉尼亚殖民州以后杜克家族的传承和北卡州的杜克家族似乎有不清晰的地方。最近人们利用基因技术（DNA）发现一些和传统的说法不同的微妙的差异。也就是说泰勒·杜克祖上的传承可能来自弗吉尼亚殖民州的外特（Isle of Wight），祖先名叫约翰·杜克。参见Armestrong, 1926：34.DUA。南卡州哥伦比亚市的杜克家族成员之一Lynn Teague和Thomas F. Harkins，图书馆助理馆员，杜克大学之间的电邮通信。www.lib.dukc.cdu/archies/history/duke_familybib.html

　　②　Quick, 1981.根据《杜克家族体系》一书的记载，北卡州橙县的约翰·杜克，生子威廉、哈蒂曼、散谬、罗伯特和泰勒等。参见Morris, 1940：105—119。

　　③　上述关于杜克家族的传承，除开注明的以外，来自Zella Armestrong的研究，Armestrong, 1926：33—35。

这家人居住在伯镇（Balltown）附近的黎托河（Little River）、今天的巴哈玛村（Village of Bahama），以农艺耕耘为生。（Quick，1981）

## 华盛顿·杜克（1820—1905）

华盛顿·杜克的父亲是泰勒·杜克（Tylor Duke）、母亲是迪丝·琼丝（Dicey Jones），两人都是虔诚的基督教徒，勤劳朴实。（Bassett，1927：84-85）华盛顿是杜克家中十个小孩中的第八个，他们的父母尽量让他们接受宗教的教育。据说华盛顿十岁的时候，有一次远足到邻近的一个非常低调的教堂参加周日学校，有个好心人给他一张卡片，上面写着："在年少之际记住造物主，一旦明了寡欲于斯，恶日将不再，生命亦不终结。"从那个时候开始华盛顿就受到神的吸引，"从那刻开始，真理开始不朽地征服他的心灵"。（Kilgo，1905：6）华盛顿12岁便正式皈依基督教，据说他的兄长比利（Billy）在宗教上资育这个新皈依者。（Quick，1981）从此基督教在这个有着300英亩农田的"农民"的生命中占据举足轻重的位置。

华盛顿结过两次婚，1842年第一次娶妻玛丽·克林顿（Mary Caroline Clinton），来自北卡州橙县；其父母为洁羲和拉切尔·魏克·克林顿（Jesse and Rachel Vickel Clinton）。她所生两个儿子一个活到14岁；一个死于1847年，同年玛丽逝世。（DWB：2）

五年后，1852年12月9日，华盛顿再婚，妻子罗阿妮（Artelia Roney）为北卡阿拉曼斯县人（Alamance County），父母为约翰和玛丽·罗尼（John and Mary Roney）。她所生三个小孩，长女嫁到达勒姆的罗伯特·利翁家（Robert E. Lyon）；两个儿子即本杰明·杜克（Benjamin Newton. Duke）和詹姆斯·杜克（James Buchana Duke）。1858年8月20日，他们最小的小孩尚在襁褓之中，罗阿妮就不幸去世。（Armestrong，1926：36-37）

据说罗阿妮曾经在阿拉曼斯县她家附近的皮斯嘎教堂唱诗班里演唱，嗓音优美。华盛顿是为了听自己喜欢的一个布道师而前往邻县的，他就在那里认识罗阿妮。据说他欣赏布道，但罗阿妮更吸引他，遂入赘罗阿妮家。（Jenkins，1927：19-20）

就这样在不到十年的时间里，华盛顿·杜克埋葬了自己的父母双亲、两任妻子和两个儿子，他不得不求助于妻妹们、自己的妹妹玛琳达（Malinda）等人帮助喂养四个子女。他还买过一个女奴卡罗琳（Caroline）作为家仆照看孩子，但他与兄长比利都反对奴隶制。1860年他投票支持亚伯拉罕·林肯。几十年以后他在达勒姆为黑人修建一座医院，取名"林肯医院"。（Quick，1981）

1863年，寡居的华盛顿·杜克在43岁的年纪带着四个孩子，正赶上内战。当时南方政府规定男子凡是45岁以下都必须服兵役；他将三个年幼的孩子送到自己在阿拉曼斯县的岳父约翰那里。他将自己的生意和财产全部按照当时的价格卖掉，和他同时参军的还有他的弟弟罗伯特·杜克，可惜的是弟弟于1865年初在彼得斯堡（Petersburg）的战斗中牺牲。华盛顿在内战之前已经接受过军训；参军以后他先是在陆军，后来又转到海军。据《达勒姆记录者》（*Durham Recorder*，1900）载，当时海军的船只停靠在杰姆斯岛（James Island）的查尔斯顿海湾（Charleston Harbor），每天他们都用小船将一些人送到陆地上接受军训，晚上的时候小船就系在大船的横梁上。因此经常需要派一些人到横梁上去将船只解开。据说华盛顿对此感到极为恐惧，当派到他的时候他想拒绝前去。但在惩罚面前，华盛顿只得屈从。（Gray，1967：23-25）

在战争中他成为一个内行的炮长，负责弗吉尼亚首府瑞奇蒙（Richmond）防卫战中的巴特瑞（Battery）地带。战争失败后，华盛顿被捕，关入联邦监狱（Libby Prison）。几周以后，1865年4月9日，南方的罗伯特·李（Robert Lee）将军投降，遂被释放。他被送到北卡州，但不是到他在北卡的家纽奔。（DWB：2）

1868年，华盛顿加入共和党；但他后来又加入民主党。（Durden，1986：117-118）1874年他将产业迁到达勒姆镇。1878年成立华盛顿·杜克子嗣公司（W. Duke, Sons and Company）。1880年从烟草生意中退休。1890年捐赠85万美元给三一学院，用于从兰朵夫县搬迁到达勒姆镇。1896年捐赠100万美元给三一学院用于接受妇女入学，以让她们和男子同样接受教育，此举广受关注。（DWB：2；亦参King，1989）他并没有参与三一学院的管理，因为他觉得院长柯果（Kilgo）值得信任。（King，1989）1898年、1900年两度捐资同样数量的钱给三一学院。（Durden，1986：118）

他为什么捐钱给三一学院呢？根据院长柯果在1905年时的解释，如下：

这应该是一个相当好的机会让我们来说说这个善人为什么会给一百万这样的金额给三一学院。只有那些离他足够近、明晓其心灵内在目的和其行为真正目的的人，才能说清在他的事功下藏着的理由。而我能自信地就此说点什么。他并非基于低廉和低俗的傲气想为自己树立一座丰碑，他对此毫无兴趣；他没有跟风一个流行的教育风尚，追求建立一个文明的标石，正如我们购买小古董（bric-a-brac）以点缀宫殿的小角落；他亦不是为了对外展示和他有关的建筑和设备。他给三一学院资助是因为他信基督教的教育。他长期的体验证明，社会需要坚强和真实性格的人，而不仅仅是智识聪明之士。对他而言，基督教是唯一能确保该性格的基石。他给予三一学院资助是因为他相信它将削弱派系争斗，是因为他相信它将在南方的青年人中树立真主的美国主义，是因为它将培育宽容之精神，是因为它将追求为大众福祉、民族和教会服务，是因为它将给所有值得的青年人，无论其阶级区隔，提供一个机会，满足他们在世更好服务的渴求。这些，所有这些，就是他的理由，体现着他永垂不朽的精神荣耀，是他主要性格和高尚心灵永久的明证。如果三一学院事务的治理乃是为吝啬的傲慢和谋取商利，那就是背叛。为着圣洁而高贵的生命，它将永远致力于提升真理的王国在尘世生命中的位置。（Kilgo，1905：19-20）

在仔细阅读档案的过程中，我发现华盛顿·杜克人生的价值，只有在教士们嘴里、笔下、眼神中才获得升华；而在那些档案员、记录者、研究人员、世俗的探寻者那里，毫无光彩。在社会学者的眼中看来，他不过是富裕的资本家投了一笔钱给教会学院，出于他自己的一种考虑。而这样的人，在美国比比皆是。他的圣洁性不存在于学术探讨的领域，而在于教堂的钟声里、牧师们的布道演讲中。在学者眼里他的角色是可替代的，一百万，今天随便一个资助者都可以赞助数十个一百万；但在三一学院的教士们那里他是不可或缺的，建立在三一学院基础之上的杜克大学，今天更是离不开这个人。这就是为什么七十六年以后，密歇根州底特律的大都市联合卫理公会教堂高级牧师威廉·贵格还要继续在杜克大学教堂高声赞颂"奠基人"的信仰：

> 伟大的神，我们今天赞颂伟人，特别悼念"新三一学院"之父，悼念这个大学因之而命名的人，华盛顿·杜克。他乃是你的惊人的仆人之一。
>
> 对他、对您，代表所有的人，包括他的子孙，我们说："谢谢你，父亲。"阿门。（Quick，1981）

教会在接受华盛顿捐助的同时，高声赞颂他；在赞美声里，华盛顿的形象被他们改造。或许他的捐助对他们来说沉重得不得不如此，甚且如此亦不足以表达他们的感激之情。

## 华盛顿·杜克的"自传"

在华盛顿自己的眼里，那些从他眼中经历的人生才算是最充实的，尽管他虔信基督教。下文就是明证。1896年，他曾写过一篇著名文章，屡屡被教士们有意无意地忽略。这是我所读到的最典型的资产阶级的人生奋斗历程，一如富兰克林的自传。这里丝毫不提教会和信仰。自传全文如下：

　　在橙县开始生活的时候，我一无所有。我从未继承一分钱。战争爆发那会儿，我已经种地30年。我在田地里辛勤地劳作；我在农场上耕种差不多我所需要的一切东西。通过勤俭节约，我买农场，偿清债务，配置好农具。这就是我三十年辛勤劳作和节俭所得。这是在橙县经济的水平上取得的，是在橙县的农场上取得的。那阵子钱挣得很慢，也只能通过节俭挣到。

　　我只种过一季棉花，以5.5分的价钱卖掉100磅。种棉花不值钱，我从此再没有种过。那阵儿印花布一码起价15到25分钱，农具用的铁一磅8分钱。1859—1860年，我去种烟叶。那时我们对现在的晒干法什么都不懂。我种的烟草是靠太阳晒干的。第一年收成相当好，一磅卖到8分钱到10分钱。

　　在战前我拉过饲料和面粉去罗利。我记得有一次经过泥沼地，有些地方泥沼都淹到马车的轮轴；还穿过雨雪天气，积雪满地的时候，我不止一次睡帐篷，有时就睡在马车上。100磅饲料的收入能到6角钱，一桶面粉卖4.5块。日子比现在过得艰难。农民们挣钱更困难。他们手上只有一点点钱。他们农场上种的东西卖的钱比现在少，但是他们要买的东西却比现在贵得多。

　　一打鸡蛋统一的价钱是5分到7分；黄油是12.5分一磅；鸡的价钱是7分到10分。农民们需要买的其他东西价钱大致如此。

　　战争爆发的时候，我已经决定不再种地，我决定加工烟叶。我还卖了种植场，人家同意用烟叶还钱，每年还一点，6年还清。我最后还是决定收回来。一些朋友觉得我很不明智，我已经囤积有大量的烟叶；那些军队开来之后，烟叶差不多全被拿走。

战争结束，我从利比监狱放出来的时候，我到了纽奔。我身上只有5美元南方联邦政府的票据，卖给一个联邦兵，得了5毛钱。我便走路回家，到达勒姆附近我的农场，134英里的路啊。回到家时，我对娃儿们说："战争结束了。想要干事业、尽职的人，没有比这更好的机会去发家致富。"那时我觉得除了棉花和烟叶，其他的都不挣钱。我种一季烟叶，开始加工。加工是在一个木屋里头，面积大约16乘以18英尺。加工的烟叶全部是我在战争中囤积起来还没有被当兵的运走的。下雨天不能在农场上劳作，我们就自己加工。我的三个男娃跟我一起干。我把一些烟叶运到达勒姆卖钱，从农场运到工厂有3英里。那时华尔德是约翰·格林工厂的合伙人，他把这些烟叶都制成板烟。

1865年的夏秋两季，我带着这些板烟，还有大量我们制的抽的烟叶，到东卡地区去卖；绝大部分卖给小镇和村里的商人。威尔森是我最好的顾客之一，开着木料工厂。我非常了解那个工厂的合伙人。我和他们交往愉快，利润一直可观。我的儿子巴克跟着我，那时他还是一个小小伙，才只能把鞍套上马背。

我的农场距达勒姆有2.5到3英里。我经营农场，闲的时候加工烟叶。全部是手工。我们把烟草晒干后拿棍子打碎，然后用精细的电线滤网筛选。有娃儿们作帮手，我们一天能加工400到500磅。1866年我们加工了15000磅，1磅得钱5—6毛钱，每磅还必须交税2毛钱。有加入加工烟叶的农民不同意纳这个税，便退出这个生意。这当然给留下来继续干的人们带来好处。

我们把我们的烟叶叫"Pro Bono Publico"（旨在公益，译注）。

我们的生意量每年都在增长。到1873年，我决定搬到达勒姆。我们已经扩大过两次。我们的第一栋楼是一个长屋，16乘以18英尺。之后我们盖了个更大的屋子，20乘以30英尺。很快生意又扩大，我们不得不在农场上第三次盖房。每次都必须从达勒姆运来运去，非常不方便。我就到达勒姆去，从约翰·格林的产业里买了块地，和那寡妇做了笔交换，得到地基，就是现在工厂这块。一英亩我给的钱是500块，还全部都是老地。前几年我盖新家的时候，我从格林女士那里买半英亩的地，这地挨着头次买的那块地，这次我不得不用6000块一英亩的价钱买这地。

1873年我买这地以后，我马上盖座木材工厂，花去1500块钱。它现在还在砖厂的后头。我们在乡下加工的最后一年，我们产了10万到12.5万磅用来抽的烟叶。

迁到达勒姆以后，我在生意里把我儿子本和巴克加为平等的合伙人……那时本大约19岁，巴克约17岁。公司的名字就叫华盛顿·杜克和子嗣公司。1870年，我的长子布罗迪已搬到达勒姆，自己开账户加工烟叶。

有10年的时间我差不多都在周游各地。我的儿子们把我从营商和加工中解脱出来，实际上绝大多数生意都是他们料理的。这10年我跑过32个州。

1878年3月，布罗迪的生意"达勒姆的杜克"合并到我们的生意中，而乔治·华兹先生也被接纳为平等的合伙人。这时我们五个成员的产业总资本是75000美元，每人15000美元。我们只有75000元就在纽约开分公司。生意开始膨胀，产量规模很快就跟不上，新的扩展也很快被突破；我们只得在那里开一个更大的工厂。在达勒姆呢，增长平稳，我们必须不时地扩展我们的生意。

如果我感觉到最后的结果不会比开始的时候更好，那年我就不会做生意。利润越来越多，但是刚开始的时候利润来得很慢。我一生当中有两次我感觉到自己很差，一次我凭着勤劳的双手和坚定的心，一无所有就开始谋生；另一次是从战争中回来。（Pourri，1987：84-90）

这个自传，英文原文只有三页多一点，可是将华盛顿·杜克个人奋斗的历程说得相当清晰。我们可以从中看到他对于世界的理解和教士们对他的理解之间有着多大的鸿沟。

我看到教士们不理解华盛顿，但是华盛顿却很清楚这些人在说什么。在捐完钱给三一学院以后，华盛顿依然照料生意，或者开始周游各州。教士们则忙着准备下次怎么勾兑好他，忙着在另一个领域里为他找一个位置。华盛顿·杜克和教会、传教士们的关系表明，欧洲赞助人—教士（Patron-priest）的传统关系延伸到美洲大陆，并获得新的表现形式；但是从关系架构上说，并没有带来根本的变化。

双方在一种象征的意义上是包容和被包容的关系。这种关系，使我们很快感受到马克斯·韦伯所探讨的新教伦理和资本主义精神之间的关系，如果我们将这个探讨延伸到后来的路易·杜蒙、司马少林（Marshall Sahlins）等的话，我们就会发现需要说的话还很多，但是这里我们且放下。

## 巴克·杜克

他父亲曾说："有三样事情我理解不了：一是神圣的精灵，一是电力，第三是我的孩子巴克。"（YBC，1964：2）

巴克的全名叫詹姆斯·布坎南·杜克（James Buchanan Duke，1856—1925），昵称巴克，出生于1856年12月23日。他父母给他取的这个名字是为了纪念那时的美国总统。一岁半，母亲去世。战争期间被寄养在外公家。战争末期，9岁那时，他在达勒姆附近的农场上劳作，学会经营烟草生意的基本技能，从撒种子到将晒干的烟叶加工成可以抽的烟。18岁那年，他家中新修一座40乘以70英尺（约12.2米乘以24.1米）、三层楼的新工厂，雇佣15名工人。

他曾经上过达勒姆的县学，数学成绩优秀，这让他在班上极为出众，无人能匹。他的同学回忆说，当难题出现的时候，他会比老师先得到答案。（Jennings，1953：113）后来因为商业生意需要，他们的父亲送三个孩子到南卡州有名的贵尔夫县（Guilford County）纽嘎顿学校（后来的贵尔夫学院，Guilford College）读书。（Armestrong，1926：39）他的姐姐玛丽，和本杰明两人对学习甚感兴趣，然而巴克在学期还不结束的时候就退学。他想要学的是商业管理。最后他爸爸让他到纽约普夫克的商学院（Business College at Poughkeepsie，New York）读书。他在这里才真正找到施展才华的地方，很快超越同班同学。（Jennings，1953：114）总体上说，他的教育经历有限，据说他不认为学院的训练对生意至关重要。

（Hamlin，1946：120）

22岁，凭着3000美元的现钞，以及从他父亲那里得到的一笔1.1万美元贷款，他成为华盛顿·杜克子嗣公司平起平坐的合伙人，并管理该公司。

27岁，杜克带着不足10万美元的资本，前往纽约。这里的烟草生意利润可观。一开始还没人注意他，可是很快他就成为一个有力的竞争者，在烟草生意里进行着没有硝烟的战争。

32岁，他在烟草业里的地位得到巩固，被选为美国烟草公司的董事长。该公司90%的产品是卷烟，销路太窄，不利于商业稳定。于是他们决定生产多种产品，包括雪茄、抽的烟、咀嚼的烟草、鼻烟等。

1890年，巴克34岁时，美国烟草公司大为扩展，总资产达到2.74亿美元。（Rankin，1939：8-9）

巴克的投资兴趣非常广泛。烟草以外，他和哥哥投资成立了南方电力公司（Southern Power Company），为北卡和南卡提供电力。他是该公司的董事长。今天，这个机构名叫"杜克电力"。（Duke Power）

他的另一兴趣，就是捐赠教育机构。备受他的父亲关注的北卡三一学院，也是他和他兄弟本杰明共同捐资的教育机构。他们还捐资在他曾经上学的南卡州贵尔夫学院兴建一座纪念大楼，纪念他们唯一的姐姐。（Armestrong，1926：40）

据说他的信念包括抛弃《李尔王》中所言之"世间纨绔习气"：依赖毁灭或造就将来之天意，全力相信所有人都能选择、创造或改变其环境，以符合其心灵之喜好。他将幸运从其考虑中去除。（Fuller，1906：109）

他一生中还有一项重要的决定，乃是设立杜克信用，即后来的杜克基金（Duke Endowment）。建立这个机构的目的，乃是为了南卡和北卡州的教育和慈善事业。1924年建立，当时的资产至少有4000万美元。

杜克信用由15名理事管理，这是一个自我运行的体系。理事会决定，该信用每年20%的收入将留置，直到该信用基金增长到8000万；此后所有的资金分配如下：

32%，用于无偿资助杜克大学。

32%，用于维护和保证主要是北卡、南卡两州的医院，支付给医院一笔费用，按照每个使用的病床每天不超过1美元的标准支付，以及用于配置医院设备和建设。

10%，用于北卡和南卡州白人和有色人种孤儿。

6%，用于赞助北卡州修建在人烟稀少地方的卫理公会教堂。

4%，用于资助维护北卡州在人烟稀少地方的卫理公会教堂。

2%，用于补助曾在北卡州服务，后因年老而退休的传道士、遗孀、寡居者和去世者的孤儿。

5%，给予北卡州达维逊地区的达维逊学院（Davidson College）。这是基督教长老会（Presbyterian）的一所教育机构。

5%，给予南卡州格林韦的福满大学（Furman University），这是一座浸礼会（Baptist）大学。

4%，给予北卡州夏洛特的约翰逊·斯密斯大学（Johnson C. Smith）。该大学原名白度（Biddle）大学，是一所黑人大学。

理事会由巴克提名，包括他本人、乔治·艾伦；白威廉
（William R. Perkins）；贝威廉（William B. Bell）；白度（Anthony
J. Drexel Biddle）；纽约地区的散兹（Alexander H. Sands）；夏洛特
的马霭闻（Edwin C. Marshall）；南卡格林韦的吉本杰明（Benjamin
E. Geer）。（Armestrong，1926：41-42）

根据罗素圣人基金会（Russell Sage Foundation）在《慈善施
与》中的统计，到20世纪50年代，美国最大的5个基金会及其资产如
下：

福特基金会　＄238000000

卡内基集团　＄173000000

洛克菲勒基金会　＄153000000

杜克基金　＄135000000

克瑞斯哥基金会　＄75000000

其中杜克基金（Endowment）的资产是该书作者根据杜克基金
公布的证券表统计。（Rankin，1939：15）

杜克其他的股份确曾用来赚取利润，但杜克电力公司的股份却
用来资助4所大学、150所医院、50个孤儿院、1000多所卫理公会教
堂、数百位因年老退休的传教士。（Jennings，1953：127）

## 回乡：资本的文化逻辑

1901年，巴克·杜克前往英格兰。这是他的祖上移民外出的地

方。他的目的不是去朝拜祖先、追溯族谱，而是前去洽谈生意。他
准备扩展他的海外生意。

> 他在此之前从未出过国。他对英格兰或者英格兰的偏见
> 和做法一无所知。展望一下就可知他必须和已经根深蒂固的、
> 最财大气粗的英国烟草利益商作战。他有没有胆怯呢？一点没
> 有。他自信能"玩火"。……十天内他就准备好武器，将500万
> 美元通过电缆转过去，准备开火。（Forbes，1922：73）

当时有两家公司可供选择，一是诺丁汉的普勒耶（Player），一
是利物浦的欧格顿（Ogden）。但是前者的要价太高，他只得前往利
物浦，这次双方谈成生意。

巴克说："这下英国生产主们开始警惕起来。他们迅速聚集起
来，在帝国烟草公司的旗号下联合起来，来反击我们。当股东们聚
会那天，他们在欧格顿面前出现，试图给更高的价码来破坏我的生
意。不过，欧格顿的高层们坚持他们的协议，我们就把生意给买过
来。"这下真正的战斗才开始。

不列颠的生产主开始将火力对准"美国佬"（Yankee）控制的
欧格顿，和数百年前从这块土地上迁出去的一部分杜克家族的后裔
成员及其盟友。（Jennings，1953：120-121）"美国佬"一词在英
语中非常有味道，它可以指"杨基佬"，尤指老式作风的新英格兰
人，也可以指（美南部）南北战争时的北军、北部人、北方佬。在
英国英语口语中专指美国佬。

批销商和零售商开始抵制欧格顿的产品，报纸开始炮轰欧格顿将公司出卖给美国人这种叛国行径，号召忠诚的布立吞人（Briton，古代不列颠南部凯尔特人的一支）起来把胆大的杨基佬给镇下去。

詹姆斯·杜克依旧恃枪而立。甚至在欧格顿的生意下滑50%，英国人开始欢呼他们的成功，他也没有退缩。他开始尝试销售新招，一个接一个。就是在这重要的烟草之战时期，"纪念品"非常豪放地在即便是最小的烟叶包上搭载，其中一些甚至和香烟的价钱相当；当然价格也削减得一团糟。成百上千的美元用在了广告上。

战争每持续一天就耗费3000美元。

但是杜克在不到一年的时间里就打赢战争。（Forbes，1922：74）

资本改变杜克家族的地域观念，成为新社会运作的支配规律。他们已经不是艰辛耕地、勤勉持家的农夫。

巴克·杜克的生意覆盖全球的市场。

在把欧格顿公司还卖给布立吞人以后，他创立了英美烟草公司（British-American Tobacco Co.），继续为他赢得欧洲的市场。这家公司在如下地方设立工厂：德国、英格兰、荷兰、丹麦、芬兰、比利时、奥地利、中国、印度、南非、加拿大、牙买加、埃及等。（Forbes，1922：69）当时世界三大烟草公司为美国烟草公司、英国帝国烟草公司和英美烟草公司。美国烟草公司的产品主销往美国及其所占别国土地；英国帝国烟草公司主销往英帝国及其占领区域；而英

美烟草公司则销往世界包括中国在内的其余地方。（CCP，1931）

他认为他可以教聪明的中国人一点关于烟草的知识，并使他们远离鸦片。他把托马斯派到中国，拓展中国市场；他派人到街头教中国人吸烟：点燃香烟，递给周围的人。中国的英雄人物被印上香烟盒；通过驴队、骆驼队，这些烟草被输送到中国内陆，甚至戈壁沙漠地带。（Edmunds，1966：162）

1931年，《中国每周评论》发表的一篇文章"中国香烟利润助建美国伟大的大学"提到：

> 三年前，两个中国女孩离开上海前往美国就学高等教育。她们直接到北卡州的达勒姆，进入一所预备入杜克大学的学校。这些年轻女士应该入杜克大学，因为她们是一个中国百万富翁的女儿。这位富翁挣的钱来自销售詹姆斯·布坎南·杜克所拥有的工厂生产的香烟。杜克乃是美国烟草公司、英美烟草公司的创建人，英国帝国烟草有限公司的巨额股金持有人。他也叫巴克·杜克，六年前去世，他之著名，乃是因为留下一笔价值一亿二千五百万的资产，相当大一部分来自美国烟草销往中国农民和劳工的利润。这些香烟的价格从十到二十铜子一盒（十支装）。

文章在分析美国烟草业以后说：

> 实际上英美烟草公司是在美国将所有的烟叶卷成香烟，销给中国成千上万的男女烟民，当然现在大部分是在中国种植，

并由英美烟草公司在中国的工厂卷成香烟的。因为该公司也在世界其他地方销售，中国的销量并不清楚，据说曾超过美国香烟的销量。但这不太可能，因为美国的烟草生意在战后相当繁荣。1930年美国人抽掉几乎一千二百亿支香烟，美国政府从其中征税大约三亿六千万，按现在的银币兑换率，这几乎相当于中国公债的总和。不过这些都可以说明世界和中国的香烟生意。（CCP，1931）

1893年，巴克在新泽西的撒马尔维购买327英亩的农地，随后扩展到2500英亩。据说他在这里花费大约200万美金，一半用来修建他的官殿式建筑。他还对牧场感兴趣。他曾喂养过250头格恩西种乳牛。

他在夏洛特修建一座林屋（Lynnewood），为在林屋营造一个瀑布，他修建了一条12英里（约19.3公里）长的水渠，将喀塔瓦河（Katawba）的水引来，在林屋喷出80英尺（约24.4米）高的瀑布。（Jennings，1953：126-127）

他在纽约市第五大道上的豪宅，由他的遗孀和女儿一直持有到1958年，因为维持费用高昂而捐给纽约大学。而其他的富豪，比如艾斯特斯（Astors）、范德比尔特、洛克菲勒等，他们在这条大道上所拥有的豪宅，因为费用原因早已被放弃。（Cox，1958：IV-7）

他在地产上新建房屋的过程中，有一次工人罢工。那是1907年9月，他在一小时内将17名联合砖泥斗搬运工关入监狱。据说他们罢工是反对输入非联合派的工人，最终要迫使建筑停工。（Jennings，1953：126）

　　因为杜克在伦敦有一个办公室，每年有半年的时间待在那里，美国有许多人称呼他"外乡的爱国者"（Edmunds，1966：167），有的开始怀疑杜克准备放弃他的美国公民身份；有的报纸说他为避免支付收入税准备移民到不列颠，也有的说他并没有认真考虑这个想法。（Jennings，1953：122）1914年，第一次世界大战爆发前他已经在伦敦购置房产，据说是为准备成为英国臣民，乃至英国贵族，所需的乃是适当的地产、侍从和公众的允准。但是布立吞人很快将他忘记，他们需要应付战争，而不是他。股市跌至低谷。杜克甚至没钱买票回美国。他试图找个法子回去，但是发现成千上万歇斯底里的杨基佬同乡在做同样的努力。那些曾结识的名流，现在视他如悲惨的麻烦者。他想回乡，离开英格兰，哪怕布立吞人让他做尊贵的公爵，甚至英格兰的国王，他也不干。最后他得以见到美国驻英大使佩吉（Walter Hines Page），佩吉帮助他弄到足够买船票的钱，找到船。巴克这才回到纽约。

　　等他回到纽约，情势并不看好：股票行情疯狂下跌。幸好银行还兑换他的支票。他马上将纸币兑换成巨量的金币，运到新泽西州的山里——他的豪宅，准备将金币通通埋入地下。等到行情稳定以后，他才又将金币存入银行。

　　经过这次折腾，他再不考虑成为英国贵族阶级。

　　要姓名永存，还有别的途径。（MacNell，1929：436）

　　从巴克和本杰明的下一代开始，杜克家族已经退出资本主义风云的舞台：再没有什么富豪、巨子和烟草之王之类的，尽管杜克家族今天在各地繁衍。这正是江山代有才人出，独领风骚两代人。

但是杜克的美名却随着这所大学的兴旺而永受赞颂。

# 解　释

研究完杜克家族的历史及其转型，应该对代表美国主体文化的家族制度作一些解释。

家族是和教堂对应的一种社会组织。它们分别站在对立的社会角落：教堂是公共的，家族是私人的。由于对基督教的信仰，这使得信仰者没有祖先崇拜，也不重视家族的传承。所有关于家族的信息都保存在公共的机构里，对所有的人都是公开的，没有任何秘密。任何人都可以查阅任何家族的公共记录。

如果在移民者的欧洲本部对家族传承还有严格的规定并且非常重视的话，那么在这里已经没有那种意义；也用不着因此加紧生育，因为他们并不将家族的繁衍和宗亲的兴盛作为自己成就的证明，更不把自己和宗亲连同。

移民者及其后嗣是欧洲文明之子，但和欧洲又没有实在的联系：他们隔得太远。他们有一种回乡的冲动，内化为对欧洲文明的膜拜。他们的课堂只崇拜欧洲，只有欧洲属于可以研究的对象；其他的地方，或者属于异教，或者是待征服之地，或者是顶礼他们的臣民。因此，需要解密的永远是中东、远东、非洲、拉丁美洲，因为他们的文化逻辑不允许秘密存在。

一方面他们和欧洲人使用高度一致的术语，比如地理术语。

这种术语的一致，可以使他们获得一种认同感。从美国飞到中国的距离，从不列颠飞到中国的距离，和从美国飞到不列颠的距离，大致是一样的。地球三百六十度，就可以这样平均分成三等份。伦敦人可以说近东、中东、远东，那是从他们的地理位置出发作为参照的。为什么美国人也跟着说近东、中东、远东？因为他们把这些词汇客位化了，以为他们不代表一种文化中心论，而只是一种客观的地理名词，就好比埃及、印度一样；但这不太可能。或者他们追着认同布立吞人，这才是合理的解释。当我们看到美国的小布什总统和大不列颠的克莱尔首相站在一起的时候，他们是兄弟，更是同一种文明的先后关系。

美国主体民族就处在这种状态。在一定的意义上，他们替自己的欧洲祖先完成没有完成的事业，这就是替他们的上帝做工。他们工作的对象就是不信仰基督宗教的民族。

资本的含义对中国人来说，还不很真切；并且常常被异化为天堂，或者丑化为地狱。这都不是合理的、合乎美国社会事实的想象。当我们看到入侵伊拉克的美军士兵的时候，我们完全明白资本的含义。在一定的意义上，替欧洲白种统治阶级流血牺牲的，多数是有色人种。美国政府就是一种雇佣的代理机构：雇佣这些后入教的"兄弟"甚或"异教徒"替他们干活，再给这些如果没有战争就很难养家糊口的下层人一种象征的荣耀：你们在为美国而战，你们在为自由民主而战。

在一定程度的意义上，在社会的等级结构上，美国社会已经和不列颠母邦完全不同，二者是通过资本结构起来的。它的上部（耶稣的头），通过资本凝聚着全体同时支配着下部，好比通过教堂钟楼定时奏出的钟声，靠的还是资本。这里思考的不是理性，不是感官，而是资本。也可以说，是资本通过理性和感官思考自身、思考整体。

当笔者看到拉姆斯菲尔德在CNN电视台为伊拉克战争辩护的时候（2006年5月25日，21：00－22：00），主持人说："很多人在战争中死去。"这位战争的领袖毫不迟疑地说："上帝给了每一个人权利，去捍卫自由。我们都想回家，我们想撤兵回家，在伊拉克的美军士兵想撤军回家，可是我们这么撤军，留下一个糟糕的伊拉克，这是对美国人最糟糕的结局。"

可以说，这就是美国社会相当一部分人在思考的东西。他们的手中，高举着十字架。

杜克大学的校训：Eruditio et religio，拉丁文字面意思可以是"教育与宗教"，也可以理解为"知识与敬畏宗教"。在铭牌上，校训围绕着中心的十字架。

**杜克大学校训**

# 第四章　大学的诞生

据粗略估计，自1838年到1960年，大约4万人在杜克大学就读；1960年时健在的尚有28000人（HDU）。截至2020年春，健在的校友有176592人。①

在美国，私立大学的生存之道，首先一项就是筹资运动。私人的捐资，对许多校长来说，是最有效也最好用的资金。每隔一定的年限，各大学就会开展一次筹资运动。这好比一个人的生命，在运动中获得延续。许多人因此退出这个行当，尤其是面对内部派系的争斗。许多新领导人必须证明自己在筹资方面的本领。

1984年，私立杜克大学校长孙佛（Terry Sanford）在自己的任上开展了一次为艺术和科学的筹资运动，目标是2亿元。这是当时现有资金的2倍多。一本精美的筹资画册面世——《杜克：而今迈步从头越》，画册第16页的页眉写着：私立高等大学的生产性。此下隔开三行的空白，赫然是两排黑体大字，写着：

世界上没有其他民族能复制美国高等教育公共和私立二元

① 参见https://facts.duke.edu/

体系的生产性。

文章的第一段，明确说：私立教育机构如杜克大学者，乃美国的教学和科研当中众多的创新和革新者也，其在诸如日本、德国和苏联这般高度发展的国家当中并不见得。（DTC，1984：16）

时间大约为20世纪30年代后期的一份材料，是校友办公室的宣传小册子，其中说：校友记录簿自然地表明，到目前为止大量的毕业生和以前的学生来自北卡罗来纳。但是，许多人，正如前述，来自美国（当时称Union）的47个州和其他许多的国家及地区。后者包括非洲、澳大利亚、比利时、加拿大、中美洲、中国、埃及、英格兰、法兰西、德意志、希腊、海地、印度、意大利、牙买加、日本、爪哇、朝鲜、墨西哥、纽芬兰、菲律宾群岛、南美洲、西班牙、土耳其等。其中一些"高年级"学生现在外交领域服务，有些在商界和专业性行业里，但是所有的校友都在毕业以后和校友办公室保持着持续的联系。（DUAPP，1984：10）

这是一所私立大学的世界观。

## 岳布兰：杜克大学的奠基人

杜克大学前身三一学院（Trinity College），经历过漫长的扩展。三一学院起初在兰朵夫县。据说此县在19世纪20年代之前特别混乱，人们酗酒斗殴，举止粗野，无人信神，他们只迷信精灵或者鬼怪。

根据岳布兰（Brantly York，1805—1891）的回忆：

　　我从来没有见过有哪个社区或邻里是如此彻底没有道德
的。极少有家长有宗教或道德的要求，而有此要求者的光芒，
还不能照亮斗室。我从来没听说过人们会在饭桌上祝福，或者
在家中祈祷，早晚都没有。极少在祈祷聚会时进行传道，也没
有什么主日学校。年轻的人们常在主日聚会，不过是打扑克，
或搞一些娱乐游戏，安息日被亵渎。那些最粗俗和最无道德者
的书籍，在年轻人和年纪稍长的孩子们中疯狂流传，他们如饥
似渴地阅读。尽管邻里之间有一个传教士，同时还有一个劝勉
者，但是无论他们个人多么具有宗教性，他们就像年迈的艾黎
（Eli），对子女完全没有约束力。自上而下对青年男女的教育
不仅少，而且软弱无力。这邻里间青年人对感官之神的拜倒，
甚至连圣保罗时代雅典人对偶像的崇拜都无法企及。他们每周
星期三和星期六晚上举行两次嬉闹舞会，所有人都可参与，毫
不顾及性格或道德；我们可以断定这些嬉闹相当混乱，且道德
败坏。然而变化最终还是来了，这个变化的原因相当显著。一
些牧师在星期三晚上的舞会之前进行主日传道。摩根伊丝女士
（Miss Ester Morgan）曾是一名舞蹈高手，原本有罪：她竟然
在她父亲（教堂的成员和劝勉者）面前隐瞒了心灵的真相。周
三那天晚上的舞蹈如期举行，好几个男人来到摩根先生的家拜
访，殷勤请求女孩子们前往嬉闹；伊丝女士不想去，但在强求
和压力之下，她竟然同意前去了。（York，1910：19）

这就是兰朵夫县当时的民风。可在1820年到1840年间，突然有

一阵风吹过，人们觉得需要宗教，他们叫喊着"要宗教"，于是开始盖教堂，做礼拜，整肃社会纲纪。这些人是卫理公会和贵格教派的信徒。（Chaffin，1950：27-28）

他们那时候的条件很差，且看这个记录：

> 他的房屋建在围场中，四周是田野，周围是树林。他开垦尽量多的土地以养家糊口，必需品差不多都在自家屋下生长或加工。他的房屋用圆木建成，用灰泥填充，但屋内没有用灰泥涂抹，也没有粉刷或上油漆。楼下是五间屋，一间小厨房，其外是另一间屋，放着纺线轮之类的。这间屋就是我们一进来的那屋，大约十四平方英尺，地面干净，生着火；几张干净的白椅子，两张家用桌子，闹钟、书架，一个台子染成蓝黑色，一扇带格的窗户装上了十二格玻璃。在这外面是两间圆木屋和一间干净的小餐具室。（Chaffin，1950：26）

祖先是来自欧洲移民的后代，这些勤勉的中层农民阶级在19世纪30年代享受着南卡和北卡东部的繁荣，子女主要是亲手培养，甚是觉得他们的子女需要教育。问题是：从哪儿弄钱来盖学校、办教育呢？尽管这是当时美国南方最富裕的州：这地儿全部是农耕、所有的资本来自土地和奴隶，但是能用到公共事业上的钱少得可怜。（Chaffin，1950：13-14）筹钱一直是私立学校最头痛的事业。

这个社区里的人们，主要是一些耕作者、商人和大量的农民。据说李琦（Leach）家族在这个社区里是最大、最有影响也最繁盛的家族；附近的葛雷家族也比较富裕，具有相当的影响力，他们的祖先都来自苏格兰和爱尔兰；此外还有贵格教徒。这些不同的家族通过联姻结合起来。所以这个社区里聚集着不同时代迁徙来的欧洲各地的移民，一度是靠血缘和共同的社会关系联系起来的。（Chaffin，1950：24—34）

19世纪30年代早期，这个社区建立起最初的三家教育性校舍。李琦家族和葛雷家族各盖一家，第三家是布岳（John Brown）在自己广阔的庄园上用圆木简单盖的，大约16乘以20英尺。它东离今天的三一高等学校大约一英里，最初只有一间房屋用作临时教室（Chaffin，1950：34—35），没有玻璃，地面也是用短柱和厚平板铺成的。人们会等着那些教会派来的流动牧师，不经常地上课。尽管如此，后世人们所追溯到的杜克大学的发端地就是布岳盖的这所简陋房屋：布朗校舍（Brown's Schoolhouse）。

> 后来岳布兰回忆，他到这里的时候，发现这是一座非常差的房子，圆木盖的，用普通的板子作顶，地是用短柱和厚平板。烟囱是用木头做成的，带一点泥巴，有的地方就没有泥。灶炉很脏，整座房屋急需维修，一旦下雨，连书本都要被雨淋湿。（York，1910：45）

1837年，这个社区的人们开始谋求雇请一个定居的教师，以便能为孩子们提供持续的教育。岳布兰就是其中之一。

> 岳布兰，其姓其名都有点来历。根据他的说法，他的祖上来自英格兰的约克郡。据说他的父母在他出生前后，听说布兰

（W. Brantly）牧师在兰朵夫县的迈尔斯通（Millstone）一个教堂布道，对他的为人很是景仰，便将该牧师的姓作为他的名。（York，1910：1-2）

根据他的回忆，他的父亲在他出生之前就信仰（原始的）浸礼会教义；他加入三地溪（Sandy Creek）教堂；但从离开三地溪以后就再也没有和其他教会拉过关系。他妈没有入教，但是倾向于卫理公会。（York，1910：3-4）

他家离布朗校舍只有6英里；他本人主要也只是自学，在10年当中只上过13个月的学。据说到他19岁时，开始借阅艾本泽（Ebenezer）卫理公会教堂图书馆的藏书，他每周要读近千页的书。

在接受教职之前，他还在寻求圣职授任去做一名卫理公会的牧师。1838年春天，岳布兰正式开课。这房子也很小，容不下那么多学生，不得不在南门盖一个凉亭，放部分学生在那里。当年7月，在收了玉米以后，农民们开会，商量另选地方盖座更好的房子，还成立一个委员会负责，不到几周的时间，当地人就盖成一栋新教学屋，30乘20英尺。八月初搬进去，学生人数一共69名（York，1910：45），他不得不要求配一名助手。1839年2月，当地人组织成立一个教育会社（Education Society），负责资助学校的一切事宜。这种赞助人和学校的关系模式，经过历史长河的风风雨雨，演变成为杜克大学和董事会的关系模式。

岳氏从教育会社获得管理和经费资助，又盖了一座房屋，学校命名为联合学校（Union Institute），意思是卫理公会信徒和贵格教徒的联合；1841年，再次被并为一所学院；1851年，改为师范学院

（Normal College）；1859年，改称"三一学院"；后来就迁到达勒姆并最终成为杜克大学。

岳氏就这样最终被确定为这所不断扩大的学院的奠基人。1842年早期，他被选为柯利盟高中（Clemonsville High School，男女同校）的校长，因此离任联合学校。他离开的原因，在于他真的太累。他在自传中说：

> 我有充足的理由辞职，以遂我心智。我所追求的东西是正当的。我不知道把这些理由向公众透露是不是有什么实际的用处，但我离开的原因并不是如有些人所说的我不能继续掌职，因为人们一再强烈地要求我继续任职；也不是因为赞助减少，事实并非如此。我在联合学校的4年中，所做工作实在太繁重，我的文体职员们劳累到了极致。我不仅要监管一所大的学校，同时作为代理人，还需要筹集资金以使工作进行下去；此外，我还要背诵4门课程，这些课程我从没有学过，所以我不得不夜晚加班准备第二天的背诵。就是在这里，就是从那时开始，我的视力开始下降；一直到现在我都不得不与弱视或完全失明进行抗争。
>
> 我根据记忆匆匆草就这部分，手中没有任何统计数据，所以在术语和日期上可能有些错误，但我相信基本的陈述在本质上是真实的。在三一学院的档案中，在秘书的记事簿里，我们可能找到联合学校会社从1839年成立到我辞职时的会议记录。（York，1910：48-49）

他为这所学校操劳，瞎了一只眼睛；我再没有读到后来者有谁为此而瞎眼。杜克大学应该永远铭记这个人。

他离开联合学校以后，在5个县建了6所学校。他出版过一系列的英文语法书，一本实用数学和法律形式的书。他是一名大众复兴的牧师和禁酒演讲人（Temperance lecturer）。岳氏自己在去世之前做过一项统计，他演讲过8000次，教过15000名学生。（King，1997：1-2）

## 作为柯利文自传的校史

布朗学校取得初步的成功。但是很快贵格教徒的子弟们到贵尔夫就学，而女生们则到附近一家卫理公会教徒学校、今天的格林斯伯儒学院就学。这时候岳氏因为工作过于辛劳，一只眼睛失明，1842年不得不聘请两名助教，柯利文（Craven Braxton，1822—1882）和李艾琳（Irene Leach）。

> 原来岳布兰的计划，是让柯利文跟他一起到柯利盟教书，但是临走之前，联合学校地方的教育会社一直找不到新校长，其中一些人就要求柯利文留下做新校长。岳布兰同意了。（York，1910：48-49）

柯利文和李艾琳两年后结婚。从此一直到柯利文去世，这所学校的历史就是他的自传。从这时候到1850年，学生人数在28人到184人之间变动，平均105人。主要学习的科目是英语、数学、自然科学、拉丁文和希腊文。英语、数学和拉丁文教到四年级；自然科学和希腊文在一年级之后教授。课外活动围绕着安息日和信仰展开："道德和心灵同步培育"。学生组织"哥伦比亚文学社"，旨在提高公共表达和辩论的能力。（King，1997：3-4）

柯利文早年被收养在一家贵格教徒家里，7岁起就不得不干繁重的体力活，这样才有房住、有饭吃。他确是受尽压制，但同时也学会勤勉、节俭和自立。后来皈依卫理公会，随即把宗教和教育作为自我提高的手段。1940年，洛伦斯还把他称作北卡"卫理公会"的先驱，原因就在于他是一个共同体——杜克大学的真正建设者。

他也几乎是自学。他在14岁时就是一个强悍的演说家，18岁获得卫理公会监理会的布道执照，人们到处称呼他为"男孩布道者"（Boy Preacher），这个名称远扬海外；人们争相前去听他布道。但他一生当中只有在罗利市的艾登顿街教堂作过牧师，还是在内战当中，也只有两年的时间。他一生致力于对受教育者的管理而不是对教堂的管理。（Lawrence，1940：5）

1851年学校改制为师范学院，授予学生学位，从法律上为其毕业生获得执教的资格。（King，1997：5-6）1859年，他选择"三一学院"作为院名，并定下座右铭"教育和宗教"，这个遗产被继承下来。他一生角色很多：教师、牧师、作家和公共演讲人。为了纪念他，到20世纪80年代杜克大学董事会还有他的3名重孙子女。

柯利文在给北卡州州长的信中，对新学院的定位是：提升"伟大的中产阶级的兴趣"，尽管他也为一无所有的、有抱负的年轻人敞开大门，但它的学生主体来自中产阶级。（Chaffin，1950：114-116）

柯利文允诺为卫理公会义务培养牧师学生。和教会的联系、和欧洲古代文明的联系是这所院校不可分割的特点。

## 离乡：双方的故事

下一任院长克罗维（John F. Crowell，1857—1931；任职院长：1887—1894）曾在耶鲁大学的神学院和研究生院就读。在福音传播教堂（Evangelical Church）而不是卫理公会获得圣职授任，但主要的兴趣却在经济学和社会学这样相对新的学科。他发表一篇关于童工增长的报告（*Andover Review*，1885），寄给朱利安·卡尔以及其他董事。这位有远见的董事看中他。但是这位年轻人看到三一学院的时候差点打包回北方。让他打消回北方念头的是他看到学院印信上的拉丁文有错误：他可以有所作为。

也是从这个时候起，他开始介绍美式足球到学院。第一支球队采用深蓝色和白色的队服，与他母校耶鲁大学采用同样的颜色。这个深蓝色最终发展成为杜克大学的象征性和标志性颜色。[①]也就是在这个时候，三一学院才开始挑战教堂山的北卡大学（UNC，Chapel Hill）：1887年感恩节，这个球队以16：0的成绩大败北卡大学；1938年，杜克大学更是以"铁杜克"著称，它和北卡大学的比分是

---

① 今天杜克大学学生自称"蓝精灵"（Blue Devils），这个标志被杜克大学广泛使用。在图书馆的顶部，"蓝精灵"的形象高高站立在空中。这个形象最初来自一战中法国的Chasseurs Alpins或者蓝精灵战士们。他们因为战功卓著而被一战中的世人所熟悉。美国参战以后，法国蓝精灵们在美国周游为战争筹集资金。战后，1921年，三一学院刊物*Chronicle*开始征集"醒目的名字"（catchy name）。当时佐治亚理工已经被人所熟知为"金色龙卷风"（Golden Tornadoes），而对手北卡州立学院则是"群狼"（Wolf Pack）；三一学院则一直要到1922—1923学年才最终从许多标志和名称中确定"蓝精灵"。（King，1997：85-86）

14 : 0。（King，1997：21−23；128）从此这两个大学就此结下梁子：尤其是一当北卡大学击败杜克，这些娇贵的"蓝精灵"学子们就无比的激愤，时刻准备雪耻。

在他任上，三一学院迁移校址是最重要的一件事。到底是谁主动要求迁移的呢？是华盛顿·杜克还是克罗维？根据金威廉的说法，是克罗维。因为他相信只有把学院安置在新南方进步的城市才有希望。当时第一选择是罗利市，但是达勒姆最终被选中则因为华盛顿·杜克的资金捐赠和朱利安·卡尔的土地赠予。（King，1997：23）

另一种说法是，在巴克·杜克父亲那时，达勒姆曾经蒙受浸礼会的耻辱。一个浸礼会教育机构（据传应该是浸信会女子神学院Baptist Female Seminary，即今天的梅瑞娣丝学院Meredith College）讽刺达勒姆堕落的商界，接受罗利市的邀请，在那里开设校园，而校园的面积仅仅是达勒姆提供的校园面积的一半。这个学院在面对达勒姆和罗利市的竞邀时，它的领导人说了一句话："（达勒姆）是一个工厂城镇……不适合女孩子们。"据说达勒姆镇的人们面对这个羞辱，一时间只能互相安慰。（Phelps，1973：12）巴克的父亲华盛顿·杜克被激怒，发誓要把三一学院迁到达勒姆来。（Edmunds，1966：169）因为他已经捐过钱给三一学院，这次他公开宣布，如果克罗维愿意搬到达勒姆来，他就出钱资助。（Phelps，1973：12）

另一处记载，据说是在他的儿子本杰明的影响下（Flowers，1928：1−2），华盛顿·杜克决定捐赠给三一学院85000美元，前提是三一学院的理事会同意将该学院搬迁到达勒姆。（TCT，1890）

从这两个完全不同的记载似乎可以看出，三一学院和达勒姆确实是在不同的时空隧道中偶然相遇的，但隐含着必然的结合：对三一学院、对华盛顿·杜克所在的达勒姆镇，都是如此。

克罗维校长不仅在财力上遭受到经济危机的冲击：1892年，他还欠上一年工薪2000元中的1900元，有的教员甚至提出辞呈；而且董事会有的成员怀疑他的能力，他因此提出辞呈，但是受到董事会的拒绝。（Phelps，1973：12）此外，他在教会内部也受到排挤，原因居然是他出生于北方等。就在1887年他被董事会选为下一任校长之时，公众怀着吃惊而有保留的心情接受：

> 他不是学院的朋友们所钟爱者，他不是卫理公会教徒，他不是北卡人；更糟糕的是，他也不是一个南方人。此外，根本没有人听说过他。但是这次，因为阿斯巴夫、卡尔、葛雷、布可黑以及其他有影响力的朋友的作用，这些反对意见没有提交出来。（Chaffin，1950：383）

他在教会面前当然是一个教徒：他说搬迁是为了"将现代的教育置于基督真理的佑护下为人民服务"。要达到将学习、宗教和服务插入到普通灵魂中的目的，搬迁到城区就是最好的办法。最终他的意见逐渐占上风。教会内部开始运作，并在不让克罗维知晓的情况下，达勒姆镇的卫理公会和华盛顿·杜克取得联系。而在此之前，华盛顿在前一年春参加过三一学院的开学典礼，校方并不知道这事。1889年，本杰明·杜克被选为三一学院的董事。这些都预兆着杜克家族和三一学院良好联系的开端。（King，1997：27-28）

　　结果，1892年，带着134名学生和17名教员，三一学院终于从穷乡僻壤的兰朵夫县迁走，在人口密集的商业和工业重镇达勒姆立脚。从此，这所学院开始向研究型大学迈步。

　　克罗维引入的校际足球比赛成为日后北卡的重要赛事。然而学院的主人们——南方卫理公会圣公会教会的两个北卡监理会：夏洛特的西部监理会和威明顿的北卡监理会，开始反对他的这个运动，以及他的其他一些行为，而且是非常强烈地反对。原因非常复杂。宗教的原因首当其冲。

　　1893年，三一学院队击败北卡大学队，荣膺该州冠军。一周后击败毫无经验的田纳西大学队，比赛二十五分钟后以70∶0领先，不得不仁善地结束比赛。在这种骄人的战绩下，11月11日，三一学院队在林奇堡（Lynchburg）遭遇弗吉尼亚大学队。这次的对手再不是孬种，三一学院队受到有史以来的重创，前半场就以0∶30落后。队员们备受挫折，拒绝继续比赛。在回家的火车上，沮丧的队员们开始酗酒，加上其他一些狂欢行为，很快传遍卫理公会社区。对监理会而言，本州年轻卫理公会教徒足球队道德败坏，他们毫无节制地饮用精神性酒精饮料，这已经够出格的了。从那时候开始，本来不政治化的卫理公会开始强烈反对酒精、酒类。

　　随后1893年的监理会上，他们认定美式足球"对我们的许多年轻人的健康、生命和道德都有害"，甚至积极地要求三一学院退出该项运动。1894年三一学院在19世纪最后一次赛事当中以0∶28败给北卡大学队，随即被监理会禁止参与该项活动，一直到1920年，才开始部分恢复。

　　克罗维不得不辞职远走。（Summer，1990∶15-19）1897年

他从哥伦比亚大学获得经济学专业的哲学博士学位；1897—1898年前往德国柏林留学；1906—1915年在《华尔街杂志》（*Wall Street Journal*）担任助理编辑；曾做经济学家、会计，也进行演讲等。（Russell，1979：466）

## 柯果的遗产

柯果（Fiery John C. Kilgo，1861—1922；任职院长：1894－1910）在卫理公会圈子内部比较有名：虔信的教徒，激昂的演说和教育家。他的先祖来自苏格兰—爱尔兰；柯果出生于南卡，早年在父亲传教的南卡地区接受教育；他曾就读麦克阿瑟学院（McArthur Academy）。这所沿着英国教育路线进行组织和教学的学院，以严格的纪律和规范著称；他是在这里奠定人生信条的。（Copeland，1979：359-361）他任期的遗产，有两项：一是强调高学术水平，这与克罗维的主张大为不同；一是捍卫学术自由。（King，1997：40-42）现今杜克大学有关宗教与大学关系的经典表述，刻在教堂前地上的、铜牌上的话，就来自他。他的基本教育观念是，真正的高等教育只有在基督佑护下，践行的机构中才能获得。高等教育是私立学院的领域，而不是国家的领域。在三一学院就任后的第一个礼拜日，他同时在达勒姆和杜克的两个卫理公会教堂中布道，受到信众的注意。第一年他花相当的精力用于替基督教育的理由进行辩护。据说他是当时北卡最著名的演讲人。（Copeland，1979：360）由于这些原因，1910年他被选为卫理公会主教，离任校长一职；然而他和杜克家族之间的融洽关系却给三一学院带来长远的影响。

# 一拍即合：改名

本杰明·杜克，人们昵称他"本"（Ben），1855年4月27日出生在北卡州橙县。1874年其父搬家到达勒姆。1877年同安萨拉（Sarah Pearson Angier）结婚。1889年被选为三一学院董事会成员。1890年担任美国烟草公司主管。1893—1922年，担任北卡州达勒姆忠诚银行（The Fidelity Bank of Durham）行长。1898年，担任马里兰州巴尔迪摩南方卫理公会圣公会教堂一般监理会（General Conference）的代表。1905年和弟弟巴克成立南方电力公司。在1928年，本在纽约市东89街2号家中病重。1929年1月8日在纽约去世，葬于达勒姆枫林（Maplewood）墓地的家族灵堂。1936年，父子三人的灵骨移葬杜克大学教堂（DBN）。

本杰明最先在达勒姆上学，后来三兄妹一起到南卡贵尔夫（Guilford）县的新花园学校就读。这是贵格教徒所办的一所高中。他高中毕业后并没有上大学，而是直接回乡参与他父亲的生意。和他父亲一样，作为一个共和派，他本人对政治并不热心。（Ashe，1906：98-99）

本杰明一生最值得一提的是他对三一学院长期持续的赞助，在一定意义上，本杰明在杜克大学历史上的贡献可以说是开创性的。1893年的一封信中他就提到设立一个永久的基金——杜克基金。（HLB，1979）1990年的一篇报道中说他"静悄悄地资助教育"[1]：1887年他捐赠第一笔钱给三一学院；1899年捐赠9万元；1910年捐

---

[1] 金威廉在写到本杰明的时候，用的标题是："本杰明·杜克的巨大贡献静悄悄地到来"，参见King，1997：38-39。

资25万元；1915年捐资修建学院的围墙，这就是今天我们所看到的杜克大学东校园围墙；1920年捐资10万元，在校园内（今天的东校园）修建索斯给特女子宿舍楼（BDQ，1990），这楼今天依然洁净如新。

在杜克大学，弗劳尔斯（Flowers）博士甚至对听众说过：如果本杰明没有出生，三一学院仍将在兰朵夫县，资金缺乏，无法完成其使命；杜克大学也不会存在；它所取得的成就和进步也将不可能。（Flowers，1928：1-2）

1979年，杜克大学在整个年度安排一系列仪式纪念本杰明·杜克逝世50周年，包括在图书馆入口大厅和手稿室举行两个生平事迹展览和传记作者杜登（Robert F. Durden）的演讲等。（DMP，1979）他的孙子女辈参加其中一些纪念活动；社会舆论认为杜克家族通过他们的慈善事业和杜克大学，惠及千千万万人。（FYL，1979）

如果没有他和三一学院的联系，他的弟弟捐赠建立一所大学的对象很可能不是三一学院。有人说，1924年杜克大学之取名，是为了纪念巴克·杜克的父亲华盛顿·杜克；也有人说是为了纪念他本人。（Cash，1933：102）

巴克·杜克的本意，是要在三一学院的基础上创建杜克大学。正如他做的那样，他可以捐资，但得看三一学院的意思：他不能强迫，只能诱取。有的说法是，巴克声称，如果三一学院不改名杜克，他就把钱捐给普林斯顿。（King，1997：181）

巴克在设立杜克基金以后，一度开始重新想象他的身份，那就是不再是烟草制造商，而是人的制造商。他认为杜克基金是他做过

的最伟大的事，因为通过它，他不仅将人聚集起来，而且是他制造了他们。（Edmunds，1966：171）

巴克·杜克在谈到为什么要创立杜克大学的时候说："我认识到，教育如果按照理性和实践的方向而不是教条和理论化的路线施行，就会在宗教之外，产生最伟大的文明化影响。"他要求教员保证大学在教育世界扮演领导者的角色；课程也主要按照培训牧师、教师、律师和医师来设计。（Armestrong，1926：42）

杜克信用设立以后，理事会最初被授权支配一笔不超过600万元的资金，这笔钱将用来为即将命名的杜克大学在北卡州内购置土地、修建建筑和装备建筑内部，但如果已经搬迁到达勒姆的三一学院改名为杜克大学，这笔资金就将用于扩建和拓展三一学院。（Armestrong，1926：41）

1925年1月初，三一学院的导师们和理事们碰头，以考虑巴克·杜克慷慨的提议。他们一致投票决定将三一学院的名字改为杜克大学，以接受杜克先生的捐助。这个决定，作为双方的一种契合，不仅在南部诸州，而且在美国整个教育体系内部为这所学院带来不可估量的影响。（Armestrong，1926：43）

在巴克·杜克宣布准备购买土地，将其作为即将成立的杜克大学校址的时候，达勒姆的房地产价格马上飙升。巴克恼怒了。他说他可以在他居住的夏洛特以合理的价格买到土地。这时巴克的侄媳妇玛丽安女士出来劝他说，如果把大学安在夏洛特，那将会很可怕。因为他的父亲已经出钱把这个学院从兰朵夫县迁来，他的父亲、姐姐、诸兄弟都在达勒姆出生（当时32岁的她并不了解杜克家族的历史）。也有人认为，巴克这么说可能也是出于压价的考虑。

（Lougee，1990：172）

## 从三一学院迈步走向杜克大学：费威廉以来

费威廉（William Preston Few，1867—1940；任职院长：1910—1924；任职校长：1924—1940）接任。他在1902—1910年期间曾做过三一学院的第一任院长，显然本杰明·杜克和柯果是选择费威廉做院长的主要推动力量，此举受到学生们的欢呼。第二年柯果为他的婚礼主持仪式。（Woody，1977—1978：4）

费威廉的祖上来自英吉利：1682年，其先祖理查德（Richard）开始移民宾夕法尼亚；1758年，他的后人之一从马里兰州迁移到北卡州橙县，后又迁移到南卡的格林韦；凡四传，至费威廉。费威廉在13岁以前主要是跟他妈学习；14岁受洗，成为卫理公会教徒。终其一生，宗教对其影响从来不是一种表面的形式，而是深入其灵魂深处。（Woody，1977—1978：2）

据说费氏一开始就对三一学院押上重码。他和杜克兄弟的亲密关系可以说是他取得成就的原因之一。（Woody，1986：195）1919年，费威廉向杜克提出一个计划，设立一个杜克基金会，通过一个自行运作的董事会和三一学院连接在一起。费氏提出，杜克可以成为学院执行委员会的一个成员（本杰明自己是一名董事，他的儿子、三一学院的毕业生安吉·杜克，从1913年起也是），可以管理基金会的资产，可以决定每年资金的分配。巴克·杜克1918年成为董事，参加1919年的毕业典礼。费氏写信给巴克的哥哥说巴克从来没有那么高兴过。他预感梦想之外的发展即将到来。（Woody，

1977—1978：6）

1921年，费氏写了个计划，要建立一个医院和诊所学校，将北卡大学、甚至很可能将维科县和达维逊学院包括进来。但最后这个计划失败。意外的收获却是一个大学的设想开始酝酿。他建议这个新的机构取名杜克大学。在捐赠成为可能以后，费氏从来没曾意料到的难题出现，那就是如何让公众看待这笔显然无穷尽的财富不受媒体的误导。（Woody，1986—196）

费氏辞世以后，弗劳尔斯（Robert Lee Flowers，1870 - 1951；校长：1941 - 1948）接任。此人1891年从美国安纳波利斯的海军学院电气工程专业毕业，前来三一学院；随后成为数学教授，并担任数学系主任直到1934年。（CRL，1951：190）在三一学院从兰朵夫县搬迁来的时候，他是随同前来的两名（一说四名 [Stauter，1986：209]）教授之一。他是三一学院历史协会（1892 - ？）的创建人之一，民主党人。因为他热情、善解人意，恪尽职守，因为其伟大的人格，相当多的人缅怀他。他真的是"急人所急"，人们称他为"博比（Bobby，Robert的昵称）弗劳尔斯"。（R.H.W.，1952.，No. 26）他1900年获得三一学院艺术硕士学位，1927年被达维逊学院授予名誉博士学位，随后不久被北卡大学授予同样学位；1948年辞去校长职务，接受杜克大学历史上的第一任名誉校长一职。

他长时间服务于杜克大学，期间找时间参与许多宗教性的、民间的、教育性的、与慈善组织有关的活动。1916年，他成为南方卫理公会圣公会的教育委员，北卡监理会教育委员。

他还是南方卫理公会圣公会一般监理会的会员。他乃是该教派非常著名的俗家人士。多年以来他一直是达勒姆的杜克纪念教会（Duke Memorial Church）的积极干事。（FRA, 1948: 5）

他也是北卡科学协会的会员、阿尔发·陶·欧米嘎（Alpha Tau Omega）兄弟会会员（CND）。

弗氏以后是伊登斯·阿瑟（Arthur Hollis Edens, 1901-1968；校长：1949-1960），田纳西人。其父为卫理公会牧师。他本人也是卫理公会教徒，民主党人，泥瓦匠，扶轮社社员。（Woody, 1986: 135）

哈特（Julian Deryl Hart, 1894-1980；校长：1960-1963），佐治亚州人，在一个贫穷的以种棉花为生的斯里普（Sleepy）县城布纳威斯塔（Buena Vista）长大，很早就对数学感兴趣。先后就读埃默瑞大学（Emory U., A.B., 1916; A.M., 1917）、约翰·霍普金斯大学医学院（M.D. 1921），1921-1930年依旧在该大学工作。1930年前来杜克大学，担任外科学系教授和系主任，一直到1963年退休。据说他不愿意对采访者谈医学以外的东西。他一生在医学上的成就，是发展了私人治疗诊所（Private Diagnostic Clinic）和在手术室将紫外线辐射用于抗空气感染，后一项先锋性的工作为他赢得医学界普遍的声望（DUADJ）。

他接任校长的时候，杜克大学正经历危机。当时，伊登斯校长已经辞职或者说被迫辞职，副校长格罗斯也辞职。董事会的意思，是在下一任长期校长就任以前，要有序开展工作。哈特年纪已大，即将达到杜克大学规定的70岁退休年纪；大家都知道他的任期不会太长，同时他又会做人，能左右逢源，在大学里颇为有名。他上任3年，确实将这潭浑水非常完美地安抚下去。（Richards，1963：5-7）他在任上的其他主要成绩，是将教员的工薪提高到和普林斯顿、耶鲁和哈佛的水平（HMM，1980），而知名教授的数量则增加一倍。一位董事会的成员甚至说："在哈特担任校长的这段特殊时间之内，没有其他人能取得杜克大学这般发展的成就。"（Sabiston，nd.3）

他担任过的职务有7项是医学和诊疗所方面的组织，在科学杂志上发表大量的文章；他是民主党人、杜克大学卫理公会信徒，奴·西格马·奴（Nu Sigma Nu）、阿尔发·陶·欧米嘎、西格马·赛（Sigma Xi）和扶轮社兄弟会成员。（Gifford，1986：59-60）

奈特（Douglas M. Knight，1921－2005；校长：1963－1969），马里兰州人。1942年在耶鲁大学获得文学学士学位，1944年获得文学硕士学位，1946年获得文学博士学位。随后在耶鲁大学担任英文导师和助理教授到1953年；此后前往威斯康星州的艾坡顿（Appleton）罗伦斯（Lawrence）大学担任校长。1963年，他是被人劝到杜克大学来的。

他的任上，杜克大学获得进一步扩展，大学入项1.95亿美元，是他上任前6年总和的3倍。修建了独特的建筑工程比如艺术博物馆、最大的医学研究高压氧舱（hyperbaric chamber），全国两个最大的人工气候室（phytotron）之一；第一艘为进行海洋研究而专门建造的船只，以及美国东南最大的核结构实验室都是在他任上建造的。此外，还有新的本科生和医学研究院课程的开设，新的医学—法学博士和医学—哲学博士学位的设立，以及新的商业管理学院、生物医学工程和林学（Forestry）交叉学科项目的开展。考虑到作为女生区的东校园需要和西校园建立联系，他创建一个过渡地带：今日的中校园（DUADU）。最重要的是伯金斯（Perkins）图书馆主体扩充，使图书馆的服务扩展一倍，藏书量增长5倍。此际，正是美国内部混乱频仍，杜克大学的学生运动风起云涌之时（DUADM）。

他之卸任，根源于1969年学生示威，学生们占领大学主要的管理楼艾伦大楼；他们的要求其中一项是建立一个黑人文化中心和开设一个非洲裔美国人研究课目。最终警察使用催泪瓦斯赶走学生。

他是法·贝塔·卡帕（Phi Beta Kappa）兄弟会会员，所属教会为基督教公理会（Congregational Christian）。在他担任过的16项社会职务当中，有3项引人注目：1960－1967年期间担任洛克菲勒兄弟会神学奖学金项目（Rockefeller Brothers Theological Fellowship Program）主任委员会委员，1963－1966年期间担任高等教育中的宗教协会主任委员会委员。1964－1967年期间担任艺术、宗教和文化基金会合作会员。他出版的著作中，有《毕业布道》。（Knight，1968：61-65；DMK）

孙佛（Terry Sanford，1917—1998；校长：1970—1985），北卡州诺林堡人（Laurinburg），卫理公会信徒，民主党人。曾在长老会初级学院（Presbyterian Junior College）、教堂山的北卡大学就读（A.B.，1939；J.D.，或说LL.B.学位，北卡大学法学院，1946）。1940－1941年，孙佛担任教堂山的政府研究所助理所长（Assistant Director），二战期间服役美军以前曾短暂担任联邦调查局的特工；二战中，参加过在意大利、法国、比利时和德国的5次战役，包括进攻法国南部和巴格（Bulge）的战斗。

1946年，获得学位后再次担任政府研究所助理所长两年，随后进入拉法伊特实习法律；1949年被选为北卡州青年民主俱乐部主席，1953年被选为州参议员；1960年被选、1961年上任北卡州州长。他卸任以后前往哥伦比亚特区担任国会参议员。

他是唯一一位从北卡大学博士毕业，担任杜克大学校长一职的。从一份1974年的档案当中我们知道，他的学术任职和所属组织包括拉法耶特卫理公会学院理事会理事（1958－？）等12项（TSS）。

20世纪60年代他因为两部著作而闻名：第一部《但是人民呢？》谈的是他在任州长4年期间教育界发生的事情；第二部《合众国风云》，谈的是提高州府和联邦体系的途径。他上任那年10月，在《达勒姆晨报》第8版发表文章，大幅标题是"校长乃是教育的改革者（Crusader，或译十字军战士）"。（DMH，1970：8e）

孙佛治理杜克大学功不可没。可以说，杜克大学在20世纪的主要发展是在他任期内完成的。在他任上，设立公共政策研究院乃是一件大事。在他退休之际，孙佛和夫人捐资100万元以支持杜克大学的公共事务和政策科学研究所的领导职位。该年成立的孙佛基金得到雷罗兹基金等机构的资助后，即有250万；该基金的最终目标是1000万元。（SEE，1985）

到1997年，杜克大学已经被美国《新闻与世界报道》（*News and World Report*）列为该国第三的大学，位列哈佛和普林斯顿之后。在孙佛八十寿辰之际，后一任校长布罗迪将这个排行归功于他（PLT）。杜克在他之后的时代，一度被人们称作"后孙佛时代"。

我用"杜克大学的诞生"这个标题可能不是最恰当的：因为杜

克大学一直处在"生产或发展"（making）的过程当中，今天在布罗德黑德（Broadhead）校长的治理之下，人们依旧在用他们的观念"发展""杜克大学"。在19世纪的布朗校舍里，没有人会想到它会被迁移到达勒姆，走向美国教育体系的顶尖层；当三一学院成立的时候，从校长到教员都在为提升该学院努力，至于将来如何，那却是不可预测的；甚至当三一学院搬迁到达勒姆，虽然校址比之从前大大扩展，也仍然没有人知道会有一个杜克大学。然而潜藏在这个过程中的那些基本关系，尤其筹资与社会及教会的关系，对三一学院仍然是至关重要的。

越过这些复杂的关系，可以说每个人心目中的杜克大学形象都不一样，但是这些不同形象的后面，却有着共同的理念，这个理念就是社会与教会佑护下的大学不仅仅是一所大学，而且还嵌刻在社会—文化的象征体系之中。

# 第五章　大学的教堂

在一定意义上，杜克大学教堂是学校的中枢。

2006年，杜克大学教堂

每一个前来参观的人，在离杜克大学很远的地方就能看到高耸云端的杜克大学教堂。它傲视周围的一切建筑。那些大多只有三四层的低矮建筑，在210英尺（64米）高的教堂塔楼面前，显得十分低矮。而人呢，更是只有仰视的份。

我来这里，惊叹于教堂精美的艺术呈现：从教堂的塔楼装饰到精致的玻璃窗，从管琴设施到廊道的设计。它是我所见过的为数不多的精美建筑之一；在一定意义上，杜克教堂更像天主教的哥特式建筑那般别致、典雅。它丝毫没有低俗或者囿于经济原因而造成的在建筑方面出现的简化和庸俗化。它使用清一色的片岩石头砌墙：单就这一点，就让人感到一种庄严。

原来的大学校址并不在达勒姆偏西的这个位置。新校址的确定、教堂的设计和建设都是和杜克家族的成员之一詹姆斯·布坎南·杜克（J.B. Duke）的考虑密切相关。

据说1925年4月的一天，詹姆斯·布坎南·杜克和他的朋友、三一学院院长费威廉一起走在达勒姆的树林当中，希望能找到一个理想的大学新校址。走过一个个台地和高坡，穿越那些松树、橡胶树、山核桃树和杏树的林子，詹姆斯停下来，对他的朋友说："新校址就在这。"

## 地之势

当时詹姆斯选定的高台地，导致后来的建筑和校园规划、设计受到地理形势极大的影响。这个地方整个地势呈拱形，高出周围的树林山谷许多。其东南高出谷地125英尺（约38米），西南高出175

英尺（约53.3米）。实际上这个山脊没有延伸太多，因此最早的建设计划就是将建筑物修来适应起伏的台地。从校长办公楼到校园，原先修建的是一条蜿蜒曲折的道路，穿过树丛，穿过萨拉·P.杜克纪念花园，跨过溪流，爬上斜坡（Blackburn，1939：7-10），走过满地松针的小径，来到西区校园本部。后来公路沿着教堂正门前的路线笔直拉通以后，小径不再常用；即便是本部，地势也有抬升，建筑的半地下楼层便屡见不鲜。

由于高台地过于狭窄，难以容纳全部的校园建筑；所以在校园规划计划的时候就将这些建筑排列在一条线上，而且是围绕着一条中轴线，而不是两条。在修建的过程中，南北向的台地被挖低10英尺（3米）；其中一些脏土则运去填平今天教堂所在部位的一些沟壑，另外一部分则运去填平教堂和校长办公楼之间的谷地。最初设计的校园没有向西扩展到今天的棒球场；非对称的线条拉直以后，就使得大多数校园建筑围绕着一个最大的方院落：主院落。横跨山脊的哥特式建筑产生两个效果。它使得方形主院落和教堂高度完全对称，建筑连贯。哥特式建筑的特点在于不平衡（unevenness）：不规则的建筑围绕在规则的院落周围。这些建筑使得校园呈现出一个哥特式建筑村落，带着文艺复兴式意味的花园来。另外一个效果乃是从校园外部看到的建筑和里面看到的建筑呈现出赏心悦目的对比效果。（Blackburn，1939：7-10）

詹姆斯是一位非常具有宗教精神的实业家。他认为，教堂必须处在大学的中心位置。"我希望中心的建筑是教堂，这教堂应该俯视周围的建筑。这样做的原因在于，建筑的正面形象注定会对每一个前来这里的青年男女的精神生活产生深远的影响。"他的梦想成为现实。半个世纪以后，教堂依旧是大学的中心和心脏，依旧发挥着他曾期待的那种"深远的影响"。

在杜克大学教堂前的草坪上立有一块铁铸的碑铭，铭牌上刻着铿锵有力的话："杜克大学的所有目的，乃是诉求一个信念；此信念乃是耶稣基督的品格和声教所确定之知识和宗教之永远联合。他乃是上帝之子，其肩负之责，在宣示从真理之不同诉求中学习；在诸端谬论和错置前卫护探询；在发展基督之自由之爱，并及真理；在加冕宽容之真正精神；在不鼓励偏狭和派性精神；及提供给个人、国家、民族及教堂最大、最致远之服务。斯校事务治理之终始目的，乃在于上述诸端。"

2006年，杜克大学校园的黄昏

詹姆斯·布坎南·杜克眼中的"伟大的高塔般的教堂",乃是那时校西院即将修建的最后一个开创阶段的建筑群。1925年10月,詹姆斯去世,享年70岁;他没能看到他的设想变成现实。1930年10月22日,教堂奠基,历经两年时间乃成。期间,学生们在去新校园上课的路上,看着教堂一点一点升高,或时驻足观望那些成堆的石料景观。教堂在1932年第一次投入使用,正式启用则是在1935年6月2日。

教堂的建筑风格受到英国哥特式建筑的启发,是美国最后的校园哥特式建筑的代表性工程之一。

## 教堂规模与外观

教堂内部291英尺(88.7米)长、63英尺(19.2米)宽(包括教堂的中殿听众席的边廊);中殿听众席本身73英尺(22.3米)长、39英尺(11.9米)宽,听众席有1470个座位(包括十字形的耳堂部分)。塔楼座基38平方英尺(3.53平方米)。纪念堂部分另有50席位。

中殿长方形,分为左右廊和中殿。左右廊没有座位,主要供人行走,在特殊的日子比如复活节里教士们也会在此面向听众席成一排站立。中殿的听众席分为左右两厢,中间留出通道。

从外观上看,教堂呈现出十字形的布局。十字架的头部,正对应教堂内部神坛的位置;十字架横向的轴,是由教堂内部的耳堂组成;十字架的下部就是教徒进行祈祷的所在地——中殿及其两侧的走廊组成。其中,中殿部分在整个十字架布局中最长,大约为十字架头部的三倍长;而除开与竖轴相交部分,横轴的部分大约为头部的两倍。或者说，头部的长度与横轴东西两端分别相等。

教堂的主出入口外，左右两边设立两个廊，分别向东西方向延伸出去。这两个廊和教堂的侧出入口连接。就在这个交接点上，教堂钟楼高高耸立在十字架下部。

教堂外观与教徒平时所举基督受难十字架的形状十分相似：不仅是在外观的尺寸比例上，而且是在功能的对应上。

比如说，十字架的头部，对应牧师们布道的神坛；耳堂部分，平时不论，重大活动的时候，一般用来安置有特殊情况的信民，譬如身体不适、年老或行走不便的信民，并且有特殊的出入口。而占主体的中殿则是普通信民大众所在的位置，正好是十字架下部最长的部分。

这种布局提示我们，十字架是一个等级结构，既可以分为上下两部分：头部和尾部—上部和下部；也可以分为"牧师—特殊信民—普通信民"三部分。无论如何，上部代表着理性、思考，下部代表着感性和行动。一个思考的大脑部分和一个只需要观看和祈祷或者说只需要服从的下部，这种划分法，正是欧洲古希腊以来西方世界对人体和世界的认知框架。

## 人物浮雕

正门的上方和门前廊内的人物雕塑：

上方：

1. 托马斯·库克（Thomas Coke，1747—1814），英国卫理公会传教士、卫理公会圣公会教堂的主教。

2. 弗朗西斯·阿斯贝利（Francis Asbury，1745—1816），卫理公会的先驱布道者、卫理公会圣公会教堂的主教。

3. 乔治·怀特菲（George Whitefield，1714—1770），英国卫理公会福音传播者、传教士。

廊内：

（观者面对大门，左）

1. 杰罗拉莫（Girolamo Savonarola，1452—1498），狂热的多米尼加布道者和改革者。

2. 马丁·路德（Martin Luther，1483—1546），德国神学家、改革者。

3. 魏可立夫（John Wycliff，1328—1384），英国的圣经翻译者和殉道者。

（中）

卫斯理（John Wysley，1703—1791），卫理公会的创建者。

（右）

1. 托马斯·杰斐逊（Thomas Jefferson，1743—1826），美国总统、《独立宣言》作者。

2. 罗伯特（Robert E. Lee，1807—1870），内战中南方联邦的总司令、华盛顿与李氏大学（Washington and Lee University）校长。

3. 蓝悉尼（Sidney Lanier，1842—1881），南方诗人。

## 纪念堂

教堂神坛的南隔壁是纪念堂。这也是一个教堂的模型，具备教堂服务所需的一切。祭坛前三个石灰人物装饰品是保罗（抱书持剑）、耶稣、彼得（持钥匙）。南墙前、窗户下，有三座大理石塑像和石棺，指明埋葬在这里的三个人分别是杜克家族的华盛顿·杜克，他的两个儿子本杰明·N. 杜克和詹姆士·B. 杜克。这是杜克家族历史上最荣耀的三个人。

2006年，纪念堂

雕花大理石石棺（Sarcophagi）和纪念堂是来自杜克纪念协会的礼物。该协会是1928年由詹姆士·A. 托马斯组织，接受来自杜克家族在全世界所有的朋友的礼物。教堂内最靠左边最近的桌子上搁有两部青铜铸成的书，上面镌刻着所有该纪念堂捐助者的名单，这些捐助者总共接近8000人。（Schumann，1976：7）沉厚的书外表略带金色，书用锁锁住。一道铁栅栏将这个小教堂和大教堂隔离开。

纪念堂的窗户风格取自英格兰贝郡（Derbyshire）和诺贝郡（Norbury）的纯灰色窗户装饰风格。英格兰建筑师伯纳威（G. Owen Bonawait）坚持说：我们不能复制一个中世纪的窗户，但完全可以从它那里获取灵感。（Blackburn，1939：27）

纪念堂完全是附加在大教堂的躯体之上，在一定的意义上打破大教堂的总体布局。

## 教堂墓室

在纪念堂和祭坛之间，有一个楼梯下到地下室。地下室狭小，石柱矗立，室顶呈拱形，连接粗大的石柱；南端一张桌子上铺着白色的布，桌上放置着三个台盏，中间台盏上立有高矗的十字架，左右两边则是白蜡烛。桌前安置七张椅子，椅子背后放置有《圣经》和唱歌本，这是教堂的一套完整仪式用具，俨然具有一座小型教堂的规模，仿佛暗示人们，埋葬在这里的人还照例每周聚会祈祷。这里埋葬着三一学院院长、杜克大学的第一任校长费威廉；纳娜莲（Nanaline Holt Duke），巴克·杜克的妻子；第四任校长哈德瑞和他的妻子哈玛丽（Mary Johnson Hart）；第六任校长、美国参议员和北卡州州长孙佛；杜克纪念协会主席詹姆士·A. 托马斯、前杜克教堂的院长柯利兰及其夫人柯米丽（Alice Mead Cleland）的骨灰。

地下墓室，2006年

## 教堂的地下

没有任何材料介绍教堂的地下部分，我也一直不知道如此富丽堂皇的哥特式建筑还有地下部分，一直到2006年5月底的一天，我结识霍安（Ms. Ann Hall）女士，该日教堂的值日。原来的打算，是向她求一本教堂座椅上摆放的赞美诗集；因为要求得突然，也没有很好地自我介绍，正在值日的她踌躇不定。我赶忙说是访问学者，即将回国，希望在走之前更多一些了解教堂仪式。

她稍为沉吟一下，说："你觉得你会带回去吗？"

"那当然。"

她说："取一本。"

　　随后我作更多的自我介绍，说参加过这里的仪式，希望做一个仪式的研究；于是她给我介绍她所知道的几位已经做过类似研究的西方学者；我便顺便介绍了下我最近的一些研究。说着说着，她把手上的工作本合上，起身对我招招手，说："你来。"她走到她身后一道平时不为人所注意的门前，推开，沿着楼梯走下去。走到一半，她回过身说："我叫安，你呢？"

　　"我叫波。很高兴认识你。"我们就在楼梯上握手。

　　这样我就跟着她进入到教堂的地下世界。

　　就这样我和她坐在教堂的地下活动室里，聊基督教认信的事情。我很担心我的笔记本电脑、书包会遗失，因为我把它们放在教堂中殿最后一排的椅子上。她笑笑说："我很肯定没有问题。"

　　她说各派的赞美诗都不尽相同。她替我找来一部浸礼会的赞美诗集和一部天主教的赞美诗集。当我提到礼拜日布道的时候，她马上说："为什么不拿着一本呢？"随即起身取来一部圣公会的《大众祈祷书》。

　　教堂地下世界的规模和楼上礼拜堂的规模大小相差不多，平面的形状也接近。主要分成两部分，一部分是教堂的办公室区域，位置处在教堂神坛的下面；一部分是校园牧师办公室区域，位置大致相当于楼上教堂的中殿部分。两个区域之间是活动室，正对楼上教堂的耳堂部分。

　　在这里办公的机构分别有：浸礼会，032室；校园黑人牧师，035室；佛教徒共同体，028－B室；剑桥，026室；天主教，037室；杜克教堂修士团，031；ISI，032室；校际办（Intervarsity），路德教派，033室；长老会，036室；宇宙神唯一神教派（Unitarian

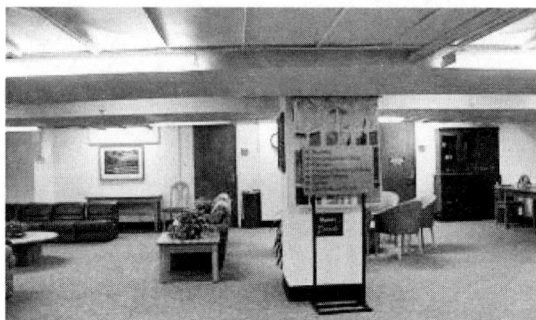

**教堂地下各教派办公地点，2006年**

Universalists），028－B室；卫斯理宗（Wesley），027室。

1940年，当一位英文教授撰写文章介绍杜克大学的建筑时，并没有提到教堂的地下室；根据安的解释，原因在于到20世纪80年代初期以前，这里一直用作存储物品的仓库，没有如今天见到的那样的分成若干的办公区域。也就是说，当时地下室是不值得一提的。到20世纪80年代初，原来在校园中的许多教会机构因为房屋的原因需要搬迁，只得相互筹资整修、装修教堂的地下室，并随后迁入，其中教堂也投资了一部分。

各派平时在这里办公，从学校教堂的角度说，这些地方是免费提供给各派活动的场所。正因为如此，杜克大学教堂方自认为是一个没有教派的、为各派信徒提供"心灵食粮"的场所。

教堂由教堂教长（Dean）负责管理，下设牧师、秘书等，由大学发工资。教堂自身也筹集和掌握一部分资金，用于教堂的各种开销，包括邀请有名的布道人在周日早上布道。值得注意的是教堂主任的办公室不在地下，而是在神坛的北侧外单独的一个地方，比神坛位置略高。

地下室的北边紧邻教堂的地下墓室。上述各种管理机构、办公室实际上是和墓室处在同一层。

## 珍藏的管风琴

用石灰和橡树木塑造的教派创始人物、圣徒和《圣经》中所讲的使徒等出现在橡树木做成的唱诗班席位的神龛里和祭坛后面的装饰性屏幕上。怜悯的象征雕刻在教堂南北墙和管风琴音箱上。

祭坛两侧的管乐器的后面，是凯瑟琳管风琴（Kathleen Upton Byrns McClendon）乐席。设置四键盘管风琴，后浪漫主义的、爱奥尼亚风格，带有6700支乐管；它的五部分分别为主键盘（Great）、音量调节器（Swell）、管风琴（Choir）、独奏（Solo）和脚踏键盘（Pedal）。该琴于1932年制作完毕，在与斯金纳（E. M. Skinner）合并以前是乐队的最后一件主要乐器；而今天则成为教堂的原生管风琴。管风琴音量大，有不同的声调色彩，因此常常用作唱诗班伴奏和祈祷服务的扩音器。

在纪念堂里放置的布隆宝管风琴（Brombaugh Organ）是1997年仿制意大利文艺复兴乐器的风格；也可能是为了改造适应其他风格的管风琴音乐，这种琴有两个键盘，带踏板，960支乐管，在微风吹拂下就能产生柔和清晰的乐调。该乐器的音区调在中音部平均律，变化的幅度为d升半音／e降音和g升半音／a降音，绝大多数都是16、17世纪的调音系统。它带雕刻的琴管乃是来源于好几个世纪前的阿巴拉契亚山区的橡树。这里还可以见到杜克家族的装饰章，就在多色的管风琴柜上方。这里也还有一架小的便携式弗伦乌管风琴。

本杰明·杜克纪念管风琴是由荷兰的弗伦乌（Dirk A. Flentrop）打造，1976年投入使用；所在的位置就在过渡堂和中殿之间的墙上。这件乐器有5000支乐管，有四个键盘和踏板。主音箱和副音箱（处在主音箱前顶廊的横梁上）全赖琴键和风力连通。主音箱在顶廊上抬升大约40英尺（12.2米），仅有4.5英尺（1.4米）深。它是由坚硬的红木制作，装饰不同的色调和金叶。支撑管风琴的顶廊是坚硬的橡树木，带有古典的风格。无论是在声调上还是视觉上，这件管风琴都反映了18世纪荷兰—法国的管风琴技术。

此外，在杜克教堂的塔内有50口钟组成的编钟。这是用来纪念巴克·杜克的礼物，由乔治·艾伦（George G. Allen）和白威廉（William R. Perkins）捐赠。最大的一口钟是G调自然音，重11200磅（约5080公斤）。口径6英尺9英寸（2.1米）；最小的重10.5磅（约4.8公斤），直径6又3／8英寸（约1.9米）（DUC）。

2012年，教堂内新放置的塑像

## 玻璃花窗

教堂另一个闪亮的点，是玻璃花窗。这种装饰来自12—13世纪法国和英格兰，那时正是刻花玻璃的黄金时代。

最有趣的是教堂中殿部分的77面窗户。这些彩绘的玻璃窗户上面几乎都是《圣经》上的人物故事。如下：

中殿长廊并（教堂中祭坛周围设有祭司及唱诗班席位的）高坛，圣坛。全部是《旧约》中的人物形象和故事。

廊道上的十二面圆形浮雕刻画着耶稣、保罗、彼得和约翰的生平故事。

两个大耳堂和大祭坛上的窗户上刻画着新约和旧约圣经中的人物形象。

过渡堂（narthex）的窗户上的人物乃是《旧约》上的妇女。

导向三凹形（trifovia）的两个小塔上是十面窗户，上刻中世纪的圣经骑士。

耶稣生平中的六个故事以黑色刻绘在琥珀色的玻璃上，出现在过渡堂两边的入口殿。

纪念堂的窗户全是纯灰色装饰。教堂地下室的窗户乃是由铅格窗和紫色玻璃组成。

2006年，杜克大学教堂大殿

所有窗户上人物形象的数量大约在800到900之间，其中有301

个人物形象大于实际尺寸。最大的窗户是17英尺6英寸（约5.4米）
×38英尺（约11.6米）；最小的则仅有14英寸（约0.4米）×20英寸
（约0.5米）。玻璃总数大约超过一百万块，厚度在1／8英寸到3／16
英寸之间不等。基本的颜色为黄色、鲜红色和蓝色，其次是棕色、
白色、紫色和绿色。所有的鲜红色和绝大多数蓝色玻璃是美国本土
所出，其余的颜色则从英国、法国和比利时进口。窗户的设计乃是
由纽约的波纳维（G. Owen Bonawit）有限公司的杰科（S. Charles
Jaekle），会同14名艺术家和匠人共同完成。整个工程耗时接近3年
（DUC）。

## 达勒姆地区的教堂

　　杜克大学教堂并不是孤立的。它在美国南方卫理公会教会体系
甚至一般意义上的卫理公会体系内、在达勒姆地区的教堂教会体系
当中。它是它们的一部分。

　　达勒姆地区有多少教堂呢？

　　根据2004年这一地区的黄皮书《超页》（*Superpages*）的内容
（GDR，2004），我作了一个简单的研究。

　　该书是该地区各种机构、个人的电话号码簿，黄页部分所包
含的地区主要包括达勒姆镇、罗利市和教堂山以及邻近的社区，
其中有达勒姆镇全部、橙县的一大部分、格林韦（Granville）县的
一部，以及维科（Wakc）县、卡桑（Chatham）县各一小部分，
包括达勒姆、希尔斯堡（Hillsborough）、帕克乌（Parkwood）、
娄斯树林（Lowes Grove）、白色斯达（Bethesda）、橡树林（Oak

Grove）、巴哈马（Bahama）、汝吉蒙（Rougemont）、克利木（Creedmoor）、布勒（Butner）、斯登（Stem）等11个镇，但不包括教堂山（Chapel Hill）、卡布罗（Carrboro）镇等重镇。其电话号码地区号全为919，截至2004年12月。

初步统计的结果，教堂总数是920座；其中包括有两座巴哈伊（Baha'i）教教堂，两座犹太教教堂（如犹太弥撒亚教堂，Jewish Messianic Church），其余的（916座）都是基督教派，计有：路德降临会（Advent Lutheran），一神普世会（All Souls Church Unitarian Universalist），使徒会（Apostolic），福音传播与主教会（Angelican & Episcopalisn），非洲裔卫理公会主教会（African Methodist Episcopal），浸信会（Baptist），独立浸信会（Baptist-Independent），南方浸信会（Baptist-Southern），圣经会（Bible），兄弟会（Brethren），天主教（Catholic），救世主会（Christmatic），信徒会（Christian），基督教科学会（Christian Science），基督教堂会（Church of Christ），摩门教（Church of Jusus Christ of Latter Day Saints [Mormon]），公理会（Congregational），主教会（Episcopal），福音传播派（Evangelism），福音会（Gospel），独立教会（Independent），耶和华见证会（Jehovah's Witnesses），路德教（Lutheran），门诺派（Mennonite），卫理公会（Methodist），多元文化与多语教（Multicultural & Multilingual），拿撒勒会（Nazarene），非宗派与跨宗派教会（Non-Denominational & Interdenominational），东正教（Orthodox-Greek, Eastern & Russian），五旬会（Pentecostal），长老会（Presbyterian），贵格教（Religious Society of Friends

[Quakers]），救世军（Salvation Army），七日再临派（Seventh Day Adventist），一神派（Unitarian），基督联合教会（United Church of Christ），联合卫理公会（ United Methodist），卫斯理安教会（Wesleyan）。

教堂名如罗利醒世业教堂（Agape Enterprises Raleigh），醒世家庭教堂（Agape Family Church），阿尔发和欧米嘎全福音牧师会（Alpha And Omega Full Gospel Ministries），教堂山圣经教堂（Chapel Hill Bible Church），神的教堂（Church of God），预言之神的教堂（Church of God of Prophecy），基督联合教堂（United Church of Christ），大马士革基督教公理会教堂（Damascus Congregational Christian Church），生命会教堂（Life Community Church），末日基督徒资格教堂（End Time Christian Fellowship），西奈山AME教堂（Mt. Sinai AME Church），教堂新生（New Birth In Church），等等。

如果从1752年橙县设立开始计算，到2004年为止，凡252年间，欧洲白人以及他们从非洲等地掳掠而来并被皈依者，和其他地方移民皈依基督宗教者，在这里平均每年建立3.63座基督教教堂。

这些教堂所属教派之多，尤其引人注目。它们之间的区别，主要的不是在对基督教教义理解上有不同，而是在与教义关系不大的那些方面形成的差异。这两点有助于我们理解他们在面对异教时内部的一致性和他们内部之间的差异性。

# 教徒心中的十字架

从杜克大学教堂我们看到它乃是音乐、建筑、雕塑等艺术的源泉。这些艺术从教堂走出，渗入世俗生活。教堂的意涵获得扩散。离开教堂，离开这种宗教信仰，这一切都无法得到完整的解释。

教堂是教徒的心灵或者说是他们灵魂的寄托所。教堂的主体部分是中殿，"中殿"在英文中是"Nave"，来自拉丁文"Navis"，意思是船。雷诺兹（Reynolds Price）曾经写道："……抬起头望上方。你正栖身舟中：一叶灰色的石舟。这舟永远上下颠倒……"这舟象征的就是教堂。正如颠倒的舟为暴风雨中的弱小生灵提供庇护，教堂则为人躲避生命中的暴风雨提供庇护。（DUC，2006）

这庇护之舟呈现出十字架的形状。

十字架是耶稣受难以后出现的基督教象征物，因此十字架成为基督教徒的心灵象征。

经过近两千年的沉淀，十字架已经成为基督教文化的象征，被用不同的形式表征出来。这些形式或者是社会生活的组织方式，或者是建筑设计的基本原则，或者是装饰艺术的图标，或者是行为的基本方式。

在杜克大学教堂里，每当周日祈祷，请出十字架的过程，就是一个十字架式运动的过程。仪式队伍一般是由七八人组成。前面三人，一身白色装束，并排并肩前进。中间那人一般是男子，持十字架；左右两边是女子，手持蜡烛。十字架的持法，右手下握把柄，左手掌心向外，在齐眉处握住十字架柄的上部。十字架高出人头。左右手和竖直的十字架相交，呈现出一种动作上的、意念上的，或者象征意义上的十字架形。

　　另外的人也是白衣，跟随在手持十字架者的后面，鱼贯而行。其中第一人双手捧翻开的巨大圣经，随后的人手持圣经随后。

　　整个仪式队伍的队列就是一个十字架形状。

　　队伍行进庄严肃穆。

　　仪式队伍从礼拜堂主殿的后部，亦即教堂的正门处，随着音乐的声音缓缓而行。来到神坛前，停下，手持十字架者转身，面向前来礼拜的教徒；先是左边那人持蜡烛到他前面在十字架前半跪一下，然后转向神坛左边，将蜡烛插在木架上；右边那人亦如是，转到右边，插上蜡烛。随后的白衣信徒一一到十字架前，半跪后进入神坛后的唱诗席。最后手持十字架者转身，将十字架插在神坛上后，进入唱诗席。

　　在每周的仪式中，还有一项是从神坛走下，按照走向神坛时的队形，将十字架举起，同样的仪式队伍，行进到礼拜教堂的中部，转身面向神坛，祈祷。完毕后再回到神坛，一直到祈祷仪式结束。

　　电影中有一种艺术手法，叫"蒙太奇"，指的是通过不同镜头之间、音画之间的拼贴、组合关系，来达到强化主题的效果。我借此概念来说，这是一种蒙太奇的"十字架"：从活动中的十字架队形仪式队伍，幻化为他们的动作的十字架形，进而固定为神坛上供奉的十字架。这种蒙太奇还在于从周日仪式的十字架，幻化为平时生活的十字架；从原始基督教的十字架，扩展为所有基督教诸教派的十字架；从天主教教徒手划十字架祈祷，到基督教其他教派的十字架；从教堂的十字架幻化为整个世界的十字架；从想象的十字架幻化为实在的十字架，再幻化为意念的、想象的十字架。

如果说有什么能作为美国文化的象征，那一定不是"多样性"或"多元化"，一定不是"熔炉"，一定不是"移民国家"；也不是"山姆大叔"，不是"鹰"，更不是"民主""自由"，乃至"科学"，而是象征作为欧洲文明一脉的十字架；一种带有蒙太奇风格的"十字架"。

离开十字架，上述所有的其他标签都无法得到解释。

或许我们可以先看看"熔炉"和"多元化"的理论。这种被一部分人标榜为美国"先进"和"文明"标志的理论，一直是讹诈性的。美国文化绝不是多元化，而是一元化：这就是白种的（Caucasian）欧洲文明。从其文化的主导、核心和精髓，到其组织、行为方式、国家的法典，它都是白种的，"十字架"的。

面对成千上万前来美国的其他族群和文化，我也不否认在这块土地上有他们生存的空间。然而要说多元化的话，那一定是这种主导性的、主宰型的一元化的白种欧洲文明和每一个前来的少数族群的文化或文明之间的多样化交接。只有从长期来看，"熔炉"理论才是真实有效的，那就是一元文化或文明的扩大，少数族群的被熔，通过教育的手段。美国境内的少数族群要长期存在，除开原住民印第安人以外，移民则有赖于这些群体所来自国家的存在和持续的移民。否则，这些族群及其文化的命运毫无疑问是消失，时间不过是两三代人，消失在十字架下。所以，一些学者所谓的美国的多元化，实际上依赖于整个世界体系的多元化；这两者之间的蒙太奇关系是相当多人所忽略的。这个多元化的威胁，来自那些基于宗教的帝国主义的扩张、侵略和世界霸权。这提醒我们宗教和这种威胁之间的关系：在美国本土和全球。

# 第六章　从教堂地下墓室到美利坚合众国

杜克大学在两方面延续欧洲的古代文明：一是大学的体系设置，一是大学的建筑风格。在大学体系方面，杜克大学最初是模仿约翰·霍普金斯大学，而后者又是模仿德国的体系。在那里，医学是哲学性地理解的，安置在课程体系当中，成为中世纪大学的一部分。（Schumann，1976：54）下面我们将详细地介绍它的建筑。

## 欧洲文明的遗脉：杜克大学校园

根据《杜克大学的建筑》一书的记载，杜克大学在选择建筑风格的时候，只选择两类：一是美国佐治亚（Georgian）式建筑风格，一是学院式哥特建筑风格。这两类一直到今天都是最适合美国大学的建筑风格。经过一个世纪没有计划的发展和即兴创作，美国大学在19世纪和20世纪的世纪之交似乎将大学建筑确定在这两类风格上。（Blackburn，1939：6）

从建筑上说，美国尤其是美国大学的建筑风格和设计，有意识地沿用欧洲的建筑设计思想，从形式到内容都体现着欧洲文明的痕迹，比如带圆柱的走廊、门廊、拱廊、台基等。当美国白人的祖先跨海前来美洲大陆的时候，他们脑海中的建筑形象只有欧洲的模式，这就注定他们所有的建筑一定是脑海中的建筑模式或者风格的某种变换甚至复制。他们注定是将这些欧洲文明的古建筑砌在印第安人土地上的人。在赶走、屠杀美洲印第安人以后，欧洲白人的后裔发现：这块大陆之广袤、人烟之稀少，为他们充分实现自己在欧洲母邦没有能实现、或者没能充分展开的建筑理想，提供极为难得的实验土壤。他们可以拥有任意改变和变换欧洲建筑风格的各种可能性。这使美国的建筑在蒙上近代理性设计的面纱的同时，具有高度非理性的狂想。

杜克大学西校园全部建筑区域的独特之处在于其色彩上的和谐和建筑对比上的和谐。从色彩上说，绿灰色是主调，间杂着红、棕、蓝、黑、黄、橙色；而楼顶颜色则跟西班牙苔藓的颜色一样，掺和着绿色和灰色。石板路以平行的方式铺成，图书馆回廊式的窗户正对着友联大楼（Union）的回廊，方形主院落西边的小塔平衡着东边开口的亭子，院落南边的墙平衡着北头尽处的正式栏杆。正式的栏杆以缩微的形式重复着化学楼的圆形拱门；克罗维塔平衡着医学院的塔群，而联合楼的塔则平衡着图书馆的塔。从局部上仔细看，这些建筑没有一处重复，千变万化，各有特点。（Blackburn，1939：7-10）

这些建筑主要根据它们的功能安排来设计，同时也将早期的哥特式建筑和后期的建筑加以对比。西校园主要的建筑群由三部分组成：方形主院落北边的医学院和医院、三座科学楼、法学院；校园中部是教堂、管理机构、宗教学院和教学楼，图书馆和联合楼建筑都面对着教堂和方形主院落；南部则是宿舍楼群。在这里，建筑设计似乎是在风格和实用性之间妥协。比如北边建筑因为考虑实用

性，比如一致的楼层高度、提供足够的窗户空间，使得很难采用哥特式建筑风格。（Blackburn，1939：7-10）

杜克大学西校园的主体建筑，到处都可以找到对欧洲中世纪建筑风格进行模仿的作品。比如医学院的入口，就是一个哥特式的入口，面对学校的方形院落，这模仿的是英国剑桥大学的入口。而建筑巨大的墙体，被许许多多的窗户所分割，其风格就可能借自法国14世纪教皇在阿维尼翁（Avignon，法国南部）的宫殿。（Schumann，1976：52）

东校园的东杜克大楼于1912年建成，现在用作教室、若干学院的院长办公室、杜克之家，以及北卡教堂议会总部。其中哥伦比亚大厅内部墙体呈绿色，带三个拱形台窗，有装饰性的意大利斗拱，支撑着顶梁，带有希腊主题的造型。（Schumann，1976：69）

他们对欧洲文明的延续，在另一个方面的表现，就是建筑物呈现出十字形的布局或设计，或者是无意识地呈现出十字形。

## 方形院落

按照美国建筑学的分类，杜克大学的方形院落一共有两种：一种是封闭型的方形院落，一种是开放型的方形院落。

以西校园为例。封闭型的方形院落包括最西端的克罗维方形院落（Quad），两两对称的两座方形院落：北方的柯果方形院落和南边的柯利文方形院落，以及费氏方形院落。这四座院落全部是学生宿舍。

开放型的方形院落主要是三面封闭的庭院带第四面敞开的院

落，有两座：一座在西边，从克罗维塔向东延伸到院落的东墙及其围栏；另一座在东边，从医学院向西延展到围栏。实际上两个院落是东西对向开放的院落。

我理解，"方形院落"实际上应是"长方形开放性院落"，和美国建筑学的分类稍有不同。我理解的方形院落，是由若干建筑围成的、长方形的、大多为开放性的院落。这种院落的四周可以有单独的封闭性或开放性方形院落。简单说来，就是在空地上划出一块长方形的区域，区域内可以修建纪念性的建筑，比如雕塑、纪念碑、水池等，但一般不能修建房屋一类的建筑，而在区域四周是对称配置的各类房屋建筑。

杜克大学西校园的"长方形开放性院落"，东起医学院，西至克罗维方形院落，长方形空地南北两边，自东向西分别配置：老化学楼（北）、社会学／心理学楼（南），这两座建筑对称配置。裴金斯图书馆、外语楼、政治科学楼、灰楼和三一学院的一部分（北，连成一体）、社会科学楼、艾伦楼（南，两楼分开），这些建筑分布在教堂以东。教堂以西，一直到西边的克罗维方形院落，南北两边都是连成一体的建筑，实际上也可以算作是克罗维方形院落的延伸。

教堂在这个"长方形开放性院落"的中点，稍北。实际上，正是这个稍北的位置使之具有意义。教堂正门面南，门前设计的是南北向的长方形草坪，与上述"长方形开放性院落"延伸线垂直相交以后，继续向南延伸，最后以半圆形收拢，接公路。公路在这个长方形严格的延长线上，笔直向南，到"五点"（连接五个方向道路的）岔路口结束。在一定的意义上，这个岔路口在这个十字架形状上的位置和教堂的钟楼在教堂十字架形上的位置在功能上是等同的。

这让我们看到，杜克大学西校园的总体平面图的支配性设计，就是一个十字形。它由长方形开放性院落形成的东北—西南轴线和校长办公楼附近的"五点"岔路口到教堂的东南—西北轴线交叉而成。主院落的东北—西南轴线较短；东南—西北轴线特别长，尤其是自双方交叉点向东南方向的轴线延伸出奇地长，这是特点一；教堂的位置在十字形架构之外，但是内在的组织在十字形平面图中，这是特点二。这两个特点结合在一起，呈现出教徒们平时高举耶稣基督受难的十字架形象，而教堂就是耶稣的头部。

在杜克大学历史上，曾经有过两种不同的校园平面设计，一种是上述设计，另一种则完全根据拱形的山脊走向设计，因此校园的总体平面不是一个完美的十字架形，在今天的柯果方形院落那里折向，稍微偏北，沿着山脊东西向地延伸。教堂面对的那条路也没有贯通，伸展到今天长方形交会的地方就结束，再往南是一个人工湖，大约是今天萨拉花园人工湖向西延伸以后的位置。这个设计也没有脱离十字架形的设计框架：这个十字架就在教堂前；在一定意义上说它反而更像一个十字架，只不过是没有今天的那么大。

在杜克大学的东校园，中心的建筑是一个总体上的长方形开放性院落，北部一端封闭，南部一端呈开放型，较长地延伸。这个院落里所有带有圆柱形走廊的只有三座建筑：最北端的博闻（Baldwin）演讲厅、稍南的两座两两相对的建筑，分别是丽莉（Lily）图书馆和友联大楼（内部包括餐厅、商店、邮局、会议厅等）。最南端的两座两两对称，也有廊柱，或仅用作出入口，并没有廊，或廊很小。

图书馆和友联大楼这两座建筑明显对称，更为特殊的是，它们并不与其他看起来同一排的建筑并排，而是各自稍微向东西方向凸出，造成一种扩展的倾向，构成一条东西向的轴线：尽管这条轴线并不用文字表述出来；从博闻演讲厅向南延伸出另一条南北向的轴线，一直延伸到东校园的南门处；它与东西向的轴线交叉，交叉处在丽莉图书馆和友联大楼之间、方形院落中心规划好的一个圆形草地。这个布局和西校园的布局仅仅是局部上的风格冲突，但是最终的意义上和最恪尽职守的意义上，它们是一致的：它们都呈现出耶稣在十字架上受难的形象。

两个校园区的平面图，并不都是端正地正东西向和正南北向，只有东校园是这样；而西校园的平面图是斜的，略微呈现出东北—西南向和东南—西北向。这种形式可能是受制于地理环境。东校园的地势宽整，有足够的南北向空间安排一个南北向的方形建筑；西校园的地势则只能是斜向的。

然而重要的是，我所见过的所有校园平面图中，除了少数带有地理经纬度那种，其他的西校园平面图，没有一张是斜的。也就是说，差不多所有的西校园导游图，都将上面我们分析的十字架形放置为正正的南北—东西向；有的只是在图的角落给出一个东西南北的方位指向。

## 罗利市

如果我们将眼光投向北卡州首府罗利市（Raleigh），我们会同样惊讶地发现：这个十字形的蒙太奇式扩展结构，在这里同样存在，并且更加明显。

罗利市的中心，是旧的州府大楼（State Capital）。

今日所见的州府大楼的入口设在东边，其他三方都不是正式的入口。

2006年，北卡州府大楼建筑模型

州府大楼采用明显的十字形设计，从总体外观上看，整个大楼就是一个十字形状。因此尽管大楼一共分三层，但每层都呈十字交义形。从外观上看，大楼在十字交叉处设置一个圆拱顶。拱顶采用透明玻璃装饰，圆拱形顶部设东西南北四个窗户两两相对。二三层的十字交叉处采用挖空成圆形的处理方式，所以从一层的十字交叉处抬头，就可以直接看到透明的拱顶：原来的巨大的木结构依旧支撑着铜拱顶。这种设计在建筑学上称为拱顶圆形大厅。

州府大楼的东西翼包括外廊是140英尺（约42.7米），南北翼包括外廊长160英尺（约48.8米）。从圆形大厅到拱顶冠部高97.5英尺（约29.7米）。外墙采用一种名叫片麻岩的花岗石，产自罗利南部，当时是用马拉的实验性轨道车运到联合广场的。据说这是北卡历史上的第一条轨道。内墙则是用石头和砖砌成。

第一层南翼是州长办公室、州长随员办公室；北翼设副州长办公室、州长随员办公室和副州长随员办公室。西翼南侧是州长随员办公室，北侧楼梯上二楼；东翼南侧亦有楼梯上二楼，北侧则是男士卫生间。南北翼和东西翼通过室内走廊联结，交叉处就是正对州府大楼拱顶的地方，设立一座乔治·华盛顿塑像。坐姿，作书写状。原件是19世纪北卡州委托意大利艺术家伽罗华（Antonio Canova）所作，今日所见则为1970年意大利艺术家罗马诺（Romano Vio）根据伽罗华的作品仿制。

第二层南翼是州代表会议大厅，北翼是州参议员会议大厅，两会议大厅正门南北相对，一条东西向室内走廊从它们面前穿过。西翼南侧是州议会委员会会议室，东翼北侧是女士卫生间。

第三层南北翼是第二层会议大厅的观众席，介于二者之间的是拱顶的起始部分。东翼是州图书室，西翼是州地理员办公室，内部皆是两层。

根据《北卡州府》册页的介绍："州府大楼的绝大多数建筑细节，比如廊柱、雕塑、装饰性的天花板墙壁粉刷，花状平纹（叶状平纹或金银花纹）等，都是精细地模制于古希腊庙宇的独特特征。

外部的廊柱是多利安式风格，模制于万神殿的廊柱。装饰性的铁制工艺品、吊灯、五金器具，以及州府的大理石壁炉架来自费城，而装饰性的天花板墙壁粉刷工人也来自该市。"（HOT，2006）

州府大楼并不是一开始就设计成十字形的；十字形的出现有一个历史过程。1792年，北卡州决定将罗利市定为北卡州州府永久所在地，当时只设一座两层砖砌的"州府"，由罗旦（Rhodam Atkins）设计，建于1792年至1796年间。从1820年到1824年间，州府大楼扩建，增加东西翼、第三层和圆拱顶以放置华盛顿塑像。不幸的是，1831年，不小心的建筑工人在加防火的镀锌顶的时候引起火灾；火灾中，人们只抢救出两把椅子和一幅华盛顿的画像。1832至1833年，州府大会颁布命令，重建州府大楼，按照十字形和圆拱顶的式样扩建。在建筑过程当中，大楼的内外观多次修改，最终成现在的样子。1840年，州府大楼最终建成，耗资53万多美元，几近北卡州该年总收入的3倍。到1880年代，州府大楼内安置了所有州府办公机构；1888年，州法庭和图书室迁移到别的大楼；1963年，州议会迁到北边一个街区外的州法务大楼。今日大楼内只有州长、副州长及其随员办公室：这就是为什么参观者进入大楼要进行登记的原因。

我们接着来看罗利市中心城区的设计，这里采用同样的十字形设计样式。这个城镇的中心区乃是北卡州的州府大楼，处在众多的方形街区的包围中。和达勒姆镇不同的是，这里的街区呈现出严格的方形；绝大部分街道都是南北向和东西向，两两交叉成十字形。由此整个城镇呈现出尤数的十字形，英语里把这称作"Cross"（十字路口）。这是美国街区的理性和信仰性设计。

北卡州的州府大楼所在街区有一个名字，叫联合广场。联合广场上没有任何教堂建筑，只建有一座州府大楼；在州府大楼的东西南北四个方向塑有不同的雕塑群，大多涉及战争和战斗场面，还有一些内战遗留下来的武器比如大炮等。

围绕联合广场的四条街道分别是：北边的艾登顿街（Edenton Street，单行道，从东到西）、东边的威明顿街（Wilmington Street，单行道，从南到北）、南边的摩根街（Morgan Street，单行道，从西向东）和西边的萨利斯伯利街（Salisbury Street，单行道，从北向南）。

有趣的是，联合广场的西边，介于艾登顿街和摩根街之间的并不是一个街区，而是两个街区；分隔这两个街区的是一条街，名叫西尔斯伯利街（Hillsborough Street）。它是东西向双行道，其起点就是这条街和萨利斯伯利街相交的地方，并从这里一直向西延伸出去。

同样有趣的是，联合广场的东边，介于艾登顿街和摩根街之间的，也不是一个街区，而是两个街区；分隔这两个街区的是一条街，名叫牛奔地（New Burn Place）。这条街也是东西向双行道，向东延伸到第二个街区内就走到尽头。然而这条街的延长线到第三个街区以后，是另外一条街道，名叫牛奔大道（New Burn Avenue），一直向东延伸出去。

西尔斯伯利街和牛奔地、牛奔大道，是以州议会所在的联合广场为中点东西对称的。这提醒我们，如果一个城镇有一个十字形存在的话，它的逻辑必然是从这里开始的。十字形横向的部分，就是由西向的西尔斯伯利街和东向的牛奔地、牛奔大道组成。如果从州府大楼出发，将楼内的十字形进行东西翼延伸以后，可以说，西边的部分就是西尔斯伯利街，东边的部分就是牛奔地和牛奔大道。

　　我们再来看州府大楼所在的联合广场南北两边街区的情况，主要分析北边的一个街区和南边的四个街区。这些街区都介于东边的威明顿街和西边的萨利斯伯利街之间。从车辆交通上来说，这些街区并没有被分隔成小的街区；但是从商业用途考虑，这些街区都被从南北向进行剖分，都有东、中、西三部分。南边四个街区的三部分比例严格一致，那就是中间部分小，东西两部分稍宽；四个街区的中间剖分南北连贯形成一条商业街，名叫菲耶特维购物街（Fayetteville Street Mall）。商业街上分布着重要的公共服务机构比如维科县法庭、维科县办公大楼、邮政局等，商业场所包括银行、购物广场等。该街区南头正对罗利市议会和会议中心；北头到州府大楼所在的联合广场之前便戛然而止。罗利市议会（Convention）和会议中心是和州府大楼的建筑风格非常相似的，通过菲耶特维购物街南北遥遥相对。

　　联合广场北边的那一街区也被剖分形成东、中、西三部分，这三部分的比例与南部四个街区的剖分比例略同。其中中间的部分名叫双百年步行街（Bicentennial Plaza）。步行街以东是北卡历史博物馆，以西部分，南部是劳动大楼和农业大楼，北部是北卡自然科学博物馆。

　　如果将双百年步行街和菲耶特维购物街勾连起来形成一条线的话，我相信，罗利市城镇布局的十字形架构的竖向部分，就是由这条看不见的线构成的；而横向和竖向的交叉点，就是州府大楼所在的联合广场。进一步说，州府大楼内的十字形的南北翼延伸以后，南边就是菲耶特维购物街，北边就是双百年步行街。

　　有趣的是，联合广场往北两个街区以后，到第三个街区上，其东西两边的街道：东边的威明顿街和西边的萨利斯伯利街，这两条单行道街分别经过一个外向的弧形，在下一条街道皮斯街（Peace Stree）之前，汇合成一条街与皮斯街相交（皮斯街是东西向双行道）。一旦它们相交，两条本来是平行的单行道街就连通成一条，对在威明顿街上从南向北行驶的车辆来说，交叉的地方是最理想的"U"形转向处（U Turn，在中国则称"掉头"），转到从北向南单行的萨利斯伯利街。从这个街区来说，这个交叉塑造街区北边的轮廓，状如向北射出的子弹头。

这个街区对我们所描述的十字形构架来说意味着什么呢？它在罗利市中心十字形构架中的意义，正如杜克教堂在大学西校园十字形架构中的意义。而威明顿街和萨利斯伯利街往南延伸，到马丁·路德大道，萨利斯伯利街微微偏斜，和萨利斯伯利街交接在一起。这个设计，如同耶稣受难像时的双腿部分。

我相信，这些信仰性的呈现，并不是一开始就有一个成熟的建筑计划；相反，它们是在历史的过程中，不断被筛选、不断被修改，最终形成十字形结构的。这些筛选和修改的过程，反映了设计者、建筑者力图按照心目中的形象改造现实的探索过程。历史的结果呈现为一个十字形的蒙太奇过程，从州府大楼内部的十字形走廊开始，扩展为整个州府大楼的十字形结构；经过时空的幻化，它们延伸为罗利市中心城区的基本布局。这个蒙太奇过程，是和杜克大学校园平面图的蒙太奇过程是一致的。

更为有趣的是，与联合广场的四个角相邻的其他街区上，建筑有四个教堂。它们分别是东南角的浸礼会第一教堂，1812年建成；东北角的基督圣公会教堂，1821年建成；西北角的浸礼会第一教堂，1859年建成；西南角的长老会第一教堂，1818年1月建成，1818

年2月投入使用（今日所见的建筑是1900年重建）。这些古色古香的教堂，相对矮小，和周围高耸的现代性建筑形成非常鲜明的对比。

星期天，人们从各自的家里走向教堂；工作日，人们从各自的家里走向办公楼。对州议员来说，他们则是走向州议会大楼。教堂、办公地点和私人的家，这是组织罗利人生活的基本空间。这些教堂支撑着或者包裹着州议会。我以为这种局面的象征意义远远大于实际的效果。这就是为什么这个街区如此重要的原因：它既是罗利市地理空间上的中心，也是罗利人社会生活的中心，更是他们精神生活的中心。在十字形布局的象征意义上说，它还是耶稣基督的心脏所在。

《罗利市中心城区导游》手册上给出一幅中心城区简图。上面所有的符号都是可以理解的，或者都作过注释。然而，就在这个街区上，标有一个黑色的五角星。五角星上是"北卡"，下是"州府"（State Capital）字样。封底上方两排大字：罗利中心城区……一切都在它的心脏里。（GTD，2005）

## 华盛顿特区

仅对居于乡村的杜克大学到北卡州的首府罗利市的分析，并不能让我们终结这个认识。我们还有必要到华盛顿特区，看一看美国首都的设计是不是也具有同样的空间和文化上的构架。

华盛顿特区的核心区域，也是由四方院子和围着四方院子的建筑物（quadrangle）组织起来的，这个区域包括：西边的林肯纪念堂（坐西朝东）、中部的华盛顿纪念碑、东部的国会山大厦；整个构成一个东西向的长方形。长方形之内，除开上述建筑外，基本上没有别的建筑物。近年来美国总统又在这个区域内增建纪念性建筑，比如在华盛顿纪念碑和林肯纪念堂之间新建的二战纪念区。这个区域是公共区域，所有人都可以在这里活动：从乞丐到富豪，从外国来的政治流亡者的示威活动到阿甘反战演讲。

这个区域周围的重要建筑物，大部分属于国家级建筑，包括各部级的办公大楼比如教育部、农业部大楼以及各类博物馆等，但最关键的还是总统办公地白宫。白宫的位置在华盛顿纪念碑北部。从纪念碑往北，跨过宪法大道（Constitution Avenue），进入椭圆街区（Ellipse）。椭圆区的北部是国家圣诞树（National Christmas Tree）；椭圆区隔东街（E. Street）与白宫前的铁栅栏相对。铁栅栏后面是白宫前的花园和草坪区。有意思的是，铁栅栏围成一个向南突出的半圆形，和椭圆形相切在东街上。白宫的东边是财政部大楼，西边是艾森豪威尔行政办公楼。白宫允许游客预约参观。

这个区域呈南北向，与东西向的长方形区域垂直相交。但是这个相交并不能从华盛顿纪念碑的南边找到对应的建筑区域，因为南边是不规则的巨大水域——普托玛珂河（Potomac River）的一部分，名叫潮盆湖（Tidal Basin）。而且华盛顿纪念碑并不再从白宫向南延伸的垂直线上，而是处在该线稍东的位置。

从卫星图上来看，潮盆湖南岸有一座建筑，名叫杰斐逊纪念堂，正好处在从白宫正门延伸出来的线条的延长线上。如果我们忽略地理空间上的直接连接，只考虑这种概念上的对称，这样我们就能找到和白宫对称的建筑，它们之间的连线和上述东西向的长方形区域正好十字交叉。这不仅是一种客位的观察，它还是主位的设想：这些建筑的配置完全是经过建筑师的设计，是有某种考虑的。

## 西方科学的理性设计

这种设计的原理，和将地球用经纬度来网罗所形成的十字形的原理是相同的。在这种场合下，十字形并不是目的，而是理性设计的偶然结果；这个道理，和地图上经纬线相交形成的十字形是一样的。由于经线和纬线各有度数，这种理性设计所形成的十字交叉点，就为卫星定位地球上的任何一个地点提供依据。

我们不能简单认为这两者完全等同，但是美国的人文地理的特征，毫无疑问是按照这个经纬线及其交叉来组织和规划美国的国土的：从城市、城镇的街道、街区，到农田的规划、分割和耕耘。

和大学教堂的管理人之一安女士的交谈使我确信，他们把城市的十字形交叉路口都看作是十字架的一种变型，或者都是以十字架为模版的。这种交叉指的是正东西街和正南北街的交叉；而美国的大部分城市都是按照这种交叉设计，即便不是全部城市。

学院式哥特建筑本身是一个美国的产物，但是它表征着英国剑桥和牛津两所大学的建筑。在欧洲的大学中，这些大学在建筑校园校学院的发展上极为独特，它们把哥特式建筑应用于学院建筑也是独有的。随着芝加哥大学的亨利·扣卜（Henry Cobb）方形院落群（1893）、扣朴（Cope）和斯蒂沃森（Stewardson）方形院落群，戴氏兄弟及克劳德尔（Day Brothers and Klauder）、普林斯顿的拉夫（Ralph Adams Cram）建筑群，以及耶鲁由罗杰斯（James Gamble Rogers）设计的哈克尼斯（Harkness）纪念院落等的建成，学院式哥特建筑才开始定型。杜克乃是受到普林斯顿院落群的绿灰色吸引，才决定将西校院的建筑风格定为哥特式。（Blackburn，1939：11-12）

问题是：这种方形院落是怎么来的？我们必得要把它追溯到十字的历史，它来源于古希腊，也来源于基督教。

我们看到，从杜克大学教堂出发，一个十字架形慢慢地扩展开去：从教堂的地下墓室，上升到地面教堂内部的纪念教堂（一部分是大理石棺材，一部分是基督教的圣人），而后扩展到整个教堂，定格。这是一个以教堂为依托的十字架形的缩放配置：我们也可以反向推演。和北卡大学所在地教堂山的含义是一样的：杜克大学教堂也是建筑在山上，他的赞助人所希望的是这个教堂要主宰这个地区，成为信仰的中心。

1940年，一则不经意的报道说明这个十字架形推演的意义："杜克的校长费威廉几天前去世，并下葬在塔楼高耸的、掌控校园的哥特式教堂的墓室里。"（DUH. 1940：1426）墓室里圣人的生命，通过这种蒙太奇化的方式，再生于整个美国文化象征体系所定义的宇宙的和社会的空间中。

从教堂出发，这个十字架形扩展为杜克大学西校园的平面配置图；在东校园，这个结构得到蒙太奇化；到北卡州首府罗利市，这个蒙太奇过程被历史性地重新推演；进一步，它在美国的首都华盛顿特区又一次得到蒙太奇化。

无须对美国的所有城镇进行研究。我们或可大胆地提出，整个美国国土的设计，也是按照这个形状的蒙太奇化要求来处理的。这种十字架形设计原则和蒙太奇化过程同时结合着古希腊以来的绘画传统中对人体理性认识的成就。否则，我们现在对地球进行经纬度的分析、全球定位系统等，完全可能采取别的处理方式。

# 第七章　筹资运动

　　岳布兰在自传中很少提到修建布朗校舍艰辛的历程。实际上，那真是艰难极了。

　　1839年布朗校舍教育会社成立以后，后来叫"联合学校会社"，一共15人，其中有一名主席，两名副主席，一名秘书，一名副秘书，一名出纳。每年选一次；他们负责会社的走向。会社还专门指定代表接受资助，用于学校花费。会章规定：该会社不受任何外来势力的影响；在会社之外，学校不能接受任何其他机构的管理。会社从产生那天开始就处于民主氛围的笼罩下。（Chaffin，1950：42-45）

　　这一年，李琦（James Madison Brown Leach）建议会社兑现和岳布兰的协定，找一名助手；而岳氏还提出欠薪问题。他说，他的工资根本没有兑现过，没有工资，他将被迫辞职。随后的讨论就很激烈，最终李琦提议学校继续开课一周，会社再开会讨论如何留任岳布兰一年等事宜。1839年3月11日的这次会上，最终罗宾斯（Ahi Robbins）提出学校应该关闭，在随后的数周内，教师每天工资两元。这个提议获得一致同意。一周后，18日，会社复会，仍然一筹莫展：答应给岳布兰的工资还是无法全部筹集到。他们只得和岳氏商量，看他能不能作点让步。岳氏答应学校继续开课，在已经筹集到的钱之外，再要40块钱，让教师没有怨言，能践行其神圣的诺言，提高和促进学校。双方最终达成一致。（Chaffin，1950：45-47）

会社随后开始准备盖新校舍。会社决定选一个正式的日子举行奠基仪式：7月4日。在这个不通火车，更没有公路的穷乡僻壤，当时的人们就决定和整个美国同步。李琦在午前的奠基仪式演讲当中说，在美国独立这幅血腥的图画之上，年轻一代正在用心享受和谐的欢歌。那一天，社区的人们庆祝一整天：他们就在地上吃晚餐。盖房过程中，人们就在学校的操场上制胚烧砖，可以想象条件之简陋。

岳布兰在布朗校舍上课以后，1839年春，学校第一次考试期间，当地农民们请他去做一次讲话。那是在晚饭以后，他演讲的主题是"在此地建一座永久性高年级学校机构的重要性"，讲完之后，他提出一个早已准备好的计划。人们为建这座适宜的建筑，开始集资，最终所得资金有300到400美元；还成立一个三人委员会：葛雷将军（人们的习惯称呼，General Alexander Gray）、李琦（J. M. Leach）和岳布兰，负责起草一个章程，并作为委员会管理的规则。然后暂时休会，10或12天以后再复会，那时委员会就要提供报告。

到复会的时候，人们讨论组织一个教育会社，并讨论涉及该机构的可能的事务。那时候这个机构还没有名字，只不过是一个地方性定居点（local inhabitation）。人们要求学校的校长给取一个名字，这就是联合学校（Union Institute），因为它的南边是霍普韦（Hopewell）村，基本上全是卫理公会教徒；北边是春地

（Springfield），主要是贵格教徒。联合的意思是联合他们以成就学校的利益。（York，1910：46）

虽然不断取得成功，但是岳布兰还是感到在联合学校的岁月"真正的重负"。学生人数在50人以上，这就要他花大量的时间来筹资，夜里很晚还要备课，那些他不太熟悉的课程。他的那只眼睛就是在这期间瞎的。（King，1980：294）

柯利文在1851年，成功地使全体会议（General Assembly）通过一个议案，让联合学校升级为师范学院。该文件只提供州的支持，但是立法机关拒绝给予资助。后来于1853年修订的章程，把学校变成一个州立学校。他从州里收到的唯一一笔财政资助，是一万元的文学基金会贷款，利息百分之六。这笔钱最终还是他个人还的。在他任上期间，三一学院的财政状况非常脆弱。部分的原因是北卡监理会内部在19世纪50年代后期因为就是否支持该院校及其管理发生分裂；其中的批评意见最终导致他在1864年1月辞职，该校遂于1865年4月关闭。但是战后监理会又劝他回来在1866年重开学院。尽管如此，他还是继续受到财政危机的折磨。（Russell，1980：455）

在19世纪中期（大约1866—1876），三一学院就依赖学生缴纳的学费来维持。当时规定，膳食费提前一个月交，学费提前交一半，剩下的在学期中交完。学生每年的总花费，除开书籍和衣物以外，大约是175—200美元，但学生们觉得费用实际上还可以降低。当时的花费，比如伙食费每月6—16美元、书籍费10—20美元、入学注册费5美元、学年十个月的学费40—70美元，根据所学不同而不同，比如预备班、特殊班和学院等。随着学生人数、农民收入的减少，学校的财政状况时有不佳。尽管如此，三一学院却从没有改变对贫困学生和牧师孩子的政策：对北卡监理会牧师的孩子和残疾军人的孩子实行免费教育。

从1876年到1882年，三一学院学生人数递减，财政收入随之艰难，债务逐渐增加。早在19世纪70年代初，北卡监理会就指定代理人为其下属的所有学员集资。1877年，三一学院处境尤其艰难。

关于克罗维校长的故事，在他的家乡一度被渲染。约克县的法官哈维（Judge Harvey A. Gross）非常会讲故事，他讲了一个关于克罗维的故事：

克罗维从克罗镇（Kralltown）到耶鲁上过学，进入那里的三一神学院，最后成了一名卫理公会的牧师；后来他成为《华尔街杂志》的编辑。有一天，克罗维被三一学院董事会的主席叫了去。三一学院是北卡靠近高点（High Point）的一个又小又穷的女子学校（你可以看出传闻之离奇）。这个董事会不怎么负责，现在三一学院的校舍已经破败不堪，急需维修；主席知道他是上帝的卫理公会教徒（这显然是根据后来的故事改编的），作为一个最有名望的商业杂志的编辑，他同国内的工业界、商界和金融界有非常多的关系。他问克罗维，能不能到北卡去向烟草企业家杜克为三一学院求一笔款，来重修校园建筑。

克罗维接受挑战，马上来到杜克家里。他发现杜克本人正在他家宽阔的走廊摇椅上起劲地摇来摇去，嘴里起劲地咂巴着烟制品，雅致地把烟汁从走廊围栏吐出去。克罗维随即陈述自己前来和杜克会面的目的，并问杜克先生是不是愿意资助这所邻居学院，资助善良的女士学生们。杜克先生保持沉默相当一会，但是一直在摇。最后他了结全部烟汁，转向克罗维，说："五千万启动金够不够？"

当克罗维博士从震惊当中回过神来，用最感激的心情，说愿意向三一学院汇报，并要以未说出口的决心建议董事会让三一学院到达勒姆来重新开始，把校名也改了：杜克大学。

（Shelley，1987）

当伊登接任校长的时候，他也接手了部分二战带来的教育问题：不断增长的新生给校舍的使用带来很大的压力；对财政资源的需求也不断加大。他积极面对这些问题，在就职演说中，他说："我害怕不义的猜疑，不负责任，以及信仰的真空，我倒不怎么担心外国的意识形态。"

他创建三个重要的项目：国民学习中心（The Commonwealth Studies Center）、老龄化研究中心，以及法的世界治理学中心（The World Rule of Law Center）。这是他的"培育卓越态度"努力的经典体现。（AHE，1968：17）

做校长和找到资助的本领密切相关。伊氏做校长以后，三年之内就为学校筹集到1200万元。他在任期间，每年校友所给的钱从10万上升到30万。学校的总资产则从5900万美元增加到1.16亿美元。研究经费从每年70万增加到500万。奖学金则从80万增加到280万。他辞职的原因则在于内部的争斗：他不愿意参与这种争夺，尤其是在学校准备发起新一轮筹资活动之际。（Edens，1968：17）

1959年，伊登在就任10周年演讲中说，过去4年雇员从3400人增加到4200人，增长了24.5%；艺术和科学教员在过去10年中就从264人增长到307人，增长了17.5％。10年前的估计，学校能接受的学生数是5000到5500人。1948年秋的本科生是3800人，1958年秋的人数是3500人。他并不期望近期学生人数继续增长。（TPD，1959）

伊登就任校长的头五年，筹资600万用于新建工程和维修，并不包括内部装修；新建医院一翼；1953年男性研究生中心（Men's Graduate Center）开工。1952年，杜克基金设立詹姆斯·B. 杜克教授基金，以奖励教员中的卓越者。美国公共健康服务（U.S. Public Health Service）资助杜克大学150万美元修建一个老龄化研究区域中心；福特基金会无条件给予600万美元；杜克基金为研究生院提供75万美元作奖学金，成立国际事务研究的法治中心（A Rule of Law Center）；卡耐基集团提供的资金则建立一个联邦中心，专门用于研究加拿大事务。（Woody，1986：135）

伊登上任不久，觉得自己出身社会科学，需要一名自然科学专家协助，就提名化学教授和研究生院主任格罗斯（Gross）担任大学的院长和教育处副校长。格罗斯希望在杜克跻身全美前十名大学之前都需要扩充资金，伊登提名他担任长期规划委员会（Long Range Planning Committee）主任。该委员会的第一个报告提出提高薪水、建筑工程、强化既有地位、成立发展办公室等计划。伊登在给董事会的报告中表明他对前景看好。

但很快就因为提高杜克大学的声誉和福利的主张不同，两人发生冲突。1960年早期，地方媒体开始传两人的矛盾，说是伊登反对长期发展计划中的一些内容；还说有计划让他做名誉校长，不担任任何职务，以及管理机构即将重组等。媒体似乎反映了格罗斯的观点。杜克大学的管理机构是伊登负责，但主要负责管大量资金的董事会支持格罗斯，伊登毫无话说，因为他已经做好辞职的准备。2月16日提交辞职报告，他说大学的随后10年将要求行政领导人精力充沛地提升和管理，人们要求他依旧掌舵，而这比他自己希望的要长。3月23日，董事会接受伊登的辞职。（Woody，1986：135）

## 他们为什么要捐赠？

美国的这些富人为什么要捐出如此巨额的资金？

半个多世纪以前，一个中国学生叫杨庆堃的，留美10年获得博士学位，写过一段话：

> 美国中产以下的人，在日常生活的社交中，对于金钱打算真是紧，但是对于捐助慈善公益事业和救济别人的急需，是爽快到罕有。某工厂的一批工人，周末到会计处领工钱，忽然有一个工人把领来的支票失掉了，身旁的一位工友就拿下帽子来，叫大家帮忙，高呼大家不能让这个不幸的工友空手回家见太太和孩子。大家听了这话，都掏出一元至五元的票子，抛到帽子里去，转眼之间，帽子里的票子已经多过那不幸的工人应得工资。在美国工厂做工，成天都得捐小款，帮助害病的或婚嫁的工友。国内外遇到兵灾水旱，美国人捐款之多，那已是著名的事实，若是一个人发了大财，捐款那更是他的事业之一部。（杨庆堃，1948：8）

1936年，《杜克大学记录簿》10月号记载：杜克（B. N. Duke）女士遗赠150万美元给杜克大学，10月6号公布。"跟他家族其他成员的慷慨性格一样，杜克女士规定杜克大学用100万元放入她丈夫给予的捐赠基金里。另外的钱，她要求用作奖学金。她给予这笔钱是'作为对我丈夫诚挚的感情'。""杜克女士为她的女儿玛丽·杜克·毕多（Biddle）和4个孙子女（安吉尔·B. 杜克、安东尼·杜克、玛丽·杜克·毕多二世和尼古拉斯·本杰明·杜克·毕多）设立5个信用基金，每个100万美元。杜克女士还给予达勒姆的杜克纪念卫理公会教堂1万美元；罗利市的卫理公会孤儿院1.5万美元；5000元给格林斯伯儒女子学院；1万美元给温莎—撒冷的儿童之家；2000元给牛津有色人孤儿收容院（Colored Orphan Asylum，Oxford）9个外甥女和侄儿分别收到1万美元的遗赠，此外尚有许多其他的遗赠。"（BEQ，1936）

1924年，《纽约世界》（New York World）给出一篇报道《他们放弃数百万》，记载柯达公司的创始人伊斯特曼（Eastman）和杜克捐赠的情况。据说伊斯特曼相信，大量地散钱比积聚钱财更困难、更危险，也更有趣，这是他捐钱的原因。他还相信继承巨额遗产同样危险。他觉得教育是最重要的事，而人需要接受完全的教育，而不是技能教育。休闲时听音乐似乎是他的嗜好，所以他把钱捐给罗切斯特大学的自由艺术项目。他并非不喜欢奢华，但是他认为一个人的奢华是有限的，所以他还是过着俭朴的生活。他希望在有生之年看到自己捐的钱在具体的用途上发挥作用。

而没怎么上过学的巴克·杜克，他的信条是：不要让一个子儿偷懒。他不喜欢懒人和懒钱的程度差不多。他认为再利用水资源发展美国的问题上，私人的钱比政府的钱更经济、有效。"个人在这方面的驱动力常常被权威所压制、阻碍，让人觉得或让他们相信这就会有太多的个人成就；另一方面我觉得个人应当被自由地鼓励从事这样的事业，我也相信，正如我多年的经验确认的那样，那些有能力挣大钱的人手中如果有大量的资本，这对人性是有益的。没有这样的人性，我们国家不可能在将来取得过去那样大步的成就。""洛克菲勒、卡内基、福利克（Frick）以及其他许多的例子都将证明我所说的信条，证明这些人并没有为挣钱而挣钱，或者为了他们自私的目的而敛钱，证明成千上万的人因之而受雇，并受他们善行的佑福。"（TGA. 1924：15−16）

我们看到，捐资的理由并不只是资本主义的逻辑，它还深深地嵌刻在基督教所界定的人生的意义之上，同时也和他们的亲属制度、近代欧洲个人主义密切相关。

根据一项统计，从1914年到1924年的近十年间，美国的28名富豪从洛克菲勒、伊斯特曼到巴克·杜克和克罗粹（Lotta Crabtree），他们捐出的资金总数在16.29亿元。（GAD，1924：42）

从接受捐助的一方来说，如何美化捐助人成为他们的一项自觉行动，这就是为什么教会总是神化他们的施主，而施主自己并没有同步感受的原因。

## 毕业传道

韦尔士（Sam Wells）牧师在2006年杜克大学毕业典礼上做了一个精彩的讲演，屡屡得到学子的掌声。对于亲耳聆听他讲演的外国学者，我以为这场讲演精彩地体现了美国大学筹资运动后面的底色文化关联。

这个演讲是在阅读《圣经·路加福音》16：1-9后进行的。为了明白这个演讲与《圣经》的关联，我们先看看《圣经》这节都说了什么。这一部分的标题是"不义的管家"：

> 耶稣又对门徒说："有一个财主的管家，别人向他主人告他浪费主人的财物。主人叫他来，对他说：'我听见你这事怎么样呢？把你所经管的交代明白，因你不能再做我的管家。'那管家心里说：'主人辞我，不用我再做管家，我将来作什么？锄地呢，无力；讨饭呢，怕羞。我知道怎么行，好叫人在我不作管家之后，接我到他们家里去。'于是，把欠他主人债的，一个一个地叫了来，问头一个说：'你欠我主人多少？'他说：'一百篓油（每篓约五十斤）。'管家说：'拿你的帐，快坐下，写五十。'又问一个说：'你欠多少？'他说：'一百石麦子。'管家说：'拿你的帐写八十。'主人就夸奖这不义的管家作事聪明，因为今世之子，在世事之上，较比光明之子更加聪明。我又告诉你们：要借着那不义的钱财结交朋友，到了钱财无用的时候，他们可以接你们到永存的帐目里去。"

接下来的部分在讲演之前并没有要求阅读：

> 人在最小的事上忠心，在大事上也忠心；在最小的事上

不义，在大事上也不义。倘若你们在不义的钱财上不忠心，谁还把那真实的钱财托付你们呢？倘若你们在别人的东西上不忠心，谁还把你们自己的东西给你们呢？一个仆人不能侍奉两个主，不是恶这个爱那个，就是重这个轻那个；你们不能又侍奉神，又侍奉玛门。

我们发现，如果把两个文本分开，他们在意思上是不同的。他们各自有各自的意义指向，但如果合在一起，则又有另外的意义指向。我们且看韦尔士牧师在演讲中是如何阐释的：

我们刚一起聆听了一个故事。这个故事人们一般叫作"聪明管事"。我今天希望和你们一起，对这个故事作三种解读。我们首先把它当作一个管事的故事来解读；我们的第二个解读，是把它当作经济学的故事；第三个解读，则是把它当作你们在杜克最后日子的故事。

先让我们把它当作一个简单的管事故事。它有四出。在第一出，我们看到一个非常富有的人和一个管事，同样地富有，因为他可以使用富人所有的一切。我们很快在第二出里看到，富人听说他的管事浪费他的钱财后，马上解雇了他。我们要警醒，现在这个世界，人们可以根据不实的看法而随意解雇经理。不过，经理在清理好他的办公室，把桌上他家人的照片带回家，他的手下同情地拍拍他的后背之前，他抽时间访问富人的所有客户，把账目座实。第三出，经理有了一个聪明的主意。他既不悲哀，也没有雇请律师，他开始消除富人主要债权人的账目。挣钱已太晚，挣取社会资本则正当其时。他开始交朋友，这些朋友愿意和他往来，即便他已去职。第四出，富人和经理直接接触，富人说："这对你真好。你被困一个非常巨大的困境中；不过你乐善好施，就这么脱困了。你明白慷慨是最好的投资。在这一点上我不如你。"

故事很简单，但很吸引人。它讲的是一个伟大的脱困故事，所以吸引人。要讲有关拉比特（Brer Rabbit）、胡克白瑞（Huckleberry Finn）和印地安纳（Indiana Jones）等人如何从困境中解脱的故事，我们从来也不困。我们还津津乐道多克瑞（Sean Dockery）如何在绝境中击败弗吉尼亚理工（Virginia Tech）。但它最吸引人之处还在于它的结尾给人一个电击一般的冲击。如果那样生活是什么样子？如果有一个富人对你说"我觉得你发现了真正财富的秘密——慷慨"，那意味着什么？慷慨就是最好的投资吗？美联银行（Wachovia）听过这个故事没有呢？格林斯潘（Alan Greenspan）听过？

我们的第二个解读，不再单纯是一个管事的故事。我们的脑海中带着更大的问题。让我们把它当作一个经济学故事来解读。在一定意义上，我们看到一幅经济现实的刻板印象。某人有大量的钱。故事要从他开始，是因为他有着所有的权力。其他所有的人，要看跟他有何种关系才显其重要程度。他手下有一个经理。在这经济关系中，你想成为一名经理。你把别人的钱当成是你自己的钱来花。但第二出告诉我们需要了解的此经济之衰败。它被突然的情绪波动、谣言和焦虑所宰制。流言说经理不称职，突然打断，就像那故事一样，他被开除了。没有安置包（settlement package），没有挽回面子的退休聚会——他就这样被踢到大街上。没有工作保障，没有尊重，没有信任。当然，那里有大量的钱流出，但所有人都是富人绳子上的一个木偶。让我们再看看第三出讲什么。经理对自己说：我想知道这是不是唯一的经济运作方式，我想知道在这绝望的时刻，可不可能尝试新的东西。

新的尝试指的都是什么？让我们看看"经济学"一词的词根。经济学是"oikonomia"，这是一个希腊词，用来指家户的管理。"经济学"的意思是把你自己的房屋井然有序地整理好。但要是在令人窒息（cut-throat）的经济中，你失去了家，失去了工作，甚至连衬衫都没有了。仔细听那个管事怎么说："我知道怎么行，好叫人在我不作管家之后，接我到他们家里去。"这难道不是一个有意思的阶段嘛？无疑这太重要了，因为故事的结尾人们重复这句话：接我到他们家里去。换句话说，当我的经济学在蒸蒸日上之时，或许该是向别人投资的时候了。当我的家破产时，或许该是想想其他人的家了。改变经济，正在此时。

这故事里说的两种经济，犹太人和基督徒的经典都各有其名。富人的经济叫作财神（mammon）。只要它还在运转，它就没问题，但问题是它走不了太远。它只涉及某些人，只买某些东西，延续的时间也有限。财神根本就是一种稀缺的经济。这就是不够花的世界。财神的意思是说我必须用我所有的力量确保有限量的蛋糕，至少要在盘子里确保有足够的蛋糕。对另一类经济，就是管事被解雇后的那种经济，也有一个词。

圣经的用语是玛纳（manna）。玛纳是神给旷野里的犹太人的食粮：总是比他们需要的多。一旦他们想一次带上两天的粮食时，它才会耗完。玛纳是给所有人的，给的是金钱买不到的，从不过期。玛纳是富有型经济。这是上帝国的流通货。幸福的秘密就是学会爱上帝给予我们的充足的东西。这些东西的名字叫玛纳。

这故事第三出讲的是管事没有通过压榨人们来生存，而是去和他们交朋友。他看到朋友比金钱甚至是工作更重要。他从财神转到玛纳，从稀缺经济和永远的焦虑转到丰足和无限的雅致。

第四出讲的是什么呢？富人看到管事的经济比他的做得大。用协卡（shekel，古希伯来货币单位）来衡量的富人精明，但他无法定出制胜的招数。他并没有庇护性地说："你是一个恶心的管事，但却是心肠好的伙计。"他说的却是"我发现我的经济比你的小。你才是掌控伟大经济的人。我要向你学"。

权且接受吧。这不是我们熟悉的引人入胜的心灵解放和客啬保守的竞争。这是两种直面的经济。管事的朋友经济就是比富人的债权经济要大。管事离开了富人的经济，他所做的投入在另一方面富裕起来，而这，那富人只能想象。

我们的第三个解读，是把它当作你的故事，你在杜克的最后一个周末的故事；你即将离去，去做一名睿智的经理。让我们一起回到第一出。你就是经理。你就如那管事，曾靠着他人的钱，你的父母的，或者财政资助的，或者美联银行的钱，负篚杜克。我们这就突然进入第二出戏，就是清算那天。你将被抛出这个温馨的思想的世界、你曾求学的、参加体育运动和聚会的世界，哥特式的人间仙境，你将面对第三场景冰冷的、严酷的现实。在这一出，你会有一个根本的选择，这故事讲的就是这个选择。如果你还没有领会，我就简单明了挑明吧：傻瓜，那是经济。你面临的选择就是：你要生活在哪种经济里？

你会生活在小经济里吗？这经济只要它还能运转，就没问题，但不会走得太远：它只涉及某些人，只买某些东西，延续的时间也有限。一种焦虑和稀缺的经济。或者，你会生活在伟大经济当中？这经济操弄财富的唯一目的，是去结交朋友和解放人们，在这里你绝不会无家可归，你绝不会穷困，因为你把时间和金钱都花在交友身上，而他们随时欢迎你到他们家去。一种富足的经济，而慷慨是其最好的投资。这种经济将会是什么？如果你生活在小经济中，你将终生为工作、你的生存、你的名誉、你的健康、你的家庭乃至你自己的生命而担惊受怕。如果你生活在伟大的经济当中，你不用担心任何事。你将拥有金钱买不到的东西，你将懂得连艰辛乃至死亡都不能从你身上夺走的那些东西。你将学会热爱上帝给予我们的丰足的东西。你将真正生活在富足之中。

如果你做了这样的选择，你就到了第四出戏，所有人都想认识你，向你学习，模仿你。我们可以把第四出叫作末日审判（Judgment Day），但在杜克我们还有其他的名字。我们把这叫作校友周末（Alumni weekend）。我们把这叫作一伙朋友在纽约聚饮，或者是参加葬礼。我们把这叫作在网上悄悄搜索你老同学的名字看看他们都做了什么。多年以前我们用这种或那种方式看待在杜克同在的人们，我们也在字里行间用这种或那种方式发现这些年他们都在哪种经济里生活。当人们开始传言，说你一直都生活在伟大经济之中，就会引起不小的震动，本科生们开始倾听，即便是教职员们都会侧目：他们会一致地说："我们听说在你生活的世界，你把一切都用来免别人的债；你把一切精力都用来解救人们于病痛；你的全部情感都用来振作人们脱离绝望。我明白你的钱不多，但其实你并不需要那么多钱，你周围都是朋友。我们都羡慕你。"①

这个演讲非常流畅和口语化。它巧妙地借一段《圣经》中的话，用比喻的方式，把听众和其中的人物关联起来，生发牧师自己的劝导。宗教的教化功能在这里发挥。不可能所有人都是从不失败的，这个演讲既教给毕业生们面临困境的智慧，也劝导他们走出那种狭隘的人生处境，放开心胸拥抱朋友；他劝导毕业生们要重视友谊，不要重视钱财；要看到远处，不要吝啬于锱铢。

在这种处境下：

> （美国人的）宗教精神在阻碍他们明目张胆地不负责任的搜刮财富。……不但比较穷苦的人觉得有权利要求更平等的分配，即使富人们心中对于自己的财产也会发生不大自然的感觉。我并不想恭维美国人，他们也是人，生活的优裕和安全是大家一样喜欢的，但是在得到了优裕和安全的生活之后，看到

---

① 本文的翻译得到作者授权。此间的联系工作要感谢瑞士的Patric Booz先生。

别人不优裕和没有安全时，有些人可以漠然的，有些人却会感觉到不舒服。在有宗教精神的社会中很容易发生第二种人。（费孝通，1985：114）

我相信，2006年杜克大学的绝大部分毕业生都聆听过这个讲演，然后他们悄然离开校园，奔赴各自人生旅途的远方，带着牧师的话。多年以后，当他们在各自的角落发挥"伟大经济"的力量时，像杜克大学这样的教育机构将迎来新的捐赠高潮，社会也得到回报："他们的富人会自动把大宗款子放出来，请了人来经营，专门去寻社会事业来做"，设立各种基金支持大学、研究机关和医院等公益事业；"他们若完全是为自私的动机，成立社会事业的基金，似乎是太蠢了"。在费孝通看来，这种社会工作和救济事业，已经做到对现存不合理秩序"不承认"主义的初步（费孝通，1985：115）。

1903年，梁启超在游新大陆后，记述当时纽约慈善事业的大概：

公立 28 常川救助 67 特别救助 51 救助废疾 16

传道会附属救助 49 医院 101 教会附属救助 590 改良事业 16

临时救助 83 相互救助 78 救助外国人 26 杂类 183

每年的救助额在千万元以上。（梁启超，1981：45-46）

梁氏对钢铁大王卡内基称道有加，他认为："其所以为世模范者，不在其能聚财，而在其能散财。彼常语人曰：'积资产以遗子孙，大丈夫之耻辱也。'于是定计，将其有五万万美金之财产，务于生前悉散之，分布于社会之自助者，务使得其所，毋失其宜。"

（梁启超，1981：94）

　　一般来说，私立大学校长的年薪要比公立大学（其规模一般而言要比私立大学大）校长的年薪低，1989—1990年度北卡州和南卡州28所公立大学校长的平均年薪是97250美元；而54所私立大学校长的平均年薪是84139美元。（BSS，1991）但个别是例外，杜克大学校长就是个例子。比如1987—1988年度，杜克大学校长、精神病学家布罗迪（Keith Brodie）的薪水是198000美元；1988—1989年度，他的薪水达到214456美元，这个数比哈佛大学、耶鲁大学校长的工资要高，但比宋耀如曾就学的范德比尔德大学校长的年薪要低。根据《美国高教年鉴》的统计，在全美24所排名最前的大学校长年薪中，他的排名是第10名。（BST，1991）1989—1990年度，布罗迪的年薪增加24.4%，达到266750美元。1990—1991年度，布罗迪的年薪两次加薪，增长到315000美元。（BSS，1991）

　　要知道美国人最忌讳谈论个人的收入，当媒体和公众开始关注一个富人的收入之高，并大肆公开其收入数时，意味着什么呢？他是财神还是玛纳呢？他是受上帝拣选还是遗弃的人吗？他要做吝啬的富人，还是乐善好施的、聪明的经理？公众在关注着。1988—1989年度布罗迪捐出78250美元给杜克大学，这还不包括他在校外的慈善捐赠。那些资金用到杜克大学的体育奖学金，翻新东校园的建筑，杜克大学艺术家系列以及杜克大学教堂等（BRO）。1990—1991年度，布罗迪捐出100000美元用于慈善事业，其中75000美元是给杜克大学的。（BSS，1991）布罗迪自己说："管理阶层工薪的一个好处，就是它能让人以对方所需的财政资助的方式，帮助像杜克大学这样的非营利性机构。"一般来说，大学校长还享受免费的住宅和使用大学的小车（有的还能在学校的咖啡厅免费用餐），但这些布罗迪都没有；他本来可以住在学校树梢路（Pinecrest Road）的校长客房的，但那要用来开会和接待来访的贵宾，校长本人则住在他的私人住宅（BRO）。

我注意到张德彝用"义社""义学"等来定义美国的慈善机构，我想这不是偶然或错误的。我们认识他者能用自己的语言，那是因为我们有类似的体制。实际上，传统中国的各种社会和文化慈善机制并非少数，而是一种普遍性的和内在中国文化的设置。问题在于清季民国以来的反传统思潮和社会运动（王铭铭，1996），遂使得这种机制逐渐淡出社会生活。如果看不到这一点，我们依旧会重复许烺光等人类学家（更不用说人类学家以外的各种"家"）曾得到的结论和期待，徘徊在19世纪的进化论和近代传教士的西方中心主义思想之间。我们借讨论杜克大学的机会，看到我们近百年来新传统造成的问题，并进一步让我们看到文化整体论后面"他者"的力量所在，使我们不会一叶障目，或者管中窥豹只能见一斑而不见全部，或者不会如盲人摸象那般。

在美国文化中，布罗迪校长不过是实践了韦尔士牧师所宣传的玛纳而已。这两种观念竞争是人们追求基督信仰理想的结果。问题的关键是这种基督信仰的理想能得到社会机制（比如税收和媒体）的佑助，从而得以保证富人们不会走向被"上帝"遗弃的地步。

## 筹资个案

让我们通过一个具体计划个案，考察杜克大学如何筹资。这次筹资运动是孙佛任上开展的，留下一份筹资运动小册子《杜克：而今迈步从头越》（*Duke：To Cross a Threshold*）。孙佛在前言中说：

> 建设伟大的大学是没有终结的。杜克大学为艺术和科学而开展的筹资运动，是到目前为止我们所遇到的最严峻的挑战。我们必须从头跨越，以达到21世纪我们对杜克大学的期待。我们将接受这超乎寻常的挑战，因为我们有教员们的想象力和精力，有我们的学生们的贡献，有校友、父母和其他朋友的爱校之心。杜克大学是美国最出色的大学之一，她必须不轻易满足于既有的成绩，相反要证明她有能力展望可敬的和卓越的未来。我邀请你分享我们的期待，和我们一道确保杜克有能力实现这些期待。（DTC，1984：1）

在小册子的环扉上，有这样的文字：

> 为艺术和科学而开展的筹资运动在杜克大学历史上标志着一个决定性的时刻：在建校差不多60年之后，杜克大学现在寻求的不是别的，而是确保她下一个60年的卓越和成长。
>
> 这次筹资运动是史无前例的。其目标是2亿美元，差不多是目前捐赠的两倍。这个史无前例的目标还不包括詹姆士·B.杜克的奠基基金。这一决策极可能在高校的一次性筹资运动中也是前所未有的。所得捐赠将完全用于艺术和科学。这果决地承诺了大学的未来及其智识核心。
>
> 只有所有相信杜克大学使命的人参与进来，筹资运动才堪

与此唯一的机遇相匹，才能重新确认杜克站立在美国教育机构的前沿。

该小册子一共46页，绝大部分是图片，包括杜克大学著名的学者、建筑和学生学习的照片。这些著名的教授包括历史学荣退教授哈罗德·T. 帕克尔（Harold T. Paker）、地理学教授欧伦·H. 皮克（Orrin H. Pilkey）、历史学教授安妮·斯科特（Anne Firor Scott）、约翰·富兰克林（John Hope Franklin）、生物学教授尼古拉斯·吉尔汗（Nicholas Gillham）、英语教授雷罗兹·普赖斯（Reynolds Price）、艺术学副教授罗娜·哥汾（Rona Goffen）等7人，每人占两页的篇幅，其中奇数页的上半部分是该教授的筹资语录，下面是教授的简历，面对的偶数页就是其肖像。这7人想必是誉满美国，故能出来代表杜克大学在该领域取得的成就，其中历史学教授竟有3人，足见杜克史学的成就之大。

第17页是杜克大学副校长（Chancellor）布罗迪的筹资语录。他说："杜克大学已经启动为艺术和科学进行捐赠的筹资运动，为的是提供给那些追随者，使我们的毕业生们曾得到的同样的机会。这些校友们为学校争得了荣誉，为其教员感到骄傲，并为杜克拓展了卓越的国际声誉。我们在任何时候都必须赠予。"

从18页开始，到31页为止，采用偶数页文字、奇数页校园照片的方式。其文字每页一个主题，包括"私立高等教育的生产性""杜克大学的独特机遇""展望艺术和科学""为将来而备战""为艺术和科学开展筹资运动""需要开展运动"和"最好的和最有用的礼物"。在每页主题文章的下面，介绍两位筹资运动相关重要人物的筹资语录，并附照片。

第33页是人类学教授尔尼斯坦（Ernestine Friedl）筹资语录；第34页开始介绍具体所需资金，其中为支持教员所需，需捐赠6000万美元，其中用于"著名教授"每年是100万美元；"发展教员学者"每年50万美元；"访问教授"每年40万美元；"研究理事会资助"包括"风险资助"每年2.5万美元，"旅行资助"每年2.5万美元；"设备资助"每年10万美元；"教学理事会资助"每年200万美元；"课程发展资助"每年1万美元。

该年杜克大学有教员1400人，其中在艺术与科学领域有20名"詹姆士·杜克教授"，另有17名在其他学院，30名"指定职位"（named chairs）获得者，总共67名，比率是1：21；这个比率远小于美国主要著名大学的平均数。杜克大学希望把这个比率增加一倍，在艺术和科学领域比率甚至要更大。这是计划中最花钱的部分。（34页）

为研究生提供的资助计划是4000万美元。其中包括"命名奖学金"每年25万美元；研究生研究和旅行资助每年1万美元。他们认为研究生代表着学术世界的新鲜血液，他们将是下一代的学者和教师、未来的知识界领袖。杜克大学不考虑这些人毕业后完全可能跟杜克大学再没有任何关系，他们考虑的是培养第一流的研究生，但有几条实际的资助理由：他们会参与并经常促进高级别教员主持的研究项目；在所有学科里，他们是新思想、新技术的源泉；研究生在培养本科生过程中起到关键因素（如指导本科生）。杜克大学当时有1000多名研究生，每年所得总资助是400万美元；这个数远低于美国其他大学的资助数额，而他们的付出则远大于他们所得。（36页）

　　奖学金资助计划总的需要捐赠5000万美元，其中全奖（Full Scholarship），包括学费、薪金、教育投入，每年25万美元；全免学费奖学金（Full Tuition Scholarship）每年10万美元；冠名的奖学金资助每年2.5万美元；学生贷款资助（Student Loan Fund）每年1万美元。杜克大学的学费要比其他领头的私立大学学费要低1000—2000美元，[①]但实际能获得的财政资助有限，所以对贫困者来说这不过是杯水车薪，而且需要财政资助的学生人数急剧上升。要想使杜克大学具有竞争力，就必须招收最优秀的学生，就必须和其他大学竞争优秀的生源。20世纪80年代初选择杜克的优秀学生非常少，他们都选择别的大学了，尤其是财政资助没有保障之时。另外，当时大学学龄人口在减少，更加剧各大学的竞争。所以在这次筹资运动中，杜克大学提出只要是优秀学生就先招收，再来百分之百地满足已被接受学生的资助需要，这资助则绝大部分来自学费。现在它要通过扩大捐赠数额来获取利息，用利息来资助学生。（38页）

　　图书馆计划获得2000万美元的捐赠，包括1000万美元用来增加图书馆藏书；100万美元用于补助"图书馆员"；每年10万美元用于技术发展；"获取资助"（Acquisition Funds）每年1万美元；丰富图书馆计划（包括演讲、访问馆员）每年1万美元。当图书馆资料费每年都在上涨的时候，这笔资助非常必要。（40页）

　　新的捐赠计划是2000万美元，包括丰富各系项目、各种学术会

---

　　① 1991—1992年度，美国一些大学的本科生学费情况如下：普林斯顿，16570美元；耶鲁大学，16300美元；斯坦福大学，15102美元；哈佛大学，14860美元；杜克大学，14700美元；莱斯（Rice）大学，7700美元。北卡州的学校收费，州内学生，774美元；州外学生，3321美元。1992—1993年度，杜克大学的学费上涨到15700美元。资料来源：TNO.，1992：11A。

议、出版和旅行费用，800万美元；跨学科研究和教学计划，400万美元，这其中又包括交流和远程通信、保健和公共政策，自由艺术和工程，计算机数码识字和技术支持以及写作；各中心和研究所，8000万美元，包括老龄和人类发展中心、杜克大学出版社、跨学科计划资助、艺术研究所、政策科学和公共事务研究所、国际研究中心、海洋试验室和灵长类中心等。（42页）

学生生活捐赠计划是1000万美元，包括访问学者的住宿，50万美元；咨询项目，100万美元；戏剧和表演艺术群体资助，200万美元；博物馆，500万美元；校内体育项目，100万美元；神学院校友项目，50万美元。当时的领导层认为，大学要使学生有能力发现生活的目的，特别是要使他们有对科学的、历史的、哲学的、真理的渴求，对伟大艺术和神圣文学的渴望，对荣誉和团结的激情。不但要通过在课堂上教学与研究来表达，而且要在生活中达成。杜克大学之所以要提出这个目标，就是反对当时美国国内教育中出现的职业中心化色彩，为学生提供一个宽广的视野。（44页）

46页是对这次筹资运动所需项目的总结。48页是该次筹资运动全国主席弗莱希曼（Joell Fleishman）的筹资语录，他说这次筹资运动为的是保持杜克大学的卓越成就，并把她提升到更高的水平。他说："筹资运动来自一个非常简单的前提：卓越是需要花钱的；杜克大学财政预算中能达成的经济，都已经达成；而学费已经尽可能提高到实际可行的水平。"他认为筹资运动是奠定一个捐赠的基础，把杜克大学的伟大带入21世纪；"如果杜克大学要繁荣，筹资运动就不允许失败"。（48页）

这次筹资运动确实非同一般。在另一个意义上说，这是孙佛校长在即将卸任前领导开展的。他实际上把这个运动交给了下一任校长，后来确定是布罗迪（1985—1993）。2亿美元的目标在孙佛任上不可能完成。布罗迪接任校长以后，这次筹资运动的目标实现没有呢？

## 布罗迪走马上任

布罗迪（Keith Brodie）何许人也？此公1939年8月24日出生于美国康涅提克州斯坦福；1961年毕业于普林斯顿的大学化学系；1965年毕业于哥伦比亚大学内外科学院，获博士学位；1965年7月至1966年6月，在路易斯安那州新奥尔良市奥切斯勒医院实习。1965年至1968年6月就职于纽约市哥伦比亚—长老派医疗中心，任精神病助理常驻医师；此间于1967年与巴布伦姐（Brenda Ann Barrowclough）结秦晋之好，婚后生活尚称圆满，膝下育有四子女。1968年7月至1970年6月，他在NIMH的临床科学实验室精神病部任副主任临床医师（Clinical Associate）。1970年7月至1974年10月，在加州斯坦福大学医学院精神病学系任副教授；期间，1973年5月至1974年10月，任普通临床研究中心项目主任。1974年后，转到杜克大学精神病学系担任系主任、杜克大学医院精神病服务部首席，1980年以后任心理学系联合教授；1981年被任命为精神病学与法学之詹姆士·杜克教授；1982年10月1日至1983年9月30日担任杜克大学执行教务长；1982年7月1日到1985年6月30日，任杜克大学副校长；1985年7月1日，正式担任校长。

1984年底，杜克大学遴选新任校长委员会开始运转，他们用了

8个月的时间，考察了201位申请人。一开始布罗迪并没有申请参选下任校长，但委员会最后把他叫去谈话共3小时，谈话以后他感到这个工作"可能比较让人振奋"。此际他的夫人愿意跟上他参加日渐繁多的社会活动日程，他的孩子们也很兴奋，因为可以拿到更多的篮球赛入场参观券，他的父母也持肯定的态度。根据遴选委员会委员伊索贝尔（Isobel Drill）的话，布罗迪"年轻，激情高涨，乐观，是一个受过较好训练的教育者……他有一个愉悦、有良好教养的妻子和四个孩子……他是达勒姆社区的一名成员……他是一个务实的人……我们不能选一个梦想者"。确实，布罗迪的良好记录显示，他31岁时即在一个获得美国国内奖项的研究中扮演关键角色；40岁接受杜克大学的邀请，谢绝了美国精神健康研究所主任之职，这是他专业领域最荣耀的职位；42岁，成为美国精神病学协会最年轻的主席。在过去10年时间里他编辑或合著三部教材。他常被同事们称为"天才"。（Warner，1985：5）

杜克大学选择布罗迪是在学校行政当局已经决定要提升杜克大学在全美高校中排名到前五之后，"要做到这一点，就需要引进更有名的和更具雄心的教员，招收更多元化和雄心勃勃的学生。要做到这一点，就需要筹资2亿美元，差不多是前60年杜克大学所筹款项的两倍"。（Warner，1985：5）

布罗迪就任之初，即面临筹资2亿美元的巨大任务。要知道，在237年的时间里，普林斯顿大学所筹捐赠的总额才9亿美元，在全美私立大学中排名第二。这次筹资运动开始的头两年，孙佛校长也才筹得3000万美元。他要怎么筹集这笔资金呢？他说："我以前确未曾担此任务，我现在发现有钱给的人们倾向于与众不同，比起其

他人来有更多的保守品性。他们有坚壳啊。"（Warner，1985：5，8）

他要在这里施展个人的本领。一位精神病学教育者说："布罗迪不仅懂得如何抚慰人们，他还身体力行去抚慰。"据说有一次有7名本科生到校长办公室去找他谈杜克大学和校园黑人以及南非的关系。布罗迪停下手头所有的工作，把学生请进他的办公室，和他们聊天一个多小时。他专心致志地听，不时打趣，笑的时候多。这个话题非常敏感，他尽量解释学校管理中一些相当微妙的问题，学校正在努力去应付。学生们深受鼓舞，留下了深刻的印象。（Warner，1985：8）

在他卸任的前一年，所筹资金已经远远超过原来的计划。原来的五年计划是从1984年开始到1989年底，但所筹资金不够，随即便在1988年扩展加入面向杜克大学的更大筹资运动。1989年对布罗迪来说是艰难的一年。从这年初开始便掀起一场前所未有的公众讨论，议题是布罗迪的工作表现。尽管如此，1989年5月，董事会还是通过投票继续聘他。根据新的协议，布罗迪每年春期将继续给一年级本科生开一门心理生物学的研讨课，但秋期不再给高年级学生上课，以抽出更多的时间用来筹资，这意味着他离校的时间将会增多。另一更大的筹资运动是从1988年开始到1991年12月结束，其目标是4亿美元。这个新的筹资运动是对原来艺术与科学筹资运动的调整。到1989年底，艺术与科学筹资运动尚差4000万美元。布罗迪说："这4亿美元将会让所有的单位迈步向前。"这时他做了6个新的筹资项目：

1. 筹资在西校园建一个8000万美元的基础科学和生物技术研究中心。

2. 更新和整合校园的计算设备费应为3800万美元，其中的一半要在5年内完成。

3. 扩充教员，使本科生与教师比由13：1升为11：1。

4. 1989年秋期在西校园完成一座130个床位的宿舍楼，以缓解校园其他地区住房紧张的压力。

5. 办公楼更新计划：780万美元用于更新西校区老化学楼的办公室和实验室；510万美元用于更新东校区的卡尔（Carr）大楼。

6. 1350万到1500万美元投入法学院，160万美元投入更新图书馆的计算机设备。（Newton，1989）

根据《杜克杂志》（*Duke Magazine*）1995年5、6月号的资料，1991年，布罗迪卸任前两年，杜克筹资运动（5.65亿美元），其中包括艺术、科学和工程筹资运动（2.21亿美元）的捐赠完结。（TBY，1995）他在任期间，1989年，杜克大学提供的职位为18265个，吸收了达勒姆地区自美国烟草公司关闭以后的大量闲散劳动力。这个数在美国雇主中排行第一，年支出工资达39600万美元；排名第二的雇主是IBM，提供的职位是1万个。（Newton，1989）

杜克大学董事会每年5月聘任布罗迪一次，聘期为一年。1985年上任时，他就说自己的任期不会超过10年。（Whitlock，1992）1989年时他说自己的任期总共会是7年或8年，而这要看杜克大学在日程表上前行的速度有多快，主要参考的方面包括增加捐赠数额、雇用更多的黑人教员等。（Newton，1989）布罗迪于1993年7月辞去此职。1992年2月1日，董事会在得到他的请辞后，就开始着手遴选下一任校长；后来选定基奥恩（Nan Keohone）的重要原因之一，就是她卓越的筹资能力。

据杜克大学董事会主席巴格说，基奥恩"是一个出众的财务管理人和筹资人，一个精力充沛、思维清晰和雄辩的发言人：对她的机构和高等教育而言都是如此"。（Baugh，1992）基奥恩上任后，媒体立刻将她和筹资运动联系起来，尤其是她在马萨诸塞州威斯利学院骄人的筹资能力更是作为重点。（Folkenflik，1993）到任不到半年，她就确定筹资和雇员管理是工作的优先点。（Saul，1994：1，5）1998年，一篇报道的副标题为"基奥恩校长并不是为监督杜克生活而得酬，她到这里来是为了发起巨大的筹资努力"。（Coleman，1998：5）

## 简短的结论

杜克大学的运作机制似乎更加证明，在美国私立大学里个人被体制所吸引、所改造；一旦个人不能达到体制的要求，他就会被无情地抛弃，或者个人可以主动进取，或者主动放弃体制。

大学的声誉、排名和资金密切关联着学校的运作机制，在杜克大学过去近一个半世纪的历史里，被不断上演和不断证明。这在筹资运动中、主持者的意识里、参与者甚至旁观者眼里都再明白不过地表露着。杜克大学一位研究生说："随着金钱、权力和人们移向南方，杜克大学便也获得了金钱、权力和人们。15年前，没有人会谈论杜克会成为国内前五名的大学。"（Warner，1985：6）

　　本章从那些乐善好施的"财主"出发，以布罗迪校长经历的筹资之艰辛结束，让我们看到筹资者与捐赠者之间的互动，中间通过教堂和牧师的"劝善教育"发生关联。实际上，这个中间环节调节着所有的筹资运动以及筹资者与捐赠者之间的关系。筹资者与捐赠者之间所赖以立足的，都要归根结底到"劝善"的教会机制：它从人的心灵入手，给人指出了证明上帝宠幸的道路。实际上，筹资者和捐赠者之间玩的是一种游戏：通过金钱的转移，他们都以自己的践行证明自己是合于上帝之意的。但捐给谁，捐多少，能获得多少捐赠，从哪里获得，都需要靠个人的能力来达成。个人的能动性得到淋漓尽致的发挥，近代资本主义或者西方文明中的个体主义之兴盛、个人英雄主义之发达也得到解释：总之，它们都是证明个人是否合于上帝意愿的手段。

# 第八章　宗教与大学教育

美国的教育思想受到杰斐逊的影响，从19世纪早期开始就要求宗教和教育分离。问题是：即便从宗教教育当中脱胎，世俗教育实际上还是在原生文化的土壤中发展，只不过将教育的注意力极大地转移到世俗性的题目如科学、民主、艺术和人文方面。对杜克大学来说，从布朗校舍开始修建的那一刻开始，它就诞生于宗教所包裹的环境当中，不仅是外在的，而且是精神上的包裹；它的每一步成长，也和这种包裹密切相关；它要规划的每一个目标，都是在这种氛围下设计的；它所实现的每一个目标，都是在这种包裹当中完成的。

在美国，科学和民主，无论它们走到怎样的路上，都是在这种观念体系之下获得包容和生存空间的。这种空间可能是宗教组织在一种社会空间上的出让（alienation），而这种出让反过来加强这种观念体系和思维逻辑。因此，这种包裹是一种精神的弥漫，是一个过程：从精神到社会再到精神的过程。这个过程中的"社会"，和我在对教堂的分析中提到的"教堂"，具有完全相反的功能："教堂"具有净化的功能，它是整个世界的模型；"社会"则是"精神"的实践，因此最具有分歧性；或者说，它所实践的所有形式才是"精神"的全部展现，包括各种失误、纠错行为和事件。

在一定的意义上，"教堂"等同于"精神"，"社会"等同于信徒。信徒的增加表示"精神"的胜利，"教堂"的社会性扩展。在一定的意义上说，"精神"的胜利需要"教堂"的扩展来明证，"精神"的扩展需要"教堂"数量的增加来体现，二者是成正比的关系。

在这个"胜利"的进程和扩展的过程中，教育发挥了什么样的作用呢？

18世纪初，北卡白种成人居民当中的文盲率为25%。18世纪初期北卡的教育，主要是宗教教育和公共教育两类。宗教教育性院校占有相当的比重。1837年，梅克伦堡县（Mecklenburg County）开设一家教育机构；次年南北卡的长老会开始渗透，命名该校为达维逊学院。1839年，布朗教室正式开办后的第二年，该校的校章规定：教员要同长老派教会保持一致，并且认同：

> 我真诚地相信新《旧约》乃是神的话，是唯一无错的统治性真理和实践。
>
> 我真诚地相信并接受美国的长老派教堂的章程，把它当作神圣经典（Holy Scriptures）教导的教义的忠诚体现。
>
> 我真诚地接受和支持美国的长老派教会的纪律和管理形式；我庄严地承诺，我在这所院校担任教授或者教师期间，不教授任何违背信仰自白（Confession of Faith）中的教义，亦不反对长老派教会管理的任何根本教义。（Chaffin，1950：11）

1853年，师范学院要求学生这样要求他们自己：不饮任何烈酒，不使用任何渎神的语言，避免任何形式的赌博；如果违反上述

要求，将一视同仁，马上开除。（Chaffin，1950：118）

在1851年到1856年期间，师范学院对学生的要求，尤其是宗教方面的要求是非常典型的。所有人都要求参加宗教服务，并且鼓励学生参与；有些人在得到证书以后，开始布道。另外一些人则在主日学校（Sunday School）教课。每周日的早上、下午和傍晚都举办主日学校、布道、课堂和祈祷会。当时的一名学生叫傅一诺（Enoch Faw）的，他说这些布道"好"，"令人尊敬"，"有逻辑性，有创造感"。他有一次写道："我经常想给有罪之人和甚至基督徒传播福音；他们都需要福音。我的想法还不稳定。牧师这个行业对我有很大的吸引力；同样还有政治、法律、文学、诗歌，甚至还有牧业和机械艺术。如果我什么都想知道，什么都想做，我该怎么办？"（Chaffin，1950：122）

1839年，布朗学校首任专任教师、杜克大学的奠基人岳布兰（Brantley York）这样写道：兰道夫县提供了教育机会，他们这样做"完全是出于慈善和爱国；他们相信愚昧和犯错不仅能毁灭宗教，也能毁灭市民社会"。八十五年后，巴克·杜克不约而同地说："教育……近邻宗教，乃是最伟大的文明化影响。"在金威廉看来，这种跨越历史的不约而同表明"教育""宗教"和"市民社会"是协调一致的。学院适当改变以适应变迁的处境，乃是一个里程碑，而"受同样的主导性信念指引"同样重要。（King，1997：2）

下面这个评价非常有趣。1937年，庆祝杜克大学建校一百周年的时候，一个委员斯密斯（B. L. Smith）提议，提名10人和一个未知的导师（The Unknown Teacher）进北卡教育名人堂（NC Educational

Hall of Fame）；1953年，北卡教育协会年会提议再增加两人，其中一人即费威廉。提议的理由包括，费氏"认为宗教和教育乃是文明发展中的孪生力量。谁离开谁都不会让人满意。终其一生，他都对教会的教育政策非常关注。他通过规则（precept）和榜样，通过发展宗教来和教育路线同步，来谋求强化宗教。不仅在他所在地方的教堂，还是在其全国性的触及范围内，他一生的努力是将宗教置于教育的基础之上，用宗教渗透教育。他对教会资助和私人赞助机构进行有效而总体性的领导。在面对南方极端保守、对自由思想的压抑之时，他保持自由的态度，因而极具影响力"。（Few，1953）

1936年，《华盛顿邮报》报道："不只是杜克大学的研究生应该竖起耳朵聆听该校校长费威廉博士的讲话。他说美国院校的产品大多是'次级产品和半受教育的乞丐和琐事行为者（boondoggler）'。在这个前提下，费博士在查塔努加大学（U. of Chattanooga）建校50周年纪念会上说，'现在不是提供更多的教育而是更好的教育'，因为'如果我们国家不能协调卓越和民主的话，合众国就命定了'。不管他怎样比喻大学毕业生的平均水准，他的结论几乎不容置疑。"他提出3个建议改变现状：一是更严格地挑选学生；二是高收费；三是对可造之青年才俊给予更彻底的关注。该报道同时提到，芝加哥大学的罗伯特（Robert Maynard Hutchins）对大学体系的根本困难发起责难，称要学习中世纪的学生需经过7门自由艺术的训练，才能进入医学、神学和法律这3个科目中的任何一科，而不会忘记其他的科目：

他绝不会忘记机体是一个整体，他在社会里生存，在神之下生活。今天……学生们绕着圈，在这里捡一个碎片，那里捡一个碎片，直到……他混完时间为止。没有一个智识的范围或者方法，相信思想就是记忆和投机自负，没有明确的动力，只有谋生的需求，他就成了我们高等教育体制的傲人产物。（FBE，1936：6）

## 大学生行为的文化轨范与规训

杜克大学给每一名毕业生赠送《圣经》的传统，或许是从1853年开始的，当时还是师范学院。柯利文校长在一次赠送《圣经》的毕业典礼仪式中说：

我赠给你们一本《圣经》，作为你们学院教育和学习生活证书的一部分。你们的名字用金字书写在上面。这部书精美、长久，作为一件礼品，我希望它伴随着你，走过你的人生。（Chaffin，1950：132）

对师范学院时期（1851—1856）杜克大学的校规和法律进行分析，或许是非常有意思的。柯利文在学院的目录（catalogue）中，表述他管理学生的思想和方法：

我们有法律和规章，要求所有人遵守，但学生们不应该放任自流，或者仅遵从文字上的法律。我们用所有恰当的手段，个人的、公共的、宗教的和社会的，把每个人塑造成有用的人。……一旦我们发现有学生不做可尊敬的服务，或者他继续留下会变得更糟，我们就要求把他带回家。（Chaffin，1950：137-138）

这些精心制定的条规、法律书写得很特别。所有不正确的行为分成严重违纪（high offenses）、一般违纪（misdemeanors）、和过失（demerits）。严重违纪将被开除或退学（expulsion or dismission）；一般违纪将被批评或者停学（suspension），如果重犯就将被退学；过失会被记录，并会根据所犯错误的程度对学生进行惩罚。以上是第一到第4条的总括性规定。从第五条起就是非常具体的规范。

5.高度冒犯是指未得医师的许可，用任何方式使用醉人的酒类；习惯性地使用渎神的语言（脏话）；从事任何形式的赌博；保存或使用任何火器，或者其他非法的武器；骚乱或者噪音行为造成学院或者社区安宁受到骚扰的；玩闹造成学院或者社区的房屋受到非法侵犯的；粗野或猥亵（gross or indecent）行为；挑战、袭击，或者试图伤害任何人，或者帮助、协助（abetting）、鼓励他人的类似行为的——其言语或者行为造成学院受到侮辱，或者院长的权威遭到蔑视的。

6. 一般违纪行为包括：在教堂里不虔诚的或者不体面行为，对他人傲慢无礼或不尊重。习惯性奢侈；与臭名昭著、品格低下者来往的；结社、组织俱乐部，参加任何政党或集会违反学校规定的；除开学院和伙食账单，开户头或者赊账没有校长明确许可的；校长有号召而拒绝参加的，或者对任何教授有不恭敬行为的；抗拒或者无视学院的任何条规的，等等。

7.过失行为包括：不遵守学校时间，没得许可，离开学院居住区的；上课时间没得到允许而离开学院的；错过点名的；背诵或其他练习缺席的；无视因而没准备背诵的；除开对教授以外，上课时间讲话或者进行其他交头接耳的；除开教授招呼，学习时间离开座位的；礼拜日没有参加学院11点钟的布道的。

8.在被记录之前，如果能向院长提供不可避免性证据的，任何过失都可以原谅。

9.过失的度量：（1）离开房间，或者在学院的晚钟和晨钟之间制造一切骚扰的：8分；（2）离开居住区的：16分；（3）上课时间离开学院的：8分；（4）背诵缺席的：8分；（5）不参加点名的：8分；（5）没有为背诵作准备的：8分；（7）点名以后才进入背诵课堂的：8分；（8）上课时间交头接耳的：8分；（9）上课时间离座的：4分；（10）布道缺席的：8分；（11）存在院长标定从1到40分的任何不当行为的；（12）院长当着全班的面宣布的方式，任何过失都可以赎过。

10.成绩的度量：（1）背诵：1到8分；（2）翻译成英文：1到24分；（3）翻译成经典的：1到64分；（4）善辩：1到64分；（5）论文：1到72分；（6）缺（2）（3）（4）（5），该科目分数将被判成最低；（7）连续两周没有犯任何过失，将给予该生16分。

11.一学期（session）学生的过失分如果达到200分，将通报其父母或监护人。如达到300分，将被留校察看；如果达到500分，将被开除。

12.每学期的期末考试成绩是平时背诵或练习成绩的5倍。

13.评定奖励的时候，所有过失总分将从成绩中扣除。

14.扣除以后，达到80％或以上，每班的最高分将被授予优秀（First Distinction）称号；从60％到80％，将获得良好（Second Distinction）；从40％到60％，中等（Third Distinction）；从20％到40％，及格（Sustained），没有任何荣誉；20％以下，不及格，必须至少留级一年。

学生的操行报告将每六周一次报送学生家长或监护人。

（Chaffin，1950：138-140.）

这些条款会造就规训良好的学生。

## 遴选新校长

关于杜克大学的校长是如何产生的，我们通过一个简单的个案来考察。

自布罗迪校长宣布将于1993年辞去职务以后，杜克大学就组织了一个18人的遴选新校长委员会（the Duke University Presidential Search Committee），主席是约翰·钱德勒（John Chandler）。他说："我们的任务并不容易。正如我们的委员会多元化，由董事、教员、学生、职员、校友和社区代表等组成，所以委员会成员关于我们遴选的优先性的观点也呈多元特点。但杜克的独特之处，正在于我们走到一起，认同杜克对其校长所需的那些根本品质。"
（Chandler，1992）

这18名委员都有哪些人组成呢？且看：

钱德勒，主席、理事会副主席。

斯图尔特（Philip Stewart），副主席、传奇文学
（romance）研究教授。

鲍氏（P. J. Baugh），前官员、董事会主席。

比萨娜（Sara S. Beale），法学教授。

伯顿（Richard M. Burton），前官员、学术委员会主席。

坎贝尔（Jerry D. Campbell），神学院，大学图书馆员、教授。

埃斯里（Julie C. Esrey），董事会成员。

法利塔（John M. Falletta），医学博士、小儿科学系教授。

弗雷泽-里德（Bertram Fraser-Reid），化学詹姆士·杜克
教授。

古德温（Craufurd Goodwein），经济学詹姆士·杜克教授。

希克斯（Douglas Hicks），神学院研究生。

汉森（Edward M. Hanson），杜克校友会会长。

赫德森（Fitzgerald S. Hudson），校友、前董事会主席。

莱恩（William A. Lane），董事会成员。

辛普森（Dorothy L. Simpson），董事会成员。

斯波尔丁（Jean G. Spaulding），医学博士、达勒姆的社区
领导。

托斯特森（Daniel C. Tosteson），医学博士、董事会成员。

维厄（Hardy Vieux），杜克大学学生联合会主席（KNA）。

其中，教授占6名，学生2名，董事会成员7人。但是这18人并不是起着同等的作用，委员会有一个核心。总体来说，是委员会在决定杜克的未来。

按钱德勒的说法，委员会最终一致同意遴选标准，那就是：

我们想找一个人，一个理解并深深承诺服务于这个特殊的研究型大学的目的的人：这个大学深深关注本科教育。这样一个人还要在对这所大学将走向何方的表述中展现这个理解和承诺；这样一个人还要有在所有内外组成群体中代表学校的能力；这样一个人应该是高等教育的全国发言人。我们遴选的是一个有能力确认和建立一个强大的学术和行政管理团队的领袖，一个有能力并渴望吸引财政资源去支持大学学术的卓越和学术雄心的人。

随着我们即将进入承诺加速社会变迁的新世纪，我们的校长必须具备操控一个复杂的组织的能力，并在细心的战略规划和有效的团队工作中及时决策。我们需要一个领导，这样一个领导要认同杜克在其范围和个性之内更加国际化的渴望，要投入地延续我们成为一个学习共同体的进程，使之反映我们民族人口的种族和族性构成。最后，我们遴选的校长不仅要成为成就这些目标的运动催化剂，而且要具备受到整个大学共同体所尊敬的相应的性格和个人价值观。

委员会最后选定基奥恩（Nan Keohane）的原因是什么呢？她"以对支撑这所大学的学术价值的宽广理解、欣赏和赞美打动了委员会的每一个人；还有她对杜克培养下个世纪将充当领袖的男女学生中承担独特的领袖这一贡献有宽广理解、欣赏和赞美，打动了委员会的每一个人。人们说她是'学者的学者''老师的老师'，以及关照性和敦促性的指挥者（taskmaster），总能带给人们最好的结果。在威斯利学院，她领导了美国自由艺术学院史上最大规模的筹资运动，今日威斯利学院拥有美国最大的捐赠。面临校长职位的挑战，她带来的是来自经验的视角，我相信这个视角将保证她和杜克在将来的若干年中取得成功"。最后一点，那就是基奥恩是杜克史上第一名女校长（KNA）。

正如不是每一个人都可以有资格竞选美国总统（虽然美式民主声称每个人都有同等的权利），也不是任何人都有资格应聘杜克大学校长职位。这些标准早在个体能应聘之前就已经存在，它是如此的高，以至于最终的遴选必定是在极小的范围内，并且是在上层阶级内部产生。社会的主导可能是平权式的民主，但是标准是上层阶级的。如果我们再看看另一份档案，结果将更直白。

孙佛担任杜克大学校长长达15年的时间。大约在1985年，他即将卸任，杜克组织遴选委员会时，他对委员会做了一个陈述，就什么样的人能担任大学校长提出38条标准，这些"理想的品性"包括：

　　1.乐观的态度；2.愿意倾听；3.学业标准（必须是获得知名大学博士学位者）；4.智识能力；5.献身于自由教育；6.赞赏学术；7.有关大学的综合哲学（反对有些人把大学当作另一种商

务来运作，杜克大学应该有更宽广的视角）；8.献身于杜克；9.相应的经历（但不一定要当过校长，要细心考察其经历，以便看出他体现出哪些品质）；10.可接触（师生能接触到）；11.热情；12.激情；13.创造性；14.决策能力；15.承担风险的意愿；16.大胆；17.要求卓越（必须坚持杜克大学的卓越传统，其标准和表现）；18.有能力担当代表人（ability to delegate）；19.对他人有自然的信任；20.执着而有弹性；21.直截了当和开放性；22.不固执于己见；23.家庭稳定；24.智慧、公正；25.宽容；26.耐心；27.同情；28.友善；29.沉着冷静，自信；30.不愿意容许不公正、不宽容和压迫；31.作为改革者参与（参与到民族和人类的伟大事业中）；32.对雇员的关怀；33.对学生的关怀；34.对教员的关怀；35.对社区的关怀；36.对公共关系的关注；37.经营意识（要对财务管理负责）；38.幽默感：如果你不笑，便会哭。（Sanford，STA2）

据档案馆的研究人员告诉我，这些标准今天看来有些已经遭到质疑，尤其是"家庭稳定"这一条今天已经不公开提出。2007年4月，北卡大学格林斯堡分校的安奇毅教授曾为我分析这一条，说它可能还包含对候选人宗教信仰、经济收入等方面的要求。[①]宗教信仰并不作为一个公开的考察标准，这一点很有趣。或许这让我们想起一句名言，越是不提，其社会作用越大。

基奥恩在答词中，用相当部分来陈述自己的家庭背景：父亲是

---

① 2007年4月11日，安奇毅（Jamie Anderson）访问成都时于黄龙溪交流所告。

长老派牧师；母亲是得克萨斯州人，新闻记者。后两人供职于夏洛特附近洛林堡的圣安助学院（St. Andrew's College）并在教师和院长职务上退休。（Keohane，1992）

另外，其中的好几条已经明确杜克的校长不是普通人能担任。这些标准可能是孙佛心中最直白的，反映了杜克大学融入更大社会背景中的思想历程；与其说是所谓的民主程序决定杜克校长的诞生，不如说是这些潜在或直白的标准决定。

由于有关遴选过程的档案将在很长时间内封存，我们暂时不可能知道遴选的具体细节，但通过遴选委员会副主席费利普·斯图尔特的致辞，我们发现遴选开始时，需要提名和推荐若干候选人，本人应聘，委员会筛选，包括征询杜克师生、管理者和指导者的意见。费利普·斯图尔特的话非常体现美式"平等"民主的特色：

> 遴选委员会的核心由同等数量的董事会和教员代表组成，这一事实不只象征着在结果上具有同等的投票权，而且象征着对互相尊重和合作决策的承诺，这正是杜克风格的一个基础性部分。我并没有忽视遴选委员会其他成员的重要性，他们包括学生、校友、管理者和社区代表，也卷入到这个过程中，参与杜克的选择及其未来。这是一个共事的美妙团体，18人委员会中的每一个人都作出了自己的贡献。遴选委员会既已自动解散，我要向他们致敬。（Stewart，1992）

# 第九章 韩教准：杜克大学的第一位国际学生[①]

前面我们以美国人的宗教信仰作为其文化的组织逻辑，阐述它在大学中的运作和扩展。下面我们将从文化接触的角度，考察学界尚未予以充分关注的韩教准（宋耀如）在美国教堂的下跪事件及围绕着该事件而展开的事件群及其衍生出来的文化史意涵。本章将尝试分析美国人如何看待他之下跪和他回国后投身于中华国族建构的过程，侧重说明韩教准的个人生命史被两种文化逻辑所形塑以及他个人选择的过程。作为历史本身，他和杜克大学的关系以及他之赞助中国革命，亦处于这个跨文化圈局（context）中。我们认为，中国近现代"革命"来自这种文化接触。

国内对韩教准（1863[②]—1918）的表述一直侧重民族主义的立场，将重点放在塑造他从一个传教士转变为一个资产阶级革命者的过程，在这个过程中，韩教准是作为一个爱国者的形象出现的；当我阅读杜克大学所藏的一些档案的时候，发现美国人眼中的韩教准和我们眼中的他

---

① 本书所用英文材料，全部来自美国杜克大学档案馆所藏有关档案文献，特此致谢该馆及热心的工作人员。本章在撰写和修改过程中，曾与乐钢、王东杰、陈廷湘、杨天宏、梁永佳诸师友交流过，并受到相当的激励，其中尤其乐钢与杨天宏二位先进的评论和指点，让我看见文本的不足与进路。

② 或作1861年，见伊斯雷尔·爱泼斯坦，1992：11。

极为不同。我对此极感兴趣，这种兴趣促使我写出下面这些观点来。此外，我们知道他赞助过孙中山先生从事推翻清王朝的革命工作。可是关于他和美国杜克大学的关系、他为什么赞助中国革命，这些都不清楚。本章希望通过跨文化的分析来回答这些问题。我想说清楚美国人眼中此人是什么样子，他们为什么从这样的角度认同他；他的形象和身份是如何被两种文化所形塑，宗教信仰在其间又起到什么样的作用。

我所说的跨文化（Cross-Culture），通常看来有三种情况，一种是历史学教学乃至研究中善用的比较方法，比如比较日本明治维新和清代光绪朝戊戌变法、比较马丁·路德的宗教改革和宗喀巴的宗教改革等。这是一种虚拟的跨文化关系和跨文化比较。另外一种也是虚拟的做法，是尝试建立一种跨文化关系，比如根据"六鹢退飞过宋都"而论证中国春秋时人发现美洲等。我所说的跨文化关系是一种历史事实中的跨文化关系，它是一种社会事实和文化事实，无须我们这些研究者去建立而存在于彼。我们所要做的，不过是从一种跨文化的视角去分析当时人在当时事中的跨文化圕局。

人类学家专长于这种分析方法。其中，莫斯对诸如身体技术的分析，列维-斯特劳斯（Lévi-Strauss）对美洲西北海岸的神话传播、面具和地理的分析，谭拜亚（S. J. Tambiah）对东南亚宗教接触的研究以及萨林斯对库克船长遇难于夏威夷群岛的分析等，都有可供借鉴之处。但二元的跨文化关系可能有"遮蔽"第三者的嫌疑，所以我们希望在这种二元的跨文化分析之上，提出一种"场域"（field）的看法，用以纳入被双方文化所形塑的人、事和物，此即是说在这个跨文化的场域中，任何人、事、物都嵌刻上了双方的文化印记，在各自的文化象征体系中既属于此又属于彼，既不属于此又不属于彼，因此还带上自身的自主性运行逻辑、有独立自在的历史和生命。

要言之，在跨文化圈局中，对同一件事、同一个人物、同一件物品的理解，可能同时需要从两种视角出发；任何单方的态度、立场和观点，似乎都难以说明双方接触的历史和现实。这即是说不要将其中一方的观点强加给另一方，而是强调对另外一方观点的欣赏，既不是接受，也不是反对。在跨文化关系中这使得考察者能感到超然和清晰，可能考察任何双边关系都是如此。

我们侧重从历史的事实中勾勒出文化的关系，以文化体系的眼光考察和重构历史事实，并以此为基本的线索组织本章，探讨韩教准个人生命史中的五个场域，分别是"名字""爱情""下跪""受教"和"传教"。需要说明的是，除"名字"场域基本上没有用传统的时间线索外，对另外四个场域的论述都严格建立在时间线索之上，以揭示这些场域受两种文化逻辑形塑的历史事实和韩教准鲜活的人生轨迹是如何被两种文化权力的关系所塑造，以及韩教准通过把握、选择这两种权力关系而提升自身的历史。而他之所以出现在中国近现代史上正是这种文化形塑、个体把握和选择的结果。

我国对韩教准的研究，笔者所见、可资引用者甚少，20世纪80年代连若雪的《宋耀如简评》可能是最直接相关的一篇。传记《宋氏家族第一人》多文学性创作，难以恰切印证。有关其子女的各种传记也照例提及他的生世，但极简略。上海地方的有关学者和机构也发表有关宋耀如在上海活动的情况。[①]近来世界韩氏恳亲大会等网

---

① 比如王乐德，1999；李嘉龙，2000。

站也登出一些有关韩氏家族的材料。但这些汉文资料侧重宋耀如在国内的活动尤其和中国革命有关者，凡涉及他在美国的活动则语焉不详，或且多抵牾之处。英文有关的资料较多，其中尤其以杜克大学档案馆的有关收藏和整理比较齐备，但大多只反映美国人尤其是美国教会的视角，且这些资料自相矛盾的地方亦颇多；例外者尤以斯特林·席格列夫（Sterling Seagrave）的专著《宋家王朝》为著。由于国内对这部分资料相当不熟悉，所以本书利用杜克大学的档案收藏，在将资料放入跨文化圌局中，前后左右条析考证之后加以利用，而不直接考证之。

韩教准又名宋耀如，父韩鸿翼，宋代名相韩琦的后人，据说是一位颇有文化的儒商。韩琦有六子，第六子嘉彦，字师茂，生于治平四年（1067），娶齐国公主（神宗第三女）为妻，拜驸马都尉，终赢海军承宣使。宋高宗建炎三年（1129）卒，谥端节。有六子，第三子韩诚，字文仲，生于绍圣元年（1094），历任团练使、防御使、承宣使，孝宗隆兴二年（1164）卒。有三子，次子韩仿胄，字秉实，生于徽宗政和三年（1113），曾任韶州通判。隆兴二年卒。独子韩缙选，字时举，生于绍兴六年（1136），家居雷州海康县，曾任湖州知州，宁宗庆元三年（1197）卒。有二子，次子韩显卿，字灼道，生于绍兴二十五年（1155），曾任廉州（今属广东）知州，于宁宗庆元三年（1197）抱宗谱渡海，定居当时尚属蛮荒之地的海南岛文昌县古路园村，为海南韩氏一世始祖，安阳韩琦第六世孙；①韩鸿翼为二十八代孙，韩教准则为第二十九代孙。②

韩教准出生于海南岛文昌县，三兄弟中排行第二；他的堂舅在波士顿经营茶叶和丝绸生意，颇为兴旺；1875年在爪哇见到韩教准，因为没有孩子，就收养他，并带到波士顿，到的时候是1878年夏天。堂舅的目的是培养他从事茶叶和丝绸进出口波士顿港口的生意，但是他毫无兴趣。几经要求上学不得堂舅准许，于1879年1月的一天在港口码头上闲逛的时候溜上一艘美国海军船加拉丁（Gallatin）号，韩教准新的人生从此开始。

杜克大学的一份档案介绍说明北卡州是怎样和宋耀如有关系的：

> 1880年查理·宋从中国来北卡州威明顿（Wilmington），1881年到达勒姆。他进入三一教堂，并被朱利安·卡尔（Julian S. Carr）③将军和夫人带回家。他在这里生活、上中学和大学，织吊床。卡尔将军让他在三一学院（当时在北卡州兰多夫县，Randolph County）和范德比尔特（Vanderbilt）大学接受教育。他转到（田纳西州）范德比尔特大学是为了接受宗教训练。

> 被北卡监理会（Conference）任命到上海做传教士以后，他

---

① http：//ay.henanews.org.cn/hanshi/ny.asp?ztitle=%E9%9F%A9%E6%B0%8F%E5%90%8D%E4%BA%A6&lbl=111&action=news_fanye&lb=0

② 另有两说：一说为韩锦彝为第二十世，其子韩鸿翼为第二十一世，翼子韩教准则为第二十二世，见http：//www.haotushu.com/book_price/242220/；一说为二十一世祖为韩锦彝，则韩鸿翼为第二十二世，翼子韩教准则为第二十三世，见方芳编，《宋氏家族历史简介》，http：//gb2.chinabroadcast.cn/773/2003-10-24/137@3 34023.htm

③ 卡尔是达勒姆的第一个百万富翁。他经营烟草使得"Bull Durham"牌香烟商标闻名世界。他在杜克大学史上和杜克家族一样扮演着重要的角色。1883年在三一学院院长去世以后，被选为董事；当时三一学院风雨飘摇，在此情况下，1884年，他组织包括他在内的三人委员会负责学院的生存，并投入大量资助。见King，1997：19—20。

于1886年回到中国。随后开办了印刷和出版生意，成了一个有影响的人物。他结婚后有七个子女，他都送到美国接受教育。一个女儿美龄成了中国总统蒋介石的夫人。（HMCS）

　　这一段摘自美国北卡州达勒姆三一联合卫理公会教堂的历史收藏介绍，说明了宋耀如在美国人心目中的位置。根据美国教会对他的认同、任命，我们可以说，宋耀如在美国文化中占有一席之地。

　　尽管1905年宋耀如曾经重访达勒姆等地，但那时他还只是一个曾经和教会有关系的传教士，并没有引起美国人足够的注意。美国人真正重新认识宋耀如是1936年以后的事，尤其是宋美龄按期代表中国出访美国，如何迎合中国政府就成美国外交政策的一部分。杜克大学很快把宋耀如算成它的第一个国际学生，也经常附和政府说这些事。从此以后，杜克大学、北卡州、美国和国民政府、教会、宋氏家族等各方就开始系统地开发这些历史资源，二战期间尤其是一个重要的时期。1943年的一函书信，说明当时宋子文曾谋发表一篇关于他父亲和美国海军船长贾别逊（Eric Gabrielson）关系的文章。（ERH，1943）美国的出版业也将宋氏家族的地位、亲美的态度纳入出版计划的考虑之中。（Elson，1973：121-122）

　　1942年，在当初宋耀如皈依基督教的地方——北卡威明顿的第五大道卫理公会教堂，其建筑的一部分教育楼被改名为"纪念查理·琼斯·宋"，并举行隆重的纪念会。（NCC，1943）这座1921年才建成的建筑，据说是美国新教历史上第一次将主要的建筑用以纪念一位东方人，部分因为宋氏作为教士和该教堂的良好关系，部分因为展示教会内的兄弟情谊。

2002年，杜克大学孙佛（Sanford）公共政策研究所的库克（Philip Cook）在和杜克大学档案员金威廉（William King）的通信中，金说："他从（波士顿）遭受到的压迫当中逃离开，成为一个停靠在威明顿的海岸警卫队的船舱服务员。该警卫队的长官是一个虔诚的基督徒，查理就这样受洗，成为一个卫理公会教徒，并加入比佛（Beaufort）的教堂。卫理公会教徒要求北卡州最著名的俗家富人朱利安·卡尔资助他受教育。卡尔为他在三一学院的学习付了钱。他夏天和卡尔待在一起，享受上层的生活，观察他在商业上的成功。当他回到中国的时候，他太西化和独立，和教会的权威之间有冲突。他不可能成为一个成功的传教士。相反，他成了一个印刷《圣经》的代理商。随着他在其他方面成功的运气，他成为一个富人。……无须说，美国和卫理公会教会和杜克不断地重复这个故事。现在我们的电脑记录忽略了他与卫理公会的任何联系，而这个联系恰恰是这个关系中第一位的原因。"（CJSA4）

1987年，普林斯顿大学神学研究所[①]有一个项目，叫"基督教在中国"，副标题是"美国图书馆和档案馆中的资源之学者导引"。[②]项目指导克罗齐（Archie R. Crouch）一封信发到杜克大学，杜克大学关于宋查理的完整的资料信息就从金馆员手中汇编进不久后出版的书中。

杜克大学图书馆杜克大学档案室将宋氏的资料尽可能搜集起来，包括各种原始档案的复印件、各种著作提及宋氏家族的、各种涉及宋

---

① 即Princeton Theological Seminary。笔者文中对中美间许多情况的了解受益于北卡大学的乐钢老师，对此机构的了解为其一。

② 书名原文为：A Scholars' Guide to Resources in the Libraries and Archives of the United States。

氏家族的通信、电子邮件的打印稿等，差不多有一个函件盒。

2006年中，当我前去档案室，随便问一位工作人员，说："我想找杜克大学的第一个国际学生的档案。"他立刻说："哦，查理·宋。请稍等。"然后他走到另一个办公室，问其他人："你知道查理·宋的档案藏在哪里？"不到半分钟，一盒完整的档案就摆在我面前。

## 从名字认识他者

根据席格列夫的说法，宋耀如的英文名字"查理"是在美国任意改的，而他的中文姓宋（"Soong"）完全是偶然上船时贴给他的。[①]"Soong就成为这个孩子的美国假名。现代史上最有名的一

---

① 据爱泼斯坦说，关于宋耀如英文姓名来历的说法有三种（16—17页）。一种说是根据船上一名军人查理·琼斯的名字改的，这种说法的变种则是一名退伍军人查理·琼斯热心帮助他以后，为感其恩而取此名。这种说法为大多数学者所不用。第二种是据一些中文资料的说法，此乃是韩教准被堂舅收养以后，改姓堂舅的姓宋，名嘉树，又名高升，号耀如，而英文姓来自中文姓。参程广、叶思，2001：11。此说有一定道理，因韩教准的叔父韩鹏翼娶同县宋氏为妻，韩教准后来过继给堂舅（宋夫人之弟），即改姓宋；但改名的过程无法自圆其说，也与下面所说冲突。第三种则为席格列夫所说，其姓名都是美国人按照他们的想象给取的；尤其"韩嘉树"（Chiao-shun；Seagrave，1985：23）之"树"在英文中发音与Sun、Soon极近。辅助的说法则为韩教准回国后，由著名的基督教徒、《万国公报》主笔沈毓桂为他起了中国名和字：名曜如，字嘉澍。曜如者，如日月之辉明也；嘉澍者，加惠济世之甘霖也。后来由于同音转借的缘故，"曜如"或被写作"耀如"；"嘉澍"则被写作"嘉树"。对此，连宋耀如女儿宋霭龄都无法说清楚其父姓氏的来历，甚至说她家本姓宋，其父被韩姓亲戚收养。（前引爱泼斯坦：《宋庆龄传》，第11页／36页注1）本书不考证事实本身的真伪只作文化的解释，故存此以为参考。又中文资料当中亦有"名字旅行"。余醒民、唐继无、高瑞泉等人著《宋氏家族第一人》说，由于他的动作之快往往令人难以置信，他的同学们干脆不叫他的本名查理·宋（Song）而叫他的外号：速（soon）。（1986：58）刘家泉著《宋庆龄传》引此。（1988：6）

个姓居然是编造的。""当船长贾别逊问孩子他的名字时，查理说他的名字是Chiao-shun，对美国人的耳朵来说，这非常像'Chow Sun'，或'Charles Sun'。"（Seagrave，1985：16，23）

宋耀如的英文姓曾用Soon，在英文中的含义是"快""早"；据记载，在三一学院，他很快被大家熟知为"Charlie Soon"，他自己也接受的名字。据说有的学生在介绍他的姓时，问为什么叫这个姓，他说："因为我宁愿早，不愿迟。"（Hann，1943：9）

这并不是他最早使用的英文姓。最早的一个姓应该是"Sun"，出现在美国海军船加拉丁号的花名册上。（USCG，1943：1）

1904年，宋耀如即将重访达勒姆，《达勒姆每日太阳报》在一则报道中把他的名字写作"Soon"。报道标题"即将访问本城"，副标题是"关于Chas J. Soon牧师和他的女儿Alice小姐的事实"。（CJSA3）一看这个标题，没有人会把他们和中国联系起来。

他在范德比尔特（Vanderbilt）大学时的一个同班同学欧耳（Rev. John C. Orr）说，他们都称呼他"Soon"。到20世纪40年代，欧耳在回忆宋查理的文章中依旧把他的姓写作"Soon"。（Clark，1943：20-21）"甚至有些怀疑的是名字的拼写带有一个'g'。"（CSWF. CJSA4）根据《宋查理的罗曼斯》的说法，"Soon Chia-ju"名字中的姓，是他在回国以后加上了一个字母"g"，才成为成为"Soong"的。（Clark，1943：23）席格列夫的说法是宋耀如回国后，感到有压力要遵从中国传统而不是西方风俗，就把它精致化为"Soong"，这是已经被接受的中国朝代"宋代"的英文拼写。（Seagrave，1985：23）这是1892年以后的事。

2006年我前来检索的时候，发现杜克大学档案室的档案人员为

宋查理专盒所编辑的目录中，目录的标题是"Charles Jones Soong
专辑"（注意不是Charlie）。目录中普遍交替使用"Charles"和
"Charlie"作为名、"Soong"和"Soon"作为姓的全排列组合，
有这样一些全排列："Charlie Soon"，比如"Charlie Soon制作的
吊床"；"Charlie Soong"，比如"Charlie Soong的浪漫史"；
"Charles Soong"和"Charles Soon"，比如"第三函 出版物——编
年"部分，目录有"《中国的蒋氏》，科拉克（Elmer T. Clark）著，
（纽约和纳西韦尔：阿丙顿—扣克斯伯利出版社，1943年）。前两
章的复印件：'Charles Jones Soon在美国'和'Charles Jones Soong
在中国'。这确实是原书前两章的标题。所有的排列组合都不是档
案人员的创作，相反，档案人员忠实于原文的拼写，如实地转录到
档案目录当中。而将该专辑命名为"Charles Jones Soong专辑"，杜
克大学档案馆也参与呈现宋查理姓名的角色。

　　实际上，在他的信件中，他既使用过"Charles"，也使用过
"Charlie"；他既用过"Sun""Soon"，也用过"Soong"。这不
能不引起人们的好奇和探索：他的名字到底应该怎么用英文字母拼
写？

　　在杜克大学档案室的档案盒里，放着一张不引人注目的手写稿。
这张只有巴掌大的手写稿很容易被人忽略。因为它上面写的东西实在
太不足让人道，凡是前来查阅的中国人，都会觉得这样的知识不过是
小儿科，我以为在此以前没有人注意过它的重要性。然而，这份小不
丁点儿的手稿，却包含着一个文化认识另一个文明所做的艰辛努力的
一部分。它上面写的是些什么呢？原来是20世纪80年代，杜克大学档
案室请懂汉语的昆斯特（R. Kunst）将"宋"的诸种西文写法写下来，

如下（括号内的中文是笔者的理解和翻译）：

"Soong's family name"（宋的姓）：

宋 Chinese character（中文字）

Song（pinyin）（拼音）

Sung（wade-giles）（wade-giles转写法）

Soong（miscellaneous/traditional）（混杂的／传统的写法）

Soon（Soong's own non-standard translit）（宋自己不标准的转写）

我们已经不能知道当初宋耀如用"Soon"这个英文词做自己姓的替代的时候，经历了怎样的选择和认同过程。但这个有趣的插曲说明，近百年过去了，美国人还在为认识宋耀如的家名而奋斗：在美国人面前，尽管都信仰基督，但文化差异这个关卡还是困扰着这些求知的人们，并且被用无意识的方式确认下来。美国人的这些努力仿佛在提着这些问题："Soon"在中国文化里，到底是怎么写的？在中国的文化里，它有什么样的含义？我们应该怎样用英语字母来拼写？

这份手稿更重要的地方在于，它把宋耀如英文名字的所有拼写法，从我们前面分析的历时的展开过程，转换成了这里的共时变换关系，历史消失了；也就是说，书写系统的共时转换的各种可能性成为历史事件的基础，而这些共时转换则是根据既有历史的各种可能性经验总结而来。在一定的意义上，动态的历史过程和这份共时

性的手稿宛如列维–斯特劳斯所分析的乐谱，在纵向和横向两个维度
上被人们阅读和"演奏"。他最后选定常用的那个英文拼写，除了
这种结构上的可变选择作为基础以外，还有着民族主义、跨文化境
遇等复杂的现实问题在其中。我们因此还需要注意其名字在音和义
之间的对应问题。

　　他的英文名字全称是"Charlie Jones Soong"，缩写省略中间的
"琼斯"。有的说，"查理·琼斯"应该是船上一名准尉的名字，
而不是船长的名字。据美国海岸警卫队的资料显示，那个时候没有
一个船长叫"查理·琼斯"。宋耀如使用这个名，只能看作是他和
这名准尉之间有着不同寻常的交往。但是席格列夫否认这种说法：
根本就没有这个人；花名册上从来就没有查理·琼斯。（Seagrave，
1985：28）有的说法是，"Charles Jones"这个名字是他自己名字
Chai–jui（耀如）在英文中最接近的写法。（USCG，1943：9）[①]如
果说他的名字原来是韩教准的话，从发音上来看，这个声音接近的
说法也说得通。但是，据接受他皈依的牧师罗犒（Ricaud）的女儿罗
萨萌（Rosamond Ricaud）回忆说：中间这个名字，是她的父亲要求
查理加上去的。（Seagrave，1985：27）

　　2002年，杜克大学档案员金威廉（William King）在一次通信
中说，"最近一个校园出版物的引介把我给逗乐了。它追求政治正
确的口味使之歪曲历史。首先（它）使用了一个正确的中文名字，
而不是他西化的名字查理·宋。他离开中国到美国和波士顿的一个
'堂舅'住在一起，并一起干活。我想那时他大约十岁。他已经彻

---

　　① 　席格列夫的观点也支持这个说法（Seagrave，1985：23）。

底美国化了，查理一名对他极其合适。"（CJSA4）

中国名字如何与英文中的名字对应，这可能是一个有趣的问题。除非一个人从小就取一个英文名字，譬如宋氏姐妹；否则单纯用汉字的拉丁转写，就存在一个问题：是音译还是意译？"宋"如果汉语拼音Song，那在英语里就是"歌曲"的意思。用韦德方式转写，那就是"唱歌"（Sing）的过去分词形式Sung。可能比较之下，还是Soong比较类似我们汉语翻译西文当中出现的那种比较好的翻译法：既可以让人容易发音，同时暗示这个写法和英文中的习惯写法是不一样的。

从Sun到Soon，再到Soong，以及名在Charlie与Charles间互换的变化，我们看到宋耀如的英文名字就是这样在历史的短时段里选择、拼合起来，并且被不同的时代和不同地理空间的人组合着；这后面隐藏着一个（美国）文化无意识的作用。在这个英文字母的历时性拼合的后面，有一个华音隐藏在那里，在不屈地发挥着作用，让人感受到在美国表面多样性的姓名行列中，透露出些许的、来自另一个文化世界的、微弱而坚强的声音；也让人看到美国文化认识异文化的艰辛和异文化在美国文化中获得表述的艰辛。

从他英语名字的历时而组合性的写法看来，宋耀如更多地基于自己中文名字的发音，在英语名中找到发音相应的名字。这种音似的努力，就造成组合上的困难，而这则给美国文化通过无意识的组合展示文化的演绎提供了机会。

另外一种方法，就是从小就给取一个地道的英文名字，这是宋耀如在自己的子女们身上实践的做法（如宋庆龄的英文名Rosamond，正是罗犒牧师的女儿的名字）。这种义近的取名方法消除了上述音似带来的困难，带来的困境却是名字的文化文本的置换。也就是说这些正宗的英文名字在汉语文本中缺乏有意义的位置，或者是意义贫乏，但是它却直接连接到英语文本中，并在这里获得丰富的文化定义。

音似和义近，实际上可能是两个文化之间不同指向的故事，但却是这些文化的承载者经验的遭遇。对韩教准来说，这些是千真万确的，尤其是给"Soon"加上一个字母"g"。只有一次例外。那是在1881年6月25日，在写给自己父亲的信中，他将自己的中文名字的英文转写和英文名字并列使用，将英文名放在中文名的后面。中文名的英文转写是Hann Cardson。（Seagrave，1985：34）

从"韩教准"到"Charlie Jones Soong"，再到"宋耀如"，这个近代风云人物的名字的旅程仿佛诉说着一个文化翻译在文化之间游历的曲折故事。我们还是重提一下科拉克书中所用的两个精彩的章节标题（前引）：在美国为Soon，在中国则为Soong；一"g"之差，就是另一个文化。

## 跨文化的爱情

1883年韩教准他在三一学院就读时织就一张吊床。在离开学院的时候，他把吊床献给他在学院的老师柯利文夫人（HMCS）。多年以后当他的长女宋霭龄出生的时候，宋耀如给她取的名字是"Nancy"，这个名字正是和他关系至为亲爱的卡尔将军夫人的名。（Harrell，1915：10）

有意思的是，另一位女子安妮（Annie M. Southgate<sup>①</sup>）女士，在他生活中曾有过一段故事。安妮（1861—1886）生命短促，只生活了短短的25年。1986年4月6日，《达勒姆晨报》（*Durham Morning Herald*）头版发表专栏作家霍奇斯（Ed Hodges）的一篇文章，把它当成鲜为人知的内情，标题"蒋介石夫人的爹爹追求达勒姆女孩"。

文章说，当时宋查理周围的美国人带着种族意味看待他的，可是他居然向安妮求爱。一百年以后，这个家族的人们还流传着家族内口传的、关于查理和安妮故事，还有他写的那些信。口述的历史说，1881年的四月天，查理扔掉中国装束，剪去长辫，以使自己看起来更西式。他就这样见到安妮，一个脸上长有斑点的女孩，穿着荷叶镶边的女衫。每到周日，他就前来跟她约会。他和她在三一校园里长长地漫步。因为害羞，他鼓足了勇气，采用书信的方式求爱："安妮小姐，我必须坦承我爱你胜过任何一个达勒姆的女孩。"他在田纳西州上学期间还给她寄过照片；回国后他还继续写信，一直到得知她的死讯。这时应该是1886年底，或者1887年初。他在写给她父亲索氏给特<sup>②</sup>的信中说："愿神安慰你的一切，用他温柔的爱和仁慈让你挺住。最后，当我们此生的工作都完结的时候，我们将在没有分离的幸福彼岸见到她。……哦，想起上帝将最甜蜜的花儿剪掉，从我们这里带走，真是伤心。"

安妮逝去后，被安葬在枫林墓地（Maplewood Cemetery）。墓碑呈半月形，躺在一棵漂亮的木兰树下。她的墓附近是这个家族其他已故者的永久居所。

---

① 今天杜克大学南边有Southgate超市区。
② James Haywood Southgate曾担任三一学院董事会董事长。

　　根据《宋家王朝》一书的记载，查理在三一学院期间和另一位女子的关系，使得教会和朱利安·卡尔安排他前去田纳西州入范德比尔特大学的圣经系就读。这个女子名叫艾拉·卡尔（Ella Carr），她的父亲是三一学院的希腊文和德文教授，名叫O.W. Carr，是朱利安·卡尔将军的穷堂兄。宋查理和他及其夫人交上朋友，经常到他家就坐在客厅，听艾拉弹钢琴，直到仲夏的一天他被艾拉的母亲赶出家门并不许他从此再登门。发生过什么已经无人知晓。显然教会对他离开三一学院的说法（为他更好地学习神学）和实际发生的故事是不一样的。[1]

　　在宋耀如的生命中，安妮的故事是如何与艾拉·卡尔的故事交织在一起，实在令人费解；然而事情还有更有趣的另一面。1885年夏，他在田纳西州范德比尔特大学毕业以后回到北卡，被罗犒主教带到他在暑期宗教学校教书的地方华盛顿特区。这里有好多女孩子前来听课。他写信给安妮说："我在华盛顿过得很愉快，尽管我才只认识几个女孩子。他们说是七个女孩对一个男孩，其中有的很漂亮。我爱上了贝尔小姐。你不认为这很糟糕吗？因为我必须将我的心留在华盛顿，人却要回到中国。"（Barnett，1942：77）这位贝尔小姐曾说查理处于非常不利的地位，因为他是中国人，所以她没

---

　　① Seagrave，1985：35－36。在一些中文文章里，关于他的浪漫史，说法大为不同：查理在三一学院就读的时候，有一天，两人有私下见面机会的时候，安妮小姐控制不住自己对查理的情感，向小伙子伸出求爱的双手，以身相许，一心想报效社会的宋耀如却晓以社会责任和家庭责任的大义，暂时严肃地拒绝，并许诺将来合适时娶她，使安妮小姐破涕为笑，和查理狂吻起来；但这时她的母亲却不巧地出现，将这当作丑事，但穆尔上校觉得小伙还是块料，遂送他到范德比尔特大学就读；查理从此打消娶美国女子为妻的念头，埋头读书等。这种对"中国化"的爱情故事的描绘，见程广、叶思，2001：17－18。

有正式和他约会。（Seagrave，1985：43）

回到中国以后，1888年，宋耀如同曾在卫理公会（或说浸礼会）女子学校接受过教育的年轻女子倪桂珍结婚；倪的姐夫即牛尚周，妹夫即温秉忠。走到和自己的国人结婚这一步是不是宋耀如人生的必然，如果看看席格列夫的一段评论，就很清楚：

> 卫理公会教徒为查理一生所设定的位置开始展现出双重标准的紧张。让查理在传教努力的幻想世界里去填补一个角色，这是正确的，也是合适的。如果他愿意去给中国人传播南方卫理公会的福音，他的资助人就会为他提供精简的教育，以及在此期间舒适的吃穿。双方因此都满足自己的渴望。他是他们的象征性的中国人（Celestial），所以他们不得不在这个中国佬（Chinaman）和他们自己的女儿之一间画一条线。（Seagrave，1985：36）

美国政府有关禁止华工与当地女子发生性关系的命令早已有之；而美国横跨东西的铁路修筑完毕后的19世纪80年代，中国劳工已经成为他们土地上的"累赘"，正是美国排华的高潮期，"猪仔"的称呼被白种欧洲人后裔（Caucasian）加之于他们头上。美国国会更是在1882年通过排华法案，各地华人遭到屠杀、驱逐。在这样的背景下我们可以从艾拉母亲的角度做一个设想。在她看来，高贵的白种欧洲人后裔怎么能和"猪仔"拉上恋爱关系？我们就不难明白为什么查理在贝尔小姐面前处于不利的地位，为什么查理会被艾拉的母亲赶出门，为什么尽管查理心存爱恋，这种黄白间的姻亲无论如何也不可能。

## 皈依卫理公会

话说1879年2月韩教准在波士顿政府码头上船以后，加拉丁号船的船长贾别逊让他在船上做服务员，2月8日，设法帮助他正式登记在册。根据《查理·琼斯宋和船长贾别逊》的说法，1880年1月，他完成了一年的服务后，又进行第二次登记；1880年5月，笃信宗教的船长被调到基地设在威明顿港的考尔法克斯汽艇上。7月，查理请求结束在加拉丁号的生活，来到贾别逊的新船上。（USCG，1943）

根据窦杰瑞的《柯利文的一生》（Dowd，1939）第25章"宋查理的故事"记载，船长很喜欢这个闯入者，1880年初夏，当船停靠威明顿的时候，船长将他带到岸上，将他交给他的朋友摩尔上校（Colonel Roger Moore）和查德威克夫人（Mrs. Chadwick）等人，这些人不知如何办，又叫来当时正是卫理公会教堂的主教罗犒牧师。这些卫理公会教徒决定首先和最重要的一步，就是把这个孩子皈依到基督的信仰上来。（Dowd，1939：197）[1]

据美国海岸警卫队的资料记载，船长贾别逊出生于挪威的斯塔万格（Stavanger，Norway），美国内战中参加联邦军队，战后不久即定居在马萨诸塞州的埃德加镇（Edgartown），并在此成为一个

---

[1]　据《宋氏家族第一人》说，船长向牧师说这孩子还没有举行过洗礼时，"牧师兴奋不已，他激动地大声嚷道：'来吧，到我们的教堂里来接受洗礼！'如此英俊年少……竟是一个中国人，而且将在他的手里正式皈依上帝，成为一只温顺的绵羊，他怎么不惊喜过望、异常激动呢？"这虽为文学的想象，倒也符合教士的逻辑。见前引《宋氏家族第一人》，第42－43页。

虔诚的卫理公会教徒（USCG，1943：2-4）；在威明顿港期间，只要可能，他总是到第五大道上的卫理公会教堂做礼拜。根据1942年《杜克神学院公报》的文章《宋查理的浪漫》记载，他对这个聪明的中国孩子很感兴趣，对受保护者的精神方面加以真诚关照。根据公报的说法，船长是"以上帝之手，充当了人类工具，将这个小孩带来接触威明顿的影响，这使得他在1880年晚夏或初秋皈依"。（Barnett，1942：74）

根据一些资料，查理来到威明顿是1880年11月1日。当时的报纸《威明顿星报》（*Wilmington Star*）报道他皈依的时间是11月7号。"当宋到威明顿的时候，玛丽·查德威克女士……18岁。他到达以后的一个晚上，她记得在拉莫茜（Tom Ramsey）女士家中看到他。他陪着琼斯船长和拉莫茜夫人来到第五大街的卫理公会教堂，几个晚上以后，他就是在这里的神坛前下跪皈依。查德威克女士回忆在完成宋皈依的服务后，他和琼斯船长是怎样到拉莫茜女士家中，这个中国孩子是如何与屋子里的每一个人握手，告诉他们每一个人他是怎样找到救主的，他如何想回到中国，并告诉它的人民关于耶稣基督的拯救。"（Barnett，1942：74）

关于宋耀如皈依基督教的具体时间，根据卢希尔的说法，宋查理是在1880年10月31日于北卡威明顿索氏伯特（Southport）的三一教堂皈依的。（Lucier，1995：3）[①]11月7日，同一城市，在第五大道联合卫理公会教堂受洗。玛格丽特（Margaret Harper）在她的小册子《三一联合卫理公会教堂史》中，引述窦希尔（Carrie Dosher）的

---

① 《安街（Ann Street）卫理公会教堂史》居然将他们皈依他的时间放在1868年，见CJSA3。

话："罗犒先生陈述了这个非常有趣的……宋查理这个优秀的中国小伙皈依的事件，他当时是考尔法克斯船上的服务员，短暂停留在索氏伯特港……船上的准尉，在星期天晚上将他带到卫理公会教堂（10月31日，1880年），当时罗犒正在执行一个复活会议。受到圣灵的吸引，年轻的宋氏来到神坛前祈祷。第二个星期天晚上，他在威明顿的第五街教堂完全皈依基督，就这样他把自己和正义的形式连在一起，以后还成为牧师。"

索氏伯特三一教堂的福音传播派主席窦塞特写的《中国文章：考订关于宋查尔斯在北卡的皈依》，结尾写道："在三一联合卫理公会教堂（UMC），通过永在的基督和对那些曾在我们面前下跪的人（其中之一即Charles Soong）的回忆，我们体验我们祭坛的神圣性。"（Dorsett，N.D.）主教哈雷在《惠及一个民族的礼物》中说："上帝用一个海上船长、一个牧师、一个商人将宋查理的足引到命定之路上。"（Harrell，1915：9）

为什么美国的教会非常重视宋查理的皈依？据20世纪40年代的巴克立夫特牧师（Barclift Pastor）说，在北卡威明顿的第五大道卫理公会教堂，基于这个中国信徒的皈依，人们相信："在基督这里没有东和西，没有南和北，只有伟大的爱，穿越广袤的土地。现在东西方在基督这里邂近，南北方相遇，所有基督性的灵魂在他那里和合为一，穿越广袤的土地。"（CJSA3）

在基督教徒看来，世界似乎没有什么地方是能够不在基督的关照范围之内的。"基督"的属性是无所不在、无所不能、无所不知的。无所不在既可以理解为在某个人的生命、生活中无所不在，更可以理解为在世界的每一个角落都存在耶稣基督。而这是需要论证的。论证的方式就是传教，需要传教士的艰辛劳作和传教的成绩（获得皈依者）来说明。耶稣基督的足迹随着传教士的足迹扩展，随着皈依者的增多而展布。传教的阻力越大，说明耶稣基督越需要坚忍的传教士证明他的恩典。

传教的策略无疑是征召那些原住民加入传教士的行列，这确实是上帝"显现自身"最省事最便捷的途径：所有教内的人士都清楚：他们就是上帝之手。据科拉克的说法，"传教士的要求——独特的策略，是把一个皈依的'异教徒'派回去，在他的乡人当中传教——乃是威明顿和达勒姆的教堂、卡尔将军、柯勒温博士以及所有曾经帮助过他的人的驱动力量"。（Clark，1943：23）

项美丽曾说："美国的传教士已经做得很好，但是想想：一个在美国受训的原住民牧师将是多么有用！"（Hann，1943：8）二十多年以后达勒姆当地报纸的一篇报道中的一段话刚好印证这一点："他回到中国，他在那里对教会和代表基督教劳作的传教士们有着巨大的用处。……李德博士（Dr. Reade）在中国充作传教士近三十年后，两年前从中国来这里访问，他高度赞扬查理及其为他们提供的宝贵的服务。"（WVT，1904）

如果说这些资助他上学读书的力量的后面还有一个力量的话，这就是美国的文化象征体系；而基督教则是这个体系的灵魂。1943年纽约的一份电台播音稿更加形象地描述当时牧师们的想法和行动："卫理公会教堂的牧师对这个要求受教育的中国孩子非常激动。他虔诚地相信是神自己派遣这个孩子给他的，以便于他能皈依、受洗并送回亚洲去皈依中国人。随着心跳加快，这名卫理公会的传教士匆忙赶到北卡达勒姆。"（Carnegie，1943：3）这才有了后来的故事。所以，从基督教的角度说，凡有传教士的地方，人们看到的不是传教士，而是上帝在工作。1887年12月，他写给《罗利基督教拥护者》的信中说："形势非常可观。主的精神正快速地行进在通向他的愚昧的人民心中的路上。"（Barnett，1942：78）。传教士们消失了。宋耀如在神坛前下跪，正是"上帝"工作和现身的证明。他们心中仿佛在说：看，这个东方的中国人在我们的神面前跪下了。在他身后，我们将看到成千上万的中国信民跪下来，或许，在最终的意义上，还是整个"民族"。据记载，查理进入兰朵夫县的三一学院后，院长柯利文在宣教当中说："你们到世界各地去，将福音传给每一个造物。"（Clark，1943：18）

据哈雷的说法，卡尔将军家接受查理，"无法估量这个基督之家模塑这个人的性格起了多大的影响。他则通过他的家庭对东方和对世界作出巨大贡献"。（Harrell，1915：10）项美丽在《宋氏三姐妹》中引用赛珍珠的《战斗的天使》说："全美国的教会人士都迫切地集资支持他们的传教士，那些坚定的带着'受招'的年轻人，走出去，去拯救愚昧的梳辫子的中国佬们的灵魂。查理的赞助人一定认为把这个服务生送给他们（教会）是这个神圣计划的体现。"（Hann，1943：7-8）

《宋家王朝》的作者将这个理论说得更清楚：他们去中国，为的是把四千年来给"误导"的事情给扳到"正确"的轨道上。（Seagrave，1985：36）四千年啊。在福音传播者看来，中国的历史从一开始就是错的，因为不符合基督教的上帝的计划。摩尔根在他的《古代社会》一书的结尾说：所有这些进化，不过是上帝总体性计划的一部分而已，而人们的努力不过是实现了他的计划。中国显然不在这个计划之内。中国不是号称数千年文明吗？在这些人看来，全是错的。①

1885年夏，他离开范德比尔特大学前，系主任迪勒（W. F. Tillett）为他安排了一个告别仪式。他在感谢系主任时说："我曾经传过教，在传播耶稣福音过程中，我感到愉快和欢乐。我将回到中国我的人民那里，去给他们传播耶稣的福音，让耶稣的生命在他们当中活下去。"（Barnett，1942：77）

这是基督教的世界观念和象征伦理。

问题的关键也在这里。宋耀如毕竟还是一个中国人，尽管许多英文的资料都说他完全美国化或西化，但是这可能是他们不知道宋耀如还同清政府的官费留学生温秉忠、牛尚周等希望改变中国的其他中国人有着联系。据说宋耀如在波士顿的堂舅的家是当时中国政府送到美国留学的第一批学生们聚会的中心。早年在波士顿，他见到这两个表亲留学生的时候，听到他们谈论的是"美国教育的荣耀，以及受过外国训练的人在故国会得到称心如意的位置"，宋氏深受他们的影响。（Clark，1943：14）

他们就是在这种文化差异性面前，在一种故土的文化理性对荣耀的界定当中，获得追求教育的动力；为一个中国而奋斗差不多是那个时候所有中国留学生的梦想。作为一个中国人，他的身份是在China（中国）和Christ（基督）之间协商而获得的。

---

① 按此逻辑和谱系，最有希望的当数犹太人，四千年来他们的祭祀和血脉从没中断；然后才是耶稣基督一脉；此后当属由此派生出来的其他各种教派。这些都是和犹太人的经典有密切关系的宗教；此外其他宗教及其民族皆属无望之列，即便皈依，也得往后排位。这是一种典型的"白种"宗教中心论。

1881年6月25日，查理在三一学院用英文（他当然不会用中文写信，尽管他会写名字）写了一封信给自己在家乡海南的父亲，说他已找到"拯救者耶稣"："我记得我还小的时候你把我带到一个大寺庙里去拜木头神灵……只要你崇拜，你一生都不会做一点好事。我们从前一点也不知道基督，但现在我发现他是拯救者，无论我走到哪里都安慰我。请把你的耳朵放开，这样就能听到圣灵说什么；把眼睛朝上看，这样就能看到上帝的荣耀。"（Clark，1943：19）此时他的记忆里仍然有家乡的影子，而关注的正是家人。①

此后在范德比尔特大学就读期间，有一次早饭前的祈祷，宋查理起床后，静静地待着，然后说："我感觉些微。我太孤独。离开我的人民太远。在陌生人中待的时间太长。我感觉自己就像一块小碎片顺着密西西比河漂流。但我知道耶稣是我的朋友，安慰者，我的拯救者。"他的那些同学们就只好放弃晨祷，前来安慰他，许诺把他当作兄弟来爱。（Clark，1943：20-21）我们可以把他此时的心境用其身上的微弱的"中国性"之体现来表述，这种心境游移于两个文化之间。

这也是为什么在他先学医后传教和立刻回乡传教上一度冲突的原因。在范德比尔特大学毕业前不久，他通过刚从中国回来的传教士知道医药对他的家乡至为重要，②便希望接下来学习医学以便将来传播"先进的"医学知识，有利乡梓；卡尔将军也支持他。然而南方卫理公会的主教们不同意。一封信能说明这个问题。主教麦克泰

---

① 这封信寄给上海南方卫理公会布道团的负责人林乐知（Young J. Allen）博士，希望他能转给自己的父亲；然而此信一直没有转到。

② 《宋氏家族全传》说是他收到家乡来信而得知医药于家乡的重要性，谬。见程广、叶思，2001：18。

尔（Holland Mactyeire）写给林乐知博士的信：

> Soon希望再待一两年学习医学，以便能更好地派上用场。他的大方的赞助人朱利安·卡尔先生，并非不愿意继续给予他帮助。
>
> 但我们想这个信任他的中国人不应该在他于中国人中劳作以前完全用做工来抵偿。他已经"感受到交椅的安逸"，并且喜欢高等文明的舒适。这不是他的错。
>
> 让我们的年轻人，我们已经倾注劳作的年轻人，开始劳作。将他扔到他的行列中：没有后门可走。对他学习的渴望，我们的信息是：我们已经有传教所需的足够医生，再一个就多了。（Clark，1943：23）

麦克泰尔主教在这里明显撒谎，但是撒谎传递的信息就是拒绝他留在美国，哪怕再多待一分钟。主教舌头下潜在的声音在说：你不属于这里，走人吧。你要是留在这里，我们何必花那么大的精力在"高等文明"里规训你呢？

在1885年11月25日到12月2日，他被接纳参与在夏洛特举行的北卡卫理公会年会。当时的主教麦克泰尔急于派他到中国做传教士，在他的特别请求下，克纳（John Keener）主教在年会期间任命他为执事，随即派他前往中国上海传教，在林乐知牧师手下做事。

信仰的事就到此为止吗？查理在范德比尔特大学的院长曾写过一段话，说明他不怎么相信查理的理由："宋……是一个鲁莽冒失的小伙计，充满生气和乐趣，但不是一个好学生。看不出来他对宗教有什么特殊的兴趣，在传教上就更少。事实上，当他回到中国，他马上就对生意行当感兴趣。那时和他结婚的那个女人绝对比他好。"（Hann，1943：8-9）

大约60年后，美国人还在关心他皈依的真诚问题。1943年出版的一部著作信誓旦旦地声称："绝没有任何理由怀疑宋氏皈依的纯洁性，因为他整个后期的生活和他家庭的记录就是活生生的证据。"（Clark，1943：16）而《北卡基督教拥护者》在同年的《宋氏家族特刊》中为宋氏营商作辩护："他尽忠于他的教会，毕生都是上海中华基督教青年会的忠诚支持者；对一个虚弱而挣扎中的事业来说，他是力量之塔。他在印刷商务上发家，但绝大部分钱财都用于他所支持的事业。孙逸仙博士在古老帝国内推动改革运动的斗争中，他是其最坚强的支持者之一。"（BSC）

哈雷曾说道："他对教堂的忠诚持续不衰。在商业生意和教堂的信徒关系两方面，他都追随着他的美国朋友兼赞助人（指卡尔将军）的足迹。"（Harrell，1915：12）

他的人生故事或者历史，就在故土文化理性、他的个人意愿、美国南方卫理公会教会的宗教使命和中国目标之间展开。①

---

① 北卡州内的教会和中国有特殊关系的还有南方长老会（Southern Presbyterian Church），在江苏江阴办有传教站（1895—1951）。19世纪美国工业化和城市化造成的社会和经济后果促使美国教会对之进行反省，调整自身；其中社会批判派把资本主义的猖獗看作是人类精神重生、实现理想王国的巨大障碍，而福音派学者则侧重从道德教义的立场重新考察耶稣的生平，剥离教会累加给他的神学面貌。这两个运动造成的一个后果，就是社会福音运动，其重要倡导者是美国外差传教士委员会秘书鲁弗斯（Rufus Anderson，1832-1866年在职）。这个运动对海外传教的影响，一是要求传教士介入到当地各种社会工作诸如学校、医院中去，抛弃"启蒙"他者的使命，重视地方教士在展现福音中的独特作用；二是对当地社会进行完全的重建。江阴便是一个例子。参见Kessler，1996：1-3，157-159.

## 既定目标：受教

进入学校读书是宋耀如在皈依的时候就提出来的要求，以便回乡传教。接受他皈依的那些牧师们考虑的是："把一个被拯救的异教徒送回到异教徒当中去，这个想法强烈地刺激着教堂里的善人们。"（Clark，1943：17）经过教会的运作，宋查理被送入三一学院（DFIS）。杜克大学毕业生罗娜写的校史《三一学院史》中提到，1880—1881年，"三一学院目录"的"特别和预备（学生）"中出现这样的字样："查理·J. 宋，中国文昌。"（Chaffin，1950：272）

杜克大学的说法是：当他从波士顿上船，来到美国海军船只考尔法克斯号时正是1880年夏天。在威明顿，船长和他结成朋友，同意他应该接受美国教育。一个威明顿的牧师写信给达勒姆的工业家朱利安·卡尔将军，表扬他的优点。这样他就来到了达勒姆，并于秋天入学三一学院，成为一名特殊的学生。（Chaffin，1950：272）据说在三一学院时，因为善于接近人，适应能力强，人际关系好，幽默，聪明，这个东方小伙儿非常受欢迎。（CSWF）

19世纪80年代初在美国的宋耀如，无疑具有一种冒险的精神。个子瘦小，双眉突出，大鼻子，眼睛炯炯有神；带着中国南方人典型的面貌特征，眉宇间透露着些许焦虑或忧虑的表情。当他离开北卡州时，衣着打扮是典型的美国绅士装束，西装革履，扎着领结；怀表链从胸前垂下，连到左衣内的口袋里；头上梳着二分头的发型，正志满意得。

据他的同时代人窦杰瑞回忆说："1881年当我在三一学院的

时候，有一个中国孩子大约十五岁的在学预备课程，并因为特别聪明和他的种族和白人不同，吸引教员、学生和村里人们的极大注意。他的个子矮，肤色棕黄色，眼睛棕黑色，比起他的种族里的其他人来更少蒙古人的那种眯眯眼。他非常和气讨人喜欢，非常健谈，非常爱玩。我记得在学院大楼的东门前的路上教他跳格游戏（hopscotch）。男孩子们喜欢取笑他，玩各种恶作剧，他却非常温和，充满乐趣，时刻准备用玩笑的方式回应。因为他对英语的理解和使用并不漂亮，所以在学习上进步不大。我想没有一个学生认为他被赋予较高的能力，或者有什么雄心壮志。他显得心情轻松，急于将无穷的精力用来交谈和玩耍。没人认为他脑子里有什么严肃的事情……我只有到55年以后的1936年才知道他是怎样碰巧到三一学院的，以及他离开后发生的事。"（Dowd，1939：196-197）

　　他住在甘纳威（W. T. Gannaway）教授家中，学习和写作业却是在院长兼牧师柯利文家中，柯利文夫人就是他最热爱的朋友和能干的导师。甘纳威是学院的拉丁文导师。教授们同意给他提供速成教育，从英文读和写、拉丁文、希腊文、德文到数学。他们只侧重提高他的英文水平，让他熟悉《圣经》。（Seagrave，1985：31-32）为他提供的教育从一开始就显示出其功利性的特征：让他尽快在基督教的体系里长大，前去替他们传教。他在三一学院的时间有一整个多学年（1881年初到1882年）。据说教授们为了满足他的高要求，甚感吃力（Chaffin，1950：274），对他的成绩还算满意。

　　安排他前往范德比尔特大学就读的院长等人考虑的是他可以在那里，通过接触许多刚从中国回来的传教士，进行传教的训练。后来所发生的事实正是如此。（Chaffin，1950：275）即便在范德比尔特大学，查理常常被人说成是毕业生，并且是以优异的成绩光荣毕业的。实际并非如此。故事的另一面是：为了实现让他尽快到中国去服务于"上帝"的目的，他是被安排匆忙走过整个教育体制的。（Seagrave，1985：40）宗教的目标加上实用理性，就是查理受教育历史的特征。

## 在文化交织的圜局中传教

1885年夏天宋耀如离开北卡回国，到达中国时已是1886年初。他中国话已经不流利。（CCSS，1886）宋耀如从传教的职业中抽身出来是4年以后即1890年的事。（Chaffin，1950：275）他在这段时间写给美国卫理公会的传教报告，或许能说明美国人也只能用没有背叛的虔诚的卫理公会教徒那样的模式来想象他，而不觉察他在中国的生活已经悄悄地改变他人生的轨道。诸如1886年7月参加六牧师集会抗议上海英租界工部局在公家公园（外滩公园，现黄浦公园）挂牌禁止"华人与狗"入内，参加三合会（洪帮）等反清组织、结识并赞助孙逸仙上书李鸿章和进行革命，为同盟会前往美国筹资等。（连若雪，1989：82）此时，宋耀如"不断探索救国救民的道路、渴望着献身革命"（刘家泉，1988：9）；1894年春夏间，结识孙逸仙（陈锡祺，1991：71）并成为其同志（孙中山，1982：229-230）。项美丽在《宋氏姐妹》中甚至用《革命者查理·宋》一章的篇幅来讲述他成为革命者的事迹。（Hann，1941：59-68）他的身份，更在牧师之上，加上了工商业者和革命党人，尤其1914年流亡日本时，被袁世凯以4万元悬赏首级。（JBT，1942）

　　宋查理回国后，他将西式服装搁置一旁，再次穿起长袍，戴起瓜皮帽。1886年10月7日，他在从苏州写给达勒姆的商人索氏给特（Southgate）先生的信中说："一周前的星期二韦尔生主教已经到达上海；现已经前往北京作尝试性旅行。主教可能在月底回到上海，但我们的年会要到11月中才能召开。这个国家这地方天气相当好。今天是星期四，我刚从我们每周的祈祷聚会上回来。南方长老派的传教士们刚在本城开过年会。我们传教会的帕克先生已到日本去结婚，他将于20日回到他的岗位。……在宜昌的罗马天主教教徒给当地的长官和人民带来了巨大的麻烦。哎，他们不过是自找灾难而已。"①

　　1886年7月7日的信中说："苏州将成为我们教堂在这个省的福音传播中心。愿神抓紧时间，这样我们将能从这个地方输送有信仰的男女到中国其他地方数以百万计的人当中，以开创（信仰）主耶稣的令人愉快的高潮。"（Barnett，1942：78）1887年2月4日，在同一封悼念安妮的信中，他写给她的父亲索氏给特，说："昆山是一个围有4英里城墙的城市。包括郊区人口有30万。除开异教徒的不同教派以外，目前我们在这里有3个（原文如此）不同的教派：我们，南方卫理公会，南方浸礼会，法国天主教，佛教，道教，伊斯兰教……请为我和我的工作祈祷。"12月的一封信中说："我们的'中国传道讨论会'已经召开并结束……我回到昆山再做一年。"（Barnett，1942：78）

　　卫理公会内部的矛盾、主教不允许他回乡看望父母、非常低微

_____

① CJSA2。信件原文来自美国北卡州达勒姆镇三一联合卫理公会教堂。

的收入（一个月15美元）无法养家糊口，这些都促成他离开传教士的职业。在林乐知主教拒绝他回乡探母，只许他在中国新年的时候（6个月后）前去以后，他在信中写道："我对这种权威非常不满，但我必须耐心承受。如果我采取冲动的行为，家里的人们（尤其是达勒姆的朋友们）会认为我是一个不忠诚的卫理公会信徒和一个违法的人，所以我像一只老鼠一样保持着安静。但是当时间到来的时候，我将掀掉现在主事者的傲慢权威，不顾他的抗议，他傲慢的权威和对当地牧师的憎恶……我不愿意在他手下工作——我要申请转到日本去。"（Barnett，1942：79）

林乐知个人实际上并不能做主。他传达的是北卡州南方卫理公会主教麦克泰尔的旨意。据说林乐知从来不邀请本地牧师到他家去做客。（Seagrave，1985：41）

当最终决定放弃传教的职业时，他在1892年10月19日的信中说："我离开传教团，并不意味着放弃宣讲基督和被钉十字架的他。……我之离开传道团意味着我将成为我们卫理公会传教团的独立工作者，或者我希望尽可能为传教团做力所能及的事业，而不是在家中依赖教堂的帮助。"（Barnett，1942：79）

来自美国教会内部的这些资料极少提到他从事推翻清朝的事业，或许对致力于改变他人的（美国）教会（Kessler，1996：4-6）而言，这是无须注明的一种心照不宣。这恰好忽略了他作为美国教会传教士和中国人的二元性。刘廷芳的一段话可以稍稍总结这种处境，不过他用的是"融合"（fusion）一语：

　　美中两种文化的融合并非只是知识分子的想象抑或纸上谈

兵，而且是通过动态的个人起作用的巨大力量。

宋氏家族通过他们的个人生命以及他们所赞助的运动诸如造就新政府的民族主义革命运动以及改变人民生活的新生活运动，正是这两种文化融合的活生生的体现。（Lew，1943）

1912年4月，孙逸仙在给李晓生的一份函件中对宋耀如有一段评价，可以说明这种跨文化二元性在他身上的体现："宋君……20年前曾与陆烈士皓东及弟初谈革命者，20年来始终不变，然不求于世，而上海革命得如此好结果，此公不无力。然彼从事于教会及实业，而隐则传革命之道，是亦世之隐君子也。"（孙中山，1982：342；有关考证，见李纾，2001）

爱泼斯坦所著《宋庆龄》一书的高妙之处就在于把宋氏家族的这种二元性描述得淋漓尽致。他对宋耀如所作的一段分析，精彩地呈现出这个历史局面："确实，在他那个时代，他是中国和美国两种潮流的独特的混合物。他是一个爱国的中国人，却又崇拜美国共和国据以建立的那些基本的价值观。这两股思潮既给他注入希望，又使他为失望所打击——在两方面都是如此。一方面，对于落后的旧中国来说，他成了一个热烈的主张现代化的人。因为反对陈腐的君主制度，他成了一个共和主义者、革命者。另一方面，由于反对西方（包括美国在内）那种自以为了不起的优越感，他要使自己的国家和人民在每个领域都赢得完全的平等——而且无疑地能够做到这一点。"他回到上海的早年，真切地是介于"两者之间"，使他倍感苦楚：外国人把他当作中国人，而在上海，中国人却说他是外国人。爱泼斯坦不失时机地把这归纳为民族尊严和西方教养的矛盾。（刘家泉，1988：11，19-23）这个分析精妙地指出这种跨文化处境的二元性：宋耀如用美国文化去批评中国文化，又用自己的文化自尊去抗击西方优越论；从客观上和从长时段来说两种文化都受益于他，而主观上和当下又都对他不满。他则在这种文化的比较中看到双方文化的希望和自己努力的方向，看到自己的优势与劣势、希望与打击并存；他一方面受制于而另一方面则受益于这种跨文化处境。

这种跨文化受制和受益处境直接造成清末民初的民族主义借助外来力量的生长机制；而冲突和受益共在，则在历史过程中逐渐使民族主义占据上风。

孙逸仙本人亦是基督教徒，其早年真正支持他开展革命的，大半来自教会便不足为怪。而民国初年，他则希望借宗教的道德力量来补足政治，促成中华民国万年巩固（孙中山，1997：695－696），是国族主义（nationalism，或曰民族主义）始终占据首位的重要性。其晚年复希望借基督教青年会①带领四万万"倒悬待救"之中国人脱离官僚武人腐败横暴政治，行孔子自立立人、自达达人之美意。②此时他所指的四万万人已经包容国内诸民族如蒙古族、满族、藏族、回族及汉族，仍以民族主义为先、为归宿、为根本。

孙逸仙的民族主义思想和后文将要提及的其他革命者的民族主义思想实在有不同。后者在面临自我和他者区隔的问题时，在将基督教及其信奉者坚决地服从于中华民族国家方面显得更为彻底。

---

① 宋耀如曾创办"上海中华基督教青年会"。

② 孙中山，1997：923－924。此时正是中国非基督教运动期间。参Kessler，1996：67；杨天宏，2005：105－276。

1942年11月1日，在威明顿的第五大道卫理公会教堂举行宋查理纪念楼题献仪式，一名来自中国的基督徒刘廷芳（1892—1947）[①]代表中国官方做报告。在报告的开头，他利用"中国传统"说在中国家族伦理当中，家庭成员不仅包括父亲、母亲及其儿女，还包括女婿，这样就把孙逸仙、蒋介石、孔祥熙等人加入宋氏基督教家族成员当中。他忘记近代以来传教士在中国的胡作非为和充当殖民者工具的历史，将反宗教特别是反对基督教的运动，归于一些海外留学归国的中国学生所传播的反教运动所致。他抨击中国国内那些基督徒在政治场合和公共领域遮掩自己的基督徒身份。有趣的是他说在这种情况下，"宋家采取公开支持基督教的立场"，"宋家的成员，在这些危机中告诉我们，如果根据严格的外在论者的判断来看，无论他们的外表如何对反，他们的内在生活都是不可动摇的基督徒，因为他们曾经寻求基督徒身份，把获得精神资源当作他们最高的需求和欣慰"。（Lew，1943）他说这话之时，正是二战中国战场需要供给和盟友之际。

有趣的是他在报告中提到孙逸仙逝世以后，中国内部就他的丧葬仪式进行的安排。他说：

> 他的去世对他所在政党的精神无疑是一个沉重的打击。那正是需要他的领导的时候，此时中国政界反宗教的影响已达到高潮。丧葬仪式持续好几周，所有的政党和派别都希望对他表示敬意。宋家和宋博士有名的儿子孙佛（Sun Fo，原文如此；

---

① 此人担任过《生命月刊》主干，1922年曾参与回应非基督教运动宣言，见杨天宏，2005：159–160。

当为孙科）希望举行基督教的丧仪，但是这遭到一些党内领
导的反对。他们说举行基督教的丧仪会有局限宋博士人格的风
险，把他当作仅仅是基督徒。他们声称他属于整个民族，属于
所有的派别和信仰。如果举行基督教丧仪，他们说，佛教徒、
伊斯兰教徒、道教徒，以及其他的人，都有权要求举行不同的
宗教丧葬仪式。孙博士自己是一个基督徒，他本人也希望举行
基督教的仪式。这在他们看来并不重要。但是宋家和孙佛博士
一道要求举行基督教的仪式。最后妥协的结果是在孙博士去世
的北京协和医科大学教堂举行仪式，尽管是公开的，但应该被
看作"私人（private）丧仪"，区别于公共纪念仪式，这时不
同群体依次前来参加，在北京一地就持续三周。

这个在美国圈局中的说法，尤其是孙逸仙本人要求举行基督教
葬礼这一说法，在别的地方也被孔祥熙、孙科等人重复，但是遭到
宋庆龄的断然否定，她说这是假的；孔氏等人的说法和做法是他们
听信了别人的劝说，为的是证明孙逸仙不是布尔什维克而行事的。[①]
如果我们把"布尔什维克"看作非基督徒的标志，这等词语当然不
能出现在威明顿教堂。

不过，刘廷芳谈到在举行宗教仪式两小时之前，国民党内部还
在彻夜地激烈讨论允不允许举行基督教葬仪；而最后的妥协是不许

---

① 前引爱泼斯坦，第六章"广州的变局：1923年—1925年"，第153页注解34，引孙中山的传记作者马丁·威尔伯的谨慎分析认为，孙中山在弥留之际重申他的基督教信仰这个说法"是他的亲属和追随者中的基督徒传出来的"，见第156页；而宋庆龄在晚年则加入了中国共产党。

基督徒特别是传教士宣传员利用这个仪式进行宗教宣传。主持者最后只报道简单的葬仪事实，以免引起反宗教和反基督教情绪。即便如此，据说举行葬仪的时候，许多激进者还是手持砖头行进在队伍当中。（Lew，1943）

## 结论："革命"中的外部人

本章分析了五个场域，分别涉及韩教准人生的五个不同阶段或范畴。现在要说明的是，"场域"仅仅是分析的工具，是对二元性跨文化圜局进行分析的工具，并非韩教准的人生。因此，五个场域仅仅是无尽藏的场域之一小部分被笔者所选中者，我们还可以发现其他的跨文化场域。然而，一旦我们从场域的视角进行分析，我们眼中的韩教准及其家族的形象就改变了，最重大的改变就在于揭示出民族主义和美国基督教文化对韩教准及其家族的形塑以及历史行动者的能动性。在这个问题上，笔者并不是这个分析的先行者，第一个具有二元分析视角的人当属孙逸仙；其后有刘廷芳、席格列夫等人，而进行较全面铺陈的则是艾培（爱泼斯坦）。在这个传统中，笔者只是把这个分析加以学理化，引入"场域"概念而已。

在美国知识场域中生产的这些有关对中国的想象和中国现实之间存在着张力，而中华民族主义对美国基督教及其信徒的想象与需求，和对方的目标之间也存在着张力。这些张力给予历史的行动者以困境和机遇。从韩教准的英文名字、爱情，到他皈依、受教和传教，他未必明白受到这些力量的形塑，或者即便明白，对此也无能为力。不管他的信仰如何，但他却真切地在现实社会中感受到时事的需要：改何名、爱谁、信什么、学什么和如何做，问题的精彩之处就在于他是主动作出选择的，我们可以说他在这种局势中展现了自己的能动性。

我无意说宋代韩琦的后人"韩教准"与"查理·琼斯·宋"的结合（其产物之一便是"宋耀如"），造成中国近现代革命的起源；然而对中国近现代革命的总体诠释不应该离开这两个因素。如果中国近现代革命的起源真是有二者之结合，何伟亚在《怀柔远人》中所暗示的中国近现代革命的起源，则可稍作延伸。何氏之说颇有沉迷于短时段现象之嫌疑而忘却中国文明数千年的深厚底蕴（王铭铭，2004：67），从何氏的观点结合本章的立论，我们可以进一步延伸说，中国近现代革命是一种中国文化内部逻辑和外来文化力量之间交接的产物，而这种交接，用萨林斯的话说，叫作"文化接触"。正如本章所暗示的长时段那样，文化接触自古而然：从中国文化起源之日起，至于今日，它都在发挥作用；不过时代不同，革命的情状则有差异而已。

可以说，韩教准在北卡州威明顿港的卫理公会教堂神坛前下跪，这一行为的全部意义只有在他归国成家立业之后融入"革命"和中国近现代民族—国家建构过程中才充分展现出来。正如他的名字所呈现出来的静态和动态上的跨文化结构性意义那样，其家族史正展示出这种跨文化性的结构来。

简言之，美国基督教内部的视角已经设定，这种视角使他们看不到历史和真实生活的另一面；而中华民族主义的关照，也相当地忽略另一个中心主义的存在：它们都忽略另一个中心是韩教准及其家族鲜活生命的一部分。这两个中心实际上是中国和美国这两个文化象征体系的呈现。在这两个体系之间的宋耀如和宋氏家族是双方的一个接触域，是双方的中间场（middle ground），为我们揭示文化象征体系的互动提供了机会；更进一步说，他及其家庭乃是两个文化体系借以认知对方的途径、互相借以沟通的孔道，好比一副文化的滤变镜，其曲折自不待言。本章通过跨文化阐释，也有助于我们理解他及其家庭的多层面和跨文化历史。

# 第十章　简短的结论：他者的启迪

## 一

我们曾拟专章讨论大学与仪式的关系，但出于诸多原因，放弃了。不过，这并不意味着我们会忘记以下诸点：

杜克大学教堂是社区的公共建筑，原则上它提供给所有人使用、参观。它是日常祈祷的公共场所，也提供给私人作洗礼、婚庆、丧葬之用，举行比如普通的祈祷服务和复活节仪式。同时，杜克大学毕业生的授位（baccalaureate）仪式也是在这里举行。这是该校自1853年以来传承不衰的传统。归根溯源，它是从西欧诸大学那里继承而来的；从殖民时期开始，它就和毕业典礼结合在一起。Baccalaureate指的是欧洲中世纪新毕业生所戴的浆果和月桂花冠。这一仪式表明，尽管美国的私立院校不断拓展，但和宗教的联系依旧保持。2006年的授位仪式，一共有3场：5月12日，星期五，下午5点；5月13日，星期六，早上11点半，下午3点。这是杜克大学历史上的第154次毕业典礼。所有仪式都使用同一个服务指南。期间，布罗德黑德（Broadhead）校长致辞，讲话结束，高唱校歌《让全世界每一个角落都放歌》（作词：Ralph Vaughan Williams，1872—

1958）。

因为观察的时间短，我亲见的若干仪式不能代表卫理公会教堂所有仪式的变化形式。仪式的所有可能性只有在历史的长时段过程中才能展现出来。我把这所有可能性称作卫理公会教堂仪式的总体性，它一方面包括仪式的各种形式，另一方面则指它们渗透到社区信徒的社会生活当中，并起着主导性的规矩作用。

就第一方面来说，仪式的总体性包括日常的祭祀仪式、特殊节日的祭祀仪式、婚丧仪式、庆祝仪式、毕业授位典礼、纪念仪式等。其中教堂的婚姻仪式非常简短。因为是为私人服务，仪式仅对受邀者开放，不允许参观。根据1990年记录的一次结婚仪式，我发现仪式过程大致相仿。后来我在阅读过程中注意到先辈胡适之先生曾在日记中详记他参加一次婚礼时的所见所闻，时间为1914年6月20日。（胡适，2001：305-307）

1941年的毕业授位典礼，也是弗劳尔斯（Robert Lee Flowers）就任校长的就职典礼，于6月2日星期一上午11点在大学体育场举行，而不是在教堂。这一点非常重要：它正是仪式总体性的一部分。该仪式由弗吉尼亚里士满卫理公会主教皮尔（W.W. Peele）主持，期间由荷兰派往美国的牧师娄敦（Alexander Loudon）讲话、弗劳尔斯（Robert Lee Flowers）就职大学校长典礼，董事会董事长布鲁顿（John F. Bruton）上校授大学宪章和印信，以及纽约市的赖斯特（Robert M. Lester）祝贺词等。

这些仪式给予我的第一个认识，那就是纪律。不管是浸礼会的教堂、卫理公会的教堂、圣公会的教堂、长老会的教堂，还是贵格会的教堂、胡格诺的教堂；不管是东正教的教堂，还是天主教的教堂，教徒的行为首先是在教堂里被规范的。

违反仪式，或者在仪式当中出现差错，它的罪过可能不会带来身体的惩罚，也不会招致经济收入上的减少，但是由此招致人们的歧视、牧师们的谴责，社会性的不适应导致自我心灵的鞭笞。灵魂的罪恶感，却是比身体的惩罚、经济收入上的惩戒还要厉害得多。

你不能在别人起立的时候，仍然坚持坐着，尽管祈祷指南上说明要尽可能地起立，并不要求必须起立；你不能在牧师布道的时候，自己跟着自言自语；也不能在大众捐赠的时候，自己抽身退出教堂；也不能在仪式尚未结束的时候，就贸然离开。这些行为上的异端，只能带来社会意义上的异化。

1910年，当新院长准备就职的时候，杜克大学教会的一个规范要求在就职仪式上着学院服（Academic Costume），而其他的场合，下午或傍晚只需正规着装到场。（Trinity College，1910）

第二，我们还认识到，在欧洲历史上，近代音乐不来自民间也不来自宫廷，尽管我相信民间和宫廷对欧洲音乐的发展具有无可替代的贡献。它来自宗教，来自教会，来自有音乐天才的信徒。

比较之下，中国的音乐更具有个人性，这和它生存的士大夫、读书人阶层分不开，这些音乐是为个人的，个人抒情的气氛笼罩着音乐，从创作到演奏。欧洲音乐是和神密切关联在一起的，它是献给神的，比较少个人的关怀。这是和它的诞生环境连在一起的：教堂的唱诗班。

第三，生活和仪式互为镶嵌。观察美国民众的生活，不能离开他们的教堂或宗教仪式；反之，考察他们的宗教信仰，不能脱离普通民众的生活，比如房屋的布局、家内设置和家居生活等。我们可以看到民众的街区居住格局、家屋的设计和陈设等，无不充斥着一种理性的设计理念，无论是从卫生的角度考虑、采光的考虑乃至厨房、卫生间、客厅和起居室、仓储室等的总体布局，都透露着房屋主人和设计者共享的一套理性观念。这套观念离开非理性的或者说不用理性而用信仰来思考的教堂及其仪式，是无法解释的。一般而言，民众家中很少有教堂那样的摆设，反之亦然：教堂和家屋是互为镶嵌和补充的，处在同一个系谱的两个端极。如果我们从任何一个端极考察美国人的生活，必定是片面的。

2006年春期的教学任务结束后，因友人庄思博（John Osburg）的邀请，我利用闲暇访问他正在攻读博士学位的芝加哥大学，住在他租来的寓所里，和他谈起关于宗教信仰作为美国的根本这个想法。他听完我的观点后，说："有两个东西对美国影响极深，一是体育，一是宗教。很多中国人来这里，但是他们不明白这个道理。如果我以后有了权力，一定邀请中国学者来研究美国。"

## 二

本书实地研究所用的语言，乃是英语，在流行英语的国家进行的。与在非英语国度用英语进行的实地研究比起来，本研究在语言上或许能少一些人类学伦理上的自责。在学术脉络上，我尽力将本研究置于中国人类学乃至中国学者既有的论述与研究之流中，或可避免无根之谈和盲目自大之嫌。在学术取向上，本书力图从中国本位和中国价值为出发点，或者以之为皈依，或者以之为比较点，多少避开忘却自己、把自己想象成他人的学术陷阱。

　　本书在具体的研究议题上，若是有所贡献的话，那就是将信仰与大学教育结合起来，在实在的历史过程中，看到它们复杂的交杂、互渗互融关系，普通人与非普通人穿插其间。他们完成自己的人生使命，完成他们的社会—文化设定的人生议题。他们也塑造了自己的社会—文化，正如我们在杜克家族的各位成员和杜克大学的历任校长的故事中读到的那样。韩教准的故事，则将我们的目光引向跨文化的宗教传播议题和其间的文化结构对反的议题，我们得以有机会回到北卡遥远的原住民与欧洲殖民者之间的"白红"关系。

　　本书尚难企及的是徐继畬、张德彝和李安宅诸先生以中国事实作为跨文化比较的基础和参照的对象及参照的标准那一境界，尽管笔者有那样的想法。笔者缺乏对我国诸文明历史与学脉的深度修养，对陶冶古人的那些价值观、思想世界缺乏必要的修读和研讨。这使得笔者的历史知识和有关本文明的知识，停留在一般的水平；这使得笔者缺乏足够的底气和自信，不管是在现实中，抑或是在笔下，都低矮于他们。但这不应该成为笔者逃避的理由，更不应该以此为乐。

　　历史是这本人类学志书的一个基调。北卡从印第安人信仰各种宗教的诸部落的居所，变成以白人为主的英帝国的十三个殖民地之一，再到美国诸州之一，这是必然的吗？北卡州的三一学院必然会走向杜克大学吗？来自中国海南文昌县的韩教准君必然会成为杜克大学的第一位国际学生吗？

　　历史是偶然的。没有这个必然，也没有那个必然，但在这些偶然的后面，存在诸种文化逻辑，供我们理解历史之所以然。

　　芝加哥大学的洛克菲勒纪念教堂（Rockefeller Memorial Chapel）

建于1929年，是模仿欧洲各大教堂而建，用来进行基督宗教仪式。但进入20世纪以后，大学中各种教派方兴未艾；信仰的多样性和多元性与日俱增。基督宗教不再是人们信仰的唯一选择。为了应对这种局面，"为所有民族（peoples）提供祈祷的场所"，教堂的地下室得以翻新，用作芝加哥大学的"跨宗教中心"（inter-Religious Center），并在2004年开放。（Ritchey，2004：43）

这与我们在杜克大学教堂地下室看到的多宗教—教派共存的景象，是多么一致！不用说，洛克菲勒纪念教堂也承担着前文提及的类似功能。从杜克大学的空间建筑中，我们看到宗教信仰为资本指明方向；在机构运转中，看到嵌刻在行政程序中的观念。

芝加哥大学洛克菲勒纪念教堂，2006年

欧洲的文明，源头是"两希"：古希腊和希伯来。前者提供的是人文资源，后者奠定宗教信仰的基石。二者在古代即已融贯在一起。美国声称继承欧洲的传统，我们在杜克大学史中也确实看到这一点。

但美国毕竟不是欧洲。杜克大学也不会重复欧洲历史上的那些大学。

笔者在北卡大学访问期间，曾得机会与当地知识分子聚会和交谈。这些知识分子，白人和非洲裔都有。其中一位是白人，从事物理科学研究。言谈间他谈到不信基督教。我好奇地问他为什么。他说：没有什么理由；就是不信；从小就不信。但这并不妨碍他去教堂参加学术典礼和婚礼。

2007年10月末，剑桥大学人类学系麦克法兰（Alan Macfarlane）教授携妻萨娜（Sarah）女士访问四川大学人类学研究所，笔者陪同游览。期间，他们告知今日英国人信教的情况和美国人信教的情况大不相同。若说主日礼拜，美国人有90％的人在教堂中礼拜，街上人数很少；而英国人则是90％在大街上，教堂中所见仅10％。在他们眼中，这个对比非常鲜明。

2015年秋季，笔者得到国家留学基金委的资助，前往伦敦政治经济学院人类学系王斯福教授那里访学一年。期间得假在伦敦、威尔士和苏格兰各处短暂游历，所见所闻，体验到的氛围，确实与在美国的见闻大为不同。最突出的一点，便是在波士顿剑桥小镇（哈佛大学所在地）的街上，会有神学院的传教士希望在半小时之内让路人皈依他之所信，而在英格兰的街头不会有这种事；相反，声称自己是无神论者的，大有人在。从事现代性研究的英格兰人会深恶痛绝美国的金权政治（timocracy）形式的民主实践，认为全世界只在英格兰才有"真正的民主"，只有他们的自治村落（borough）才是"民主"的起点。

我们若在西方文明和英美历史中去具体地理解英美两国的差异与相似，或许能更多地发现杜克大学的意义，不只在科学、宗教信仰、教育上的意义，还是一般性的社会—文化上的意义。

## 三

人类学总是讲要回头看。你知道了人家的东西，还要回头看看自己的文化，比较一下二者，看看自己的体系。列维–斯特劳斯用"遥远的眼光"来形容这个过程。

中国诸文明传统不缺乏总体性的视角：入乡随俗、时过境迁、注重礼节和相对而成的观念（ སྣ་པ ）等就是很好的个例子。教育被当作文明的象征，可以说我们是一个文明。我们要延续这个看待他人的内在的习惯，有必要从他者的立场，看待包括美国教育体制在内的一切他人的教育制度。

这里师生之间的关系已经被资本主义的市场逻辑和西方文化的理性逻辑定义。老师得卖力地干活。有一个美国大学的教授前往中国某大学教学一学期，每次上课之前心情总是很愉快：原来是要给学生讲课，传授一点"道"。可是他在美国大学一堂课下来之累，面容疲倦，仿佛真的是从战场上下来一般。须知，课堂上选课学生的数量是衡量教授水平和受欢迎程度的不明言的一个指标。

但是卖力干活，让学生读书和作读书报告的结果，是教室成为知识传授、有时甚至是知识增长的地方，特别是讨论课（Seminar）。教室真正发挥教育体制塑造人的作用。

回头看看我们的教育，从他者的视角来反思，还是有意义的。李安宅以儒家宋明理学的立场而对具体宗派采取超越姿态；他曾经说："平心而论，佛教哲理的圆融，回教精神的团结，耶教态度的服务，具有特殊的贡献。站在各教的立场，正宜发扬其本身的优点以矫正其缺陷。"（李安宅，1944：48）以大学教育而言，且让我们回到"服务"这个词。正如前文分析的，"服务"带着基督宗教的信仰意涵。缺乏这一个维度，"服务"就是空洞的，也不会有忠诚。我们现在的问题是衔接传统价值观和所谓的现代化进程中的科层制。李安宅先生曾服膺的宋明理学，尤其王阳明心学，或许是一个选项。

对于我，在杜克大学教书并不简单；这是一个文化接触的事件。从文化的意义上来说，我和宋耀如经历的是两个相反的过程，但最终都发生类似的故事。在美国执教的许多前辈如许烺光和乐钢等，也应该有着同样并且更为精彩的故事。这个接触，触发我去追问"美国是什么"这类问题，并尝试回答，以此回应西方汉学家/中国研究学者如施坚雅等对中国的探索，试图为探寻"中国是什么"这样的问题打下基础。

20世纪80年代中期，李世瑜先生（1922—2010）在费城调查过160座教堂，"这些教堂奇形怪状，都以耶稣基督为最高崇拜，有的创教人就说他是耶稣基督转世下凡。大都念《圣经》，但又各取所需地寻章摘句，再加上符合自己意图的解释以号召信者"。（李世瑜，2007：18，754）

一位美国记者为他写的一篇文章是这样结束的：

　　李教授还说，他相信美国当前的宗教热不仅与人们在一个危险的世界里对确凿可靠的东西日益增长的渴求，而且与时代境况的变迁有关。他说，对怀有不满情绪和正在探索中的年轻人来说，那些传统的宗教没有被证明是具有说服力的或吸引力的。李教授认为，尽管有这么多分裂教派别兴起，宗教将继续为美国社会提供一个重要的道德基础。（李世瑜，2007：754—756）

　　李先生的研究是建立在极为坚实的实地考察之上，遗憾的是他没能出版最终的成果；若出，那一定是非常有意思的。

　　本书的视角可能和李世瑜先生侧重民间的做法和李安宅先生侧重祖尼人的做法稍有不同。我重点阐述一个大学与一个教派的历史勾连，从这里我看到美国文化／文明的组织逻辑，那就是他们的基督宗教。在过去三个多世纪里这个逻辑在北卡州的现实化和扩展过程，既是空间上的扩展，也是内在的扩展：从学科体制、大学制度、资本的运作理念到美国制度等。这个进程塑造了一代又一代美国人的生命史。它通过宋耀如，甚至对中国近代革命都造成不可忽视的影响。也正是在这里，我们看到中国文明进程和这个进程相遇的后果：双向的影响。

　　如果美国是中国的一个情景化的他者，那么在今天，我们应该从这个他者那里获得什么样的启迪呢？李世瑜先生说得好，这是一个科技大国。正如那位记者所希望他表述的，这个科技大国不是脱离自己文明传统而建立起来的。相反，从殖民者乘坐五月花号船到达这块土地上的时候，他们就带着自己身后的欧洲文明传统：是这个传统持续地支持这些流亡异乡的人。现在我们知道它是一个和基督宗教深深纠缠和互融达十六七个世纪的文明传统。如果离开这个深厚的文明，他们将找不到前行的动力、裁判自身行为的标准，找不到心灵的依托，将一事无成。

我看到，我们不可能移植这个文明到中华大地，正如西欧的马克思主义来到中国，最后成为毛泽东思想等。我们自身的文明已经深厚得让我们足以奋进不息，若可以从他山学习到一些有益的教益，当更完美。问题在于我们已经忽视自身的传统有些时候了，我们并且因为这种长期的忽视，而在现在感到亟待回归的必要。或许，我们要敢于承认我们深受两千多年前诸位先贤的教益，和儒释道诸学长期的和因时的开创性延续；在长时段的历史当中，先辈们融合了道教和外来的诸多文明如印度文明，而这些文明大多是和各种信仰联系着的。在我们所言所行的后面，是一个深刻而复杂的逻辑体系，它有雅俗不同的版本呈现出来；并且在不同人身上，有不同程度的表现。这个表现程度是一个复杂的社会过程和社会关系的交结。举一个例子。台湾朋友讲话，总是给人一种文雅的味道；大陆朋友的发言，总是给人一种通俗易懂的感觉，尽管两岸都同时在谈论如何恢复阅读《论语》和先贤孔孟的其他著作，并且是在教育领域。

"遗忘就等于背叛"，这是历史学系的学生常常用以理解和卫护自己所学专业的一句至理名言，它出自列宁。经历20世纪一系列重大事件的中国人，对这句话应该有尤其深刻的理解和痛感。我曾经深深苦恼无法更好地理解陈寅恪先生文字的深意，是因为我无法深入他的思想世界，体味他的"湘乡南皮之间"的议论和不古不今之学。我想，问题出在我们的教育体制，而不能将责任完全归结于我；毕竟，社会比我大。现实似乎常常和历史系学生的期待开玩笑。社会如何记忆呢？英格兰社会人类学家保罗·康纳顿（Paul James Connerton，1940－2019）写过一部很好的著作《社会如何记忆》，说社会是通过建筑和仪式来记忆的。我们要类似地问一句，社会如何让我们遗忘呢？

李安宅先生在20世纪40年代曾经表达对外来文明的期望，那就是充分地本土化，以贡献给外界一个独特的文明类型，而不是完全照搬照抄，甚或崇洋媚外。实际上，吴文藻、费孝通、林耀华、杨成志、杨堃、林惠祥和李安宅等，在不同的程度上，他们的工作都可以列入这项伟大的文明工程。如果离开我们的文明传统，他们所期待的将一事无成。

这便是来自北卡教堂山和达勒姆的教益：我们必得把它们看作一个总体的文化，考察在这个总体下面，美国的社会制度是如何组织和扩展的；我们能由此反观自身，获得一种对于历史的尊重和对深厚文明的感觉。只有基础越牢实，基础越深厚，我们能做出的成就才会越高越大。

# 附录一　我的美国学生

## 课　前

　　原来我接受邀请，前来做访问学者，主要从事教学的初衷，似乎忽略了这种基于文化差异所带来的教育体制上的不同。首先，我得用英语讲课。这一道难关看似简单，也是最基本的要求，实际上困难重重。在教堂山北卡大学的2005年秋期，和我同在一个办公楼的其他中国老师都是给教堂山的学生讲授汉语，而且他们大多是在美多年的研究生或者老师。我要讲的并不是语言课。在乐钢教授的安排下，我在他的"全球化的香格里拉"课堂上讲了四次，感觉非常吃力。在对话中我的英语感觉是够用的，可是要参与课堂讨论，进行课堂对簿，这个能力在激烈的课堂辩论中一试就明显不足。

　　2005年春期，我在四川大学授课，邀请一位当时在成都进行田野调查，生活了相当长一段时间的芝加哥大学的博士研究生庄思博给我的学生讲一次课。这位未来的人类学家用毫不逊色的中文讲他对新富人的研究，我的学生在课堂上给他提许多的问题，他做了许多回答。我自己觉得他的中文已经非常棒，可是讲完课以后，聊天之际，他的一个非常天真的动作让我至今难忘：他做了一个非常小孩般的动作，然后说：要是我的辩论再练好一点就好了。那短暂的时刻我真正感觉到他是我在课堂语言上的他者。

其实我自己并没有感觉到他和学生对答有什么困难，可能那是他自己真正的切身体验。轮到我在教堂山用英语授课的时候，这个感觉一下子就如此真切地冒了出来：它几乎使我丧失在杜克大学授课的信心。

其次是教育体制的不同。美国的教育体制是怎样运作的？它和中国的教育体制有哪些不同？只有当我即将走上讲台的时候，我才感受到这些问题。我学的并不是教育学，可是我得体验和实践学与教的这种差异。这些问题带来的第二个难关，就是如何备课。

我在西藏大学工作的时候，校方曾经多次要求教师课前备好课，并且有时要检查。有的时候要求至少要备好三个星期的课程。这种严格的程度我在国内别的大学很少见到。说实话，这种备课大多只是将内容从教材以某种形式转移到备课本上。我在北大就读的时候，因为那里的很多老师是从海外留学归来的，很多课程的运作带着浓厚的外国教育的模式，但除开一位生猛地崇拜美国经济和经济学的教育工作者曾试图将北大拉向西化的大道以外，老师们还是逐步地，随着年限的推演，将教学模式中国化。

比如说教学大纲，很少课程有美国式的教学大纲。我们学生更多的是带着记录本到课堂上记录老师讲的那些值得记的内容，至于这学期老师要讲什么具体的内容，在第一堂课的时候学生并不知道。有的老师会发一个大纲，但实际上会不会按照大纲的内容讲，又是另一个问题。关于教学上所有的一切，都蕴藏在我们的文化里，被文化的逻辑关系包裹着。

2005年冬天，我在杜克大学人类学系面见李瑞福（Ralph Litzinger）的时候，已经经历了北卡大学的课堂教学。如果说我原来还有自信的话，对于2006年春季学期的课程我已经基本没有把握了。我们在他的办公室一起讨论了教学提纲。这种提纲在美国非常普遍，但在国内少见。我必须把每一周讲什么内容，需要学生阅读什么材料都写清楚，而且还要为学生准备好。我记得有一部分我只是罗列需要阅读的材料，李瑞福就要我将它们分入按周计算的大纲里。这个我从没学过，我必须边学边教；一时间感觉自己还是一个小学生，美国文化和教育体制上的小学生。

只有当我一下子进入另一个教育体制的时候，这种文化逻辑对教育体制以及对所谓"先进"和"落后"论题的包裹，才真切地呈现在我面前：我必须在美国的文化和社会体制上去理解美国教育体制，而不是在认为我们"有恙"的时候，随便从他们那里学一点当作济世良方。

我们在讨论大纲的时候，李瑞福突然问我："有电影吗？我没有看到大纲里有电影。"这个提议让我后来上课的时候，减轻许多本来会有的备课重担。于是我重新设计，将几部电影和纪录片加入大纲。对我而言，这个设计有一个最直接的好处就是，有好几次课不用那么累地备课，学生也感到很放松，课堂讨论的效果也很好。

我设计用两次课的时间看一部电影《高山上的世界杯》，这是一部关于印度寺院的小僧侣们在1998年观看世界杯足球赛过程中的故事。英文版的宣传是"佛教只是他们的宗教，而足球才是他们的哲学"。电影的英文名字是"The Cup"，直译即"杯子"。"杯子"在藏语中既可以指喝茶用、吃饭用的杯子和碗那样的器物，也可以指世界杯这样的奖品。这是一部非常有趣的电影，极大程度上抛开了政治论战，而注重从佛教寺院社区的角度出发，探讨他们在印度的真实生活中发生的故事。这部片子在美国有两个版本发行：一个是中文字幕，另一个是英文字幕。两个版本都是藏语对白。

我在和图书馆联系购买这部电影的时候，负责购买的馆员相当热情负责地到网上查阅，和我沟通，确认并订购。当时并没有发现两个版本的问题。一直到放映前的一周，我前去借来准备预看。这下子我被难住了：这版是中文字幕。

这让我毛骨悚然。我的学生没有一个人会中文。

怎么办？我做临场翻译？这太不实际，效果也不会好；或者更换别的图书馆已经有的类似电影或纪录片？我迅速查阅图书馆里所有相关资源。这时候我从网络上查到有英文版本的《杯子》（The Cup）在网售的信息。我计算时间以后，发现还来得及。于是自己掏钱迅速购买一部二手的，要求用快件：所用的邮费几近片价的三倍。这是比较冒险的一招：如果碰到懒散的售片者，拖我几天，我的授课计划就泡汤。还好，在预告的放映日期前三天，《杯子》平安到达。

第三个难关，是我对我的学生没有任何了解。换作国内，我和我的学生有着共同的社会—文化背景和大致相同的教育背景，我知道他们对藏族同胞和西藏的各种基本的假设，我会针对这些假设进行讲授，用我的知识和理论。我当然不能把杜克大学里的学生替换作四川大学的学生。他们关于中国的概念是什么？他们怎么看待藏族？他们对西藏的文化假设是什么？对这些进行课堂讲授必需的基本信息，我茫然所知。实际上，真正让我一直恐慌的不是语言，不是教育体制的不同，而是这种无知。

如果说上面这些难关都可以用某种方式克服的话，最大的难关，难以完全接受和克服的难关还在于美国教育体制对师生关系的界定。

春期开始，学生们正式选课。我不知道在美国学生选一位老师的课意味着什么。在国内，每学期都有很多学生来听课，老师在台上讲授。师生之间上下的等级观念是十分明确的。为学生服务？服务，这是什么概念啊！服务意味着贡献，是一种荣耀的事。老师也没有义务为学生准备需要阅读的材料，最多只是指点学生应该阅读哪些材料，然后学生自己动手找材料、阅读。老师代表着知识和权威，是受尊敬的角色。

在杜克大学里，师生之间完全是另外一种情形。学生选课，好比是他们逛超市选购商品，他们选择那些适合他们的东西。老师们是在这个市场上提供服务的。服务是在市场关系的情况下被界定的。我顿时明白，国内翻译移植使用的"服务"一词，在原产地的理解完全和我们不同：你得好好干活，知道吗？！

学生们自然希望学到东西，但他们和老师之间的关系，根本上是平等的，师生之间的协商关系，对话关系是这个关系的特征。师生之间没有那种上下等级界限分明的权威关系。

因为每门课都有一个学生选课人数最低限，低于最低限，这门课就不开了。我对这没有概念，所以不怎么在乎。北卡大学负责项目申请工作的黛安对我说：问题是，如果不开了，他们还付给你钱吗？我想她肯定是对的。所以我在12月打电话问人类学系的教务秘书选课人数，问最低限是多少。秘书的回答让我大为释怀："我们这个系是一个小系，所以没有最低限的要求。如果学生少，我们就要求他们跟你一起做研究"。听到这个有保障的回答，我放心了。

课程的名字，我自己的设计是"西藏作为他者"，李瑞福在前面加了"全球化的西藏"，然后用冒号隔开。我对课程的设计，是从历史的视角，从基于文化之上的文明视角，审视藏文明和其他文明的接触带来的文明转型，从7世纪以前到20世纪。因为乐钢在北卡大学开设《全球化的香格里拉》，基本上是针对现代"呈现"（Representation）西藏的讨论，探讨的范畴还是属于文化接触的中间性的内容，比较倾向于后现代；我希望将我的课程内容落到实地上，从藏文化是什么开始讲起，进入历史部分，中央政府与西藏地方之间的历史关系成为探讨的一个重点；然后涉及人类学家们如何探讨西藏文化；藏文化传播在世界各地发生的基于文化接触之上的故事。

我对自己的要求底线是把这门课讲授完毕，就算是成功；无论如何，我肯定得用我的教学方式拼了命地上好。

我的上课方式还是国内的模式。第一节课介绍课程和我的设计，以及与学生间的相互介绍和了解。课后，有两个学生就明确表示不来了，但她们表述得非常委婉、礼貌。我马上就明白了为什么老师们非常注重第一节课的设计。课程的要求是前紧后松，要一开始就让学生明白你是有货的，你的课是值得上。

最终有七个学生注册我的课，可是故事远远没有结束。

文化人类学系将我的课程安排为一周三次，每次50分钟。这个安排让我很被动，我无法深入讲什么内容，下课时间就到了。一直到两周以后，我才和学生们商量将时间调为一周两次，每次75分钟。

## "我退选你的课"

第二周的时候，一个三年级的学生给我发信，说已经注册了我的课。最近他一直在考虑自己的将来，希望为西藏的发展做点什么。就这么一位好学的学生，来听了两三次课以后，就不来了。因为没有见到他出现在课堂上，我将他的消失归于自己讲课太差，因此自责和反省了很久，不断改进教学。

有些东西对我而言永远是一个谜，可能永远也不会得到解答。既然我不是从这种教育体制里成长起来的，除非我长久自我规训，"变"成一个美国教授，这样的谜就会一直存在。

我差不多都已经忘记他。最后一周的时候，我收到艺术和科学三一学院的教务发来的一封邮件，告诉我这位学生早已经因病休学，并且是在当时随即生效。他的成绩将被记录为W's，我无须为他打出成绩。

另外一位是非洲裔学生，高高的个儿，一看就是运动员的角色。他是三天两头来上课，第一次作业按时交了。说实话，写得非常敷衍了事。我考虑了很久，并且专门询问了我所认识的别的学生，对这样的学生他们教授惯常的做法是什么，尽管上学期从乐钢的课堂上我已经知道一些。按照运动员的要求，他必须要C以上才能过。结果我给了他C—，希望他能来找我谈。改卷以后那一周的第一次课他没来，我以为他准备退课：可是没有理由啊，他甚至不知道我给他多少成绩，不可能退我课的。第二次他来了，我把成绩和评语给他。下课后他来找我，那时已经是第九周过了。我建议他重写。他比较犹豫，一直试探将来的可能性：下一次作业会不会写得比这次好。如果我对他将来的作业表示哪怕一丁点的信心，情况都会有所不同。遗憾的是，在这个关键的问题上，我没有给他这个信息。我问及他最近为什么没来上课。他果然是杜克大学美式足球队的队员。他说因为打美式足球比赛，肩拉伤了。我记得我们是握手道别，他同时许诺说下次会来上课。

他没来。春假过后，他又来找我。他没有重写，他非常委婉地说退课，我得给他签字。这在我的意料之中。我看过表格，有一项内容是让我填写学生退课的理由是什么。有两个选择，一是不及格，另一个是该生该完成的都完成了，但无法判断退课的原因。尽管是第一次填写这样的表格，但我知道这对他很重要。于是我把他叫到一边，告诉他如果是在中国我会怎么做，我让他告诉我这两个选择里，哪一个对他有利。这个非常聪明的学生说"不及格"那项很糟，我毫不犹豫给他圈第二项。我虽然给了他想要的内容，但是心里也嘀咕，这不会对我带来什么不利吧？在人家这里，既要非常认真，又要对学生好，有时候还真是不那么容易的。

这样到春假过后我班上还有5个学生在读。

林华黛丝可能是我班上学生中对西藏最痴迷的一个。另外一个学生林吉瑾丝对学习最认真。因为两人的姓极为接近，在刚开学的两周里，我分不清哪个名字对哪个人。

华黛丝还只是一个三年级的学生。我发现像她这样对西藏感兴趣的学生，兴趣的起源来自前些年以来的一些西方流行文化中对西藏的宣传。媒体是她们接受有关西藏信息的主要渠道。所以她们对西藏的理解有一个共同的特征，那就是表面化和片面化；这种表面化知识后面隐藏着一个西方自我的狂想：她们通过一个曲折的渠道完成对自我文化的颠倒的认识；这个渠道就是媒体和社会运动中宣传的西藏。

华黛丝和其他人不同的地方是，她真正决定要去了解西藏，全面地了解西藏，并付诸行动。她在参与我的课方面也是最积极的，将她的经历、一些新的信息带到课堂上来进行交流，并经常就我的讲授提各种意见和问题。

春假以后，该交作业了。我考虑到这些孩子出去游玩了十多天，需要时间写作业，特意宽松了一周时间；同时加强对随后六周课程的要求，包括每次上课前将他们阅读材料以后提出的问题交给我，以及最后一次作业：10页的论文。题目限定，必须是最后六周课程的材料，涉及藏文化即可。在课堂上，华黛丝对我的规定提出问题，说因为最后这段时间比较紧张，10页的论文太多。我没有松口，说第一次文章是5页，第二次是6页，言下之意10页并不多。她还是坚持太多。我说："上学期在北卡大学的时候，有的学生的作业写到15页以上。杜克的学生比北卡大学的优秀啊。"她接口："你说得很对，杜克的学生是比北卡大学的要优秀。"

我："优秀是需要更勤勉和更长的文章来体现的啊。"一下被难住，她便没有再直接说什么，但是暗示希望班上的其他同学能给她一点支持。遗憾的是，其他同学听说学期末不用考试而只写一篇文章的时候，都没有附和她。我因此没有松口，仍然维持原来的要求。尽管如此，我还是说，如果有什么特别的要求，可以给我发电子邮件，我会特别考虑。我想，这应该不会有什么问题的。

下课后我到图书馆缩微阅览室查阅19世纪的材料；累了一下午，临走时，已经5点半。想想是不是应该收一下电子邮件。打开邮箱，华黛丝的邮件跃然屏上：

> 亲爱的老师（"老师"二字用的是藏文音译gen-la）：
>
> 我特别抱歉地得到这样一个结论，那就是为完成你将来的课程而要求我的工作量，我将难以完成。这学期我已经超载（选了五门课）；尽管我发现这门课极为有趣，但我并不需要这门课的成绩毕业。同时，若要完成必须的作业，那就将给我完成其他课程的作业带来限制：这些课程是我需要用来毕业的。
>
> 我刚才和Diane Nelson（我的文化人类学专业导师）简短地谈了选择。她建议我给你发电子邮件。我愿意做的是旁听你的"全球的西藏"。这意味着我将继续参与课堂，积极参与（讨论），但我不会收到成绩，也因此不会完成最后的两篇文章。我还会继续作课堂读书报告，如果你愿意让我做的话。
>
> 我为此而道歉，但是你最近的课程改革，加上我选了其他几门极具挑战性的课程使得我难以继续选这门课以得到成绩。
>
> 请尽快回应这个请求，因为今天下午五点之前将是我最后的退课机会。
>
> 我最诚挚的道歉。

这是我万万没有料到的。她是我的课上到当时为止了解西藏最多的学生。我是无论如何不愿意她退课：我当然不希望任何一个学生退课。第一次作业我给她的成绩是A—啊！他们可以随时退课吗？她怎么会退课呢？而且限定的时间这么短，做旁听的决定这么快，根本没有留下足够的商谈时间和可能。我头皮发麻。我知道在这个异文化的海洋里，我又一次遇到一种冲击，挑战和考验。这在我的国家里是不会发生的。

因为时间已经过限，我只得简短地发了一封邮件，抱歉晚回信，并希望看到她最后的选择。

大约50分钟以后，6点18分，她回信了：

亲爱的老师（"老师"二字用的是藏文音译）：

因为今天没有及时的机会旁听任何课程，我已经退了你的课。不过，我将继续参与讲座，并且，无论何时你愿意让我作读书报告我都会做的。成为你的课堂的一分子我感到真正的高兴，我盼望着继续就我们在课堂上所讨论的话题进行交流。

我需要你做的唯一一事情，是明天（五点以前）和你见面，以便于你能为我的系主任签一个文件，知讯我们已经交流过。我深深地道歉，我希望你理解这并不是由于你的任何过错，而仅仅是因为我不能应付一学期选我按规定需要选的五门课。

告知我明天你何时在校园，这样我好让这个文件签了（我需要在明天五点之前交上去）。

谢谢！

Lindsey

她在回信中非常委婉，同时非常明确，有时甚至是让人感到一种强硬的态度。我在八点过收到她的信做了回复。我的回信，我觉得要显得我的大度（我本来就很大度的啊）：

咳，亲爱的林啦（用的是藏语中惯常的术语）：

谢谢你的回信。记住，无论你的选择是什么，你都是我班上最好的学生之一。我真的欣赏和你的谈话和讨论。

我很抱歉，因为最后一次作业的要求在你的书包里加了最后一根稻草，以致你这学期无法应付五门课程。你不得不退课。多遗憾呐。我真正希望你能继续参与课堂，并在可能的时候作读书报告。

尽管我很不愿意这样做，根据规定，我还是将为你签文件。但是不能保证明天。如果星期五可以的话，我将在那时和你见面。

保重。

凌晨，12点37分，她的回信，如下：

亲爱的老师（"老师"二字用的是藏文音译）：

谢谢你的回应。非常不幸，我需要明天五点之前将文件签完，除非你能和系主任拉铁摩尔的秘书沟通一下。如果你明天绝对不能和我见面，那么你能不能给他打电话或者发电子邮件，她的联系信息在网上。请让我知道你可能的选择。

我将很快见你面。

诚挚的

Lindsey

你看看她的口气，将责任和权利分得相当清楚：什么是你必须做的，什么是她应该做的和愿意做的。这个界限不可逾越：逾越是必须承担后果的——"否则的话……"。"否则"这个词从来不会出现在她的信里，但是它是通过其他的形式出现的，比如说"最深深的道歉""最诚挚的道歉"等。这些词后面隐藏的那个词就是"否则"，"否则"作为一个潜规则而存在。这是不需要言说的，生活在这个文化中的人，每一个人，都非常熟悉这个规则。对一个外来者，除非进行深入的田野调查，完成融入他者的过程，这是不容易明白的。无须说，在他们的社会里，每一个个体都被赋予了同样的权利写这样礼貌和委婉的信。凭着书籍和北卡大学的经历，我当然知道其中的利害之处。

两个小时以后我打开邮箱，收到信。我的回信非常简短，我只能如此简短：

让我们12点在丽莉（Lily）图书馆的出纳台前见面。谢谢你的合作。

到时候见。

保重。

那一周末是我最难受的周末。我只有一个想法：坚持上完、上好最后的课。

随后的四周，她继续来上课，课上积极发言，甚至还按我的要求作了一次读书报告。我记得最后一次课，当我说你们每一个人都是如此特别的时候，她脸上的笑容是最灿烂的。

# 尼克（Nick）

　　作为本科四年级的毕业生，尼克最懂得人类学和我在大纲里的教学设计。

　　我在课堂上安排读王铭铭关于汉文明的天下观及其转型的文章（英文版），希望借此让学生明白中国的汉文化是怎么想象他人的。他争取读这篇文章并作课堂发言。

　　他从这里发现法国的一些学者和我的研究思路非常相似。他后来的两篇论文都是建立在对王铭铭的文章作新的理解或者对话的基础之上。第一篇作业甚至主要建立在对王文和中国上古社会的重新解释上，几乎不涉及西藏。为了维护课程的信用，我狠心给他一个B－，提醒他这门课讨论的是藏文化与其他文化的关系。不过，他最精彩的一篇，是将王论放在戈尔斯坦早期对西藏所作的社会结构分析这个立场上去辩驳。太棒了，我不得不给他一个A－的成绩，尽管还是有不足。

　　期末作业，让我非常佩服的是，他阅读了所有春假以来的课堂材料，并将它们组织到对双向文化的理解当中。

　　更有意思的是，他阅读了王铭铭的文章以后，就到网上去查阅关于作者的情况，然后有一天下了课，就不经意并试探性地问我："你知不知道王铭铭？"我当然知道。

　　由此我们之间的关系变得非常亲近。

　　临近期末，一次课前我和学生们闲聊。尼克说起他有个叔叔经常在网上聊天，居然认识了一个中国女子，并且飞到中国和她结了婚。他们全家都一致反对。他叔叔正在为他妻子办理来美的手续。

尼克告诉我，他的婶婶所在的城市是西藏和东边省份中间的一个城市。我的课便从这里开始了。

我画了一个交通图，讲拉萨和中国其他城市之间的交通。肯定不是格尔木，那个地方太偏北。也不是云南昆明，那地儿太靠南边。是成都！这是我家乡啊。

下课后，他特意留下来问我知不知道一种和兔子有关的食物。我以为是大白兔奶糖，我当然知道。尼克说他叔叔从中国带来的，给了他两袋。但是他吃不惯，下次可以带来看看。

第二次课上，他拿出来一看，原来不是奶糖，而是乐山生产的一种兔肉干，四川菜里那种特有的麻辣口味。他示意给我，我把他已经打开的那一袋分给其他学生，他们高兴得哈哈直笑。我给他，他做了一个非常可爱的动作，仿佛如释重负似的，说："你全都拿去。"头也不抬。

哇塞，这是正宗的川味啊，连这里的亚洲商店里也没得卖的东西。随后的一两周，我就将这兔肉干或者闲吃，或者放在面条里，那味道真的是美极。可惜的是尼克的叔叔没有多给他几袋。

我的美国学生们不怎么会吃麻辣的东西，因为他们的食物里面都是以甜或者淡为主；对把像兔子这样可爱的动物做成食品，他们在文化心理上还是有所保留。

没几天尼克将他叔叔在成都举行婚礼的照片传给我，我不艳羡女主人的美貌，但看着那些堆得小山一般的美食，口水直流啊。

尼克在课前还绘声绘色地讲述他的叔叔在成都举行婚礼的时候，他们邀请人来表演一种变脸的节目。我仿佛记得他说："这真的是太神奇。"我告诉他们这是川剧当中的一个项目。可是他们不明白的是：他怎么抹一下，脸就变了呢？对我而言，这也是一个谜。

学期结束，最后的作文也交过。尼克给我发来一封电子邮件，说："陈教授，这是我最后的作业。我希望它是完美的。这一学期非常感谢你。我来的时候对西藏知之甚渺，走的时候确感觉已经学过那么多。保持联络。"

我猜想这是他们所有学生礼貌的话语，但是我已经满足。

另外一个女生叫吉瑾丝，来自科罗拉多州，那里的海拔和西藏很接近，蓝天，旷野，童山。她对家乡的讲述时常让我想起我在西藏的经历。

她对东方文化真正着迷。她给我提的一些问题，没有做过研究是无法很好回答的。她希望我和他谈中医，天呐，我哪里有能力和她谈这个领域？结果她的期末作业，就写成藏医在藏文化背景中的位置和西方尤其美国文化在"科学"眼光下对藏医的态度和处置。我记得她给我的电子邮件是说："谢谢你，我在你的课上学到关于西藏和人类学的科学。"

给她印象最深的，不是我的讲授，而是我在她困难的时候给予她的帮助。春假过后两周之内，她的外婆去世，她的妈妈整天沉浸在悲伤之中，累及她。没两天她最好的朋友的爷爷在车祸中受伤住进医院，昏迷不醒，病危；最糟糕的是，在这种情况下，她驾车外出时自己出车祸，撞上另外一辆车，吓坏车里坐着的一名孕妇。幸好她没有受伤，而对方只是轻伤；她可爱的车被撞得不成样子。在一周的时间里，我花不少时间写长长的信，鼓励她面对生活的挑战，勇敢地站起来。

加斯顿（Gaston）上课从来是提前到教室等待上课：他从来不迟到。只有一次例外。春假以后的第一个星期一，他因为前一天的飞机延误，无法赶到课堂，特意在机场发邮件告知我。他属于那种典型的有自己明确目标的聪明学生，不愿意太多介入无关的活动；他会尽职地完成他的工作，但不愿意在要求之外多做。他不怎么爱讲话，可是发言和课堂报告却非常认真、非常有条理。他绝对不会找原因推迟交作业，每次作业都做得很认真，逻辑思维非常清晰、全面。我相信他充分的自主性和能动性证明我的课堂对他改变不大。

詹森（Jasten）是唯一一个非常热情、积极要求注册我的课程的学生。开始的时候，作过不少课堂发言，也有一些好的想法。后来的课堂上就不怎么爱发言，也读一些书；他懂得课堂运作的规则，有时是利用这种规则。他几次晚交作业让我非常困惑：对比之下，我无法理解他为什么积极要求注册我的课程。每当我给他一点警告，他就很快正面回应，说一些理由，然后作业很快交上来。有时候我有点为难：基于他打破作业要求，是不是该给他很低的分数。如果仍然把他和别的同学等同对待，对其他同学无疑是不公正的。这样我就不能给他特别好的成绩，即便是写得相当好。

我发现在我的学生里面存在着多样性：从华黛丝到尼克，可以说是一个变化的谱系。二人虽然都保持着开放的态度前来学习，但是因为他们对西藏的预想有不同，尼克没有那么痴迷的西藏情结，华黛丝就刚好相反；所以尼克更多是按照我的课程和理论方向走，用批判的眼光，社会科学的眼光看待西藏；而华黛丝更多纠缠于关于西藏的事实，思维的模式基本上局限在西方的民族—国家范式内，缺乏理论的反思。其他的学生介乎于她（他）们之间。

我觉得在课堂上对他们冲击最大的还是一些基本的事实的讲授。比如在谈到法律部分的时候，我告诉他们清代噶厦的法律文书中，是把清朝皇帝的位置放在达赖喇嘛之前。为此，华黛丝的第一个反应，是确认这个资料的出处。她希望知道这是不是来自中国政府的观点。很遗憾，这条材料我也是从美国学者的一部研究噶厦时期的法律的人类学著作当中读到的。我希望不仅仅告诉他们一些资料，而是告诉他们不同的文化对这些资料的处理，那是很不同的。

一般美国人对作为真理的知识的追求，是非常可爱的。

# 附录二　哈燕社访问记

2011年，川大的哈佛—燕京学社访问学者名额，可以由教师公开申请。史上第一次。欣喜之余，我向学院提出申请。幸运的是，学院向学校推荐了我。过了不久，学校通过决定，向哈佛—燕京学社推荐我。外事处通知我递交材料。我按照哈燕社的要求准备了个人材料，包括若干页的研究计划。下一步就是等待哈燕社的第一轮筛选。到2011年底，哈燕社的林穑女士以电子邮件祝贺我通过筛选，进入面试。面试的地点是北京，时间是次年1月中旬。

哈燕社在裴宜理主持（2008年）以后，对研究计划的筛选和面试做了许多改革，淘汰那些福利申请人。裴宜理大刀阔斧的改革，除了严格面试官的筛选，还设立专业回避原则，即面试官与接受面试者要不属于同一个专业。

在北京的面试会上，一共十多个来自长江以北诸省份的学者，逐一接受单独的面试。在我后面，还有一位来自日本的学者接受面试。她本应在日本面试，因为在洛阳访问，经与哈燕社协商，改在北京进行。除了她，我算是中国大陆北部候选人中的最后一个。

面试官一共三人，两人来自中国大陆南方，果然是我从不知道的其他专业的学者；一位女面试官是西方人，是哈佛大学的教授，好像是政治学专业，面试过程中她见缝插针地说了几句中文。简单的介绍以后，女面试官说："请给我们介绍一下你将进行的研究。我们不是人类学专业，所以不懂你要研究的内容，就把我们当作外行听众就行了。"我的研究计划他们肯定看过。我不能重复。为此，我挑了其中一个话题陈述，以期引起他们的兴趣，以便于问答阶段能问题集中，有利于讨论。其中，我假设美国的人类学家在研究西藏的时候，受到西方政治关怀的强烈影响，有的主动选择，有的主动放弃，都是出于政治的考量。女面试官放出一个犀利的问题："既然如此，那你去研究他们，你的政治考量是什么呢？"我当然有我的政治考量。尽管我没有在研究计划中陈述，但经她一揭，我不得不正面回应这个问题。不过，为了避免节外生枝，当她进一步追问我的研究如何面对不同的人类学家时，我把话题引到人类学理论上去，即曾经有一个功能主义的人类学时代和结构主义的人类学时代，他们可能在政治立场方面存在分歧，但他们的共同点在于理论。不过，美式学问的强项即在于淘尽一切可能的政治意图。她仍然表明，在现实方面存在可能的对话点，如现代与后现代，乃至女权主义等。我觉得这样的路径，也是可行的。来自上海的哲学家面试官突然明白，我的研究是对西方人类学的人类学研究，为此颇为兴奋。他高兴得似乎有点手舞足蹈。另外一位好像是来自浙江的历史学家面试官指出了我的研究计划没有涉及石泰安。这是位高人。我坦言，因精力所限，这次我不得不放弃研究欧洲的人类学家。在激烈的辩驳之中，半个小时的面试时间很快过去，可是大家感觉意犹未尽。女面试官最后示意说，我们累了一天啦，现在不得不终止。我起身向他们告辞，去通知最后一位面试者入场。

1月的北京，夕阳晚照，积雪异常光彩。面试后，我感到无限轻松。一种充分发挥个人能力的自豪和满足充溢心间。我前往天安门广场漫步，在这里畅想数千年的历史，尽情领略政治中心的气氛。人类学家有一种窥探的癖好。我也不例外。我发现这里的摄像头比起我上一次前来，已经从无到有并以几何级数地增长的趋势。后来我到美国，发现那里的摄像头有过之而无不及。

数月后，结果毫无悬念地出来。我开始准备将来一年的访问研究。8月我前往北京，因马戎教授的引介，我认识了戈尔斯坦（Melvyn Goldstein）。我在聊天中提及王贵先生，戈尔斯坦迫不及待要见他一面，我遂联系王贵先生，促成他们次日在戈尔斯坦的房间见面。戈尔斯坦打开录音机。王贵先生藏汉语并用，加上部分英语，戈尔斯坦满足极了。他们整整聊了一个下午。

一天早餐时，我和戈尔斯坦很快就亲属制度激烈地讨论起来。我们一直从7点过聊到9点过，会议对我们来说似乎都并不重要。我学到不少，我们也因此明白各自的理论视角有不同。他坚持乱伦禁忌与一妻多夫制无关，乃是因为他对一妻多夫制的起源，持的是功利主义的解释。这正是我不满足的地方。在洛域，我已经看到社会—文化背景的作用。

此行最大的一个影响，就是他把我的注意力引到柔克义（W. W. Rockhill）那里：他听完我的研究计划，径直说："你要研究美国人类学之研究土伯特，你得从柔克义开始。"

柔氏是第一个会讲藏语的美国人。他的研究对后世影响深远。此前我未曾关注过，经戈尔斯坦提醒，我发现我得从他开始。这一行差不多决定了我将来一年的研究。

后来我发现，今日学界之忽视柔克义，有完全不同的原因。西方学界大多忽视他，显然是出于政治的考虑：因为柔氏以大量的文献表明，中国对西藏拥有无可辩驳的主权；而中国学界，包括台湾、香港和大陆等地之所以忽视柔氏，显然多是出于对他的无知。有极少数的作者尽管已经注意到柔氏的分量，并就相关的内容写了一些东西，可是这些作品的政治辩论性过强，学术性过弱，且非常不深入，因而不引人注意。

柔克义依旧默默无闻。

目前哈佛—燕京学社征召的访问学者、资助的学生来自东亚和东南亚诸国，比如越南、泰国、日本、韩国等，但重点依然在中国大陆，而在中国大陆的重点又在东部地区。这是目前哈燕社的重心地图。川大能在众多合作高校中据一席之地，实有赖各方的努力。

2012年秋期，我的访问以修课、阅读文献为主要活动，而2013年春期以阅读文献和撰写研究报告为主，并参与学社和校方的各类活动，收获颇丰，但极为辛苦。

因哈燕社的要求，我于4月17日在学社进行一次讲演，题为What is China? Rockhill's polyglotic approach as an example（"何谓中国？以柔克义的多语文进路为例"）。讲座由范德康教授主持，例行一个半小时。我的讲演从批评杜维明的"文化中国论"（Cultural China）和王德威的"想象中国论"入手，中间重点讨论柔克义基于多语文心态对中国的想象，以重新理解"华"和"共主"两个概念结束。席间听众二十余人，其中有哲学家赵汀阳、哈燕社李若虹博士等。在评论时段，范德康教授进行较长时间的点评，肯定多语文进路的重要性，以及它对理解中国西藏地方和尼泊尔等历史和现状的重要性、中国西藏历史上与尼泊尔的边界等；开放讨论时，涉及对西方民族—国家理论和中国历史与现实的理解，赵汀阳对我的演讲作评论，取支持的立场，以为不能用族性来理解中国。讲座结束后，一位侨居美国数十年的一位来自台湾地区的华人老人，抓住机会和我猛聊了半个多小时，意犹未尽。老人创办了一个学习汉语的网站，他是因为我讲演的题目而前来的。他与我交流对我的讲演的看法，告诉我他对何谓中国的想法，以及访问大陆的经历，直到我因要参加另一个讨论会，时间紧迫，而不得不跟他提出告别。

5月7日，杜维明在哈燕社举行讲演，对他在二十余年前提出的"文化中国论"作进一步解释，兼及认同议题。时听众云集。他一开始回应的和后来谈及的议题，不出我的批判。关于他对"文化中国论"的重新解释，我最欣赏的是他对第三文化中国宇宙的阐述。但后来我和赵汀阳研究员交流时，我们都觉得这个重新解释，所蕴含的各种难题比1989年发表的那篇文章要大要多。

另外一个讲座是6月6日，应王德威、张凤组织的哈佛中国文化工作坊和北美华文作家协会纽英伦分会的邀请而作，用汉语进行。早在2月初，张凤小姐即邀请我做一次讲座；我因希望集中精力于研究，婉辞了她。张小姐复希望我推荐讲演者，我遂举荐我的同行厦门大学宋平、夏格旺堆等3名哈燕社学者。到4月，张小姐赴中国大陆访问前，再次向我发出邀请。鉴于我的研究主体部分已经结束，我愉快地接受了，但为讲座专门做了拓展。我的讲座后，还有3名大陆学者报告了他们的研究。后来《世界日报》的图文记者皆对我的讲座"何谓中国"做了报道。6月的讲演跟4月的讲演有相关的地方，但也有推进。其中，我明确提出：中国不是一个"民族—国家"（nation-state），"中国"意即天下共主。

在哈燕社完成讲座之后的第二天，随学社组织的集体旅行（group tour），我开始漫长的旅途。旅行计划先是到纽约，然后是华盛顿哥伦比亚特区，一共三晚；第四天，其他社员们回波士顿，我则再向南，飞到墨西哥首都；再从这里转飞坎昆（Cancun）。这是个旅游胜地。我在这里只待了一晚，没有去它的海滨。此行有更吸引我的东西。次日早晨，我在青年旅社（Hosteling International）的游泳池里游泳半个多小时，用完早餐，即转途梅里达（Merida），中间经过奇琴伊察（Chichen Itza）古城。我在古城里参观半日。城里的金字塔是用来祭祀水神的。这里极度缺水。这让人想起列维-斯特劳斯的神话学：丰水和干旱，是神话的结构性对反主轴。为了赶车，我在梅里达只停留几个小时，即连夜前往帕伦克（Palenque）。这里有墨国最美丽的古城。我花了几乎一整天，坐在古城里各个高耸的金字塔上。这些金字塔，有的是王宫，有的用于祭祀，有的用作陵墓。它们依山傍水，神话的干旱主题转而为丰水主题。

一夜的行车。天明，我到了欧哈卡（Oxaca）的蒙特尔班（Monte Alban）古城。古城建在可以俯瞰四围的山顶上，跟西藏地区的宗堡很相似，这是我此行最关注的议题。第五天，我参观墨西哥城的人类学博物馆；第六天，参观墨西哥城东边的特奥蒂瓦坎（Teotihuacan）。古城里有当今世界第三大金字塔。从奇琴伊察开始，我就意识到这个以古城及金字塔为特征的文明贡献给人类以最重要的思想。

最典型的是特奥蒂瓦坎。这里祭祀太阳的金字塔即是世界第三大金字塔。60多米高，230多米的单边长。它可不是一蹴而就的，而是历经七个王朝而成的。有趣的是，第一个王朝开始建金字塔的时候，没有想到最后要建成多大的规模。也就是说，金字塔没有建筑蓝图，但它有文明的蓝图。第二个王朝建立以后，为了表明自己的权威、力量、神圣性高于前朝，遂在前朝金字塔的基础之上，再加一层，将其包裹起来，建成更大的一座金字塔。以后的王朝如此拓展，一直到第七王朝，最终建成现在规模的金字塔。奇琴伊察古城内祭祀水神的金字塔，下面只包裹了一个金字塔；特奥蒂瓦坎祭祀太阳的金字塔下面逐层包裹了6个金字塔。这种文明的包容性为我所赞叹。

历史上，我们的文明充斥着暴动和农民起义以后的战争。从国人暴动开始，从陈胜、吴广起义开始，从秦始皇一统天下建立秦朝的争夺开始，战争带来的毁灭性，以及对文明成就的毁灭，一直存在。然而每个朝代建成以后，又极力希望能包容天下。藏文明历史上，9世纪时也经历了农奴起义和它带来的毁灭性。此后似乎一直以另一种形式实现文明的包容性。满洲文明的包容性则跟其理解世界的观念分不开，更不用说蒙古文明横跨欧亚，其影响兼及非洲的纵横捭阖了。

许多学者都认定，中国不是一个"民族"；不能用西方近代威斯特法利亚体系以来的国族观念来界定中国。"中国"也不是西方所说的world或civilization，而是天下共主。无怠无荒，四夷来王。

《尚书·大禹谟》有云：都，帝德广运，乃圣乃神，乃武乃文。皇天眷命，奄有四海，为天下君。

帝王所都为中，故曰中国。

1810年代，马礼逊（Morrison Robert）在解释"中国"的时候，颇为犹豫：

中国Chung-kwŏ, or 中华国Chung hwa kwŏ, "The central and flourishing nation", viz. China.

他又说：

中国Chung-kwŏ, the middle empire, or 中华国Chung hwa kwŏ, the middle and flourishing empire, expresses China.

他还引用宋代的一个说法：

Chung kwŏ che choo tĕenjĭh che paou（中国之主，天日之表）, the sovereign of China is a manifestation of the sun in the heavens; said by a Tartar over-powered by the glories of the Emperor.（A.D. 1060.）

以及一个元代的说法：

Of the founder of the Tartar Yuen dynasty it is said 'the emperor succeeded the Sung dynasty, and ruled over China, blending in one the whole empire. He commenced a succession of sovereign rule for ten generations; a thing, which from the highest antiquity had never before been effected（帝继宋而主中国，混一寰区，开十传之统绪，自古以来未之有也。）

这是何等宏大的包容性啊！我们只需要剔除马礼逊所运用来框架中国的西方政治术语，即可看到一个天下观念、天下体系和对天下共主的想象。

我最看重的是李安宅的儒学人类学。有位朋友读了我的《李安宅与华西派人类学》以后，在数千里之外发信息感谢我，因为这本书让她看到自己作为中国人的那些值得挖掘的文明成就及其生命力。我觉得她读懂了。

当民族—国家话语已经滥及西方的东方学界的时候，若以具体案例对这一话语进行批判，自然会触及一大批想当然的学者。在我看来，凡是以"汉学家"著称的学者，无一幸免这个话语的笼罩。他们面对批判时之担忧也是当然的。他们的整个体系得以建立的基础要么被推倒，要么得加以修正。美国的族群那么多，可是它只说所有人都是Americans；但针对其他国家时，这种标准就荡然无存了。这种双重标准随处可见。

# 参考文献

## 英文

AHE. 1968. "A. Hollis Edens, 1901−1968". *Duke University Alumni Register*. September.

Armestrong, Zella.1926. *Notable Southern Families*. Vol. 3. Chattagooga Tenn.: Lookout Publishing Co..

Ashe, Samuel A. 1906. "Benjamin Newton Duke", *Biographical History of North Carolina*. Vol.3. Greensboro, N.C. Charles L. Van Noppen. Barnett, Fred T., "The Romance of Charlie Soong", in *The Duke Divinity School Bulletin*, Vol.VI, Jan..

Bassett, John Spencer. 1927. "Washington Duke". *North Carolina*. pp.84−85.

Baugh, P. J. 1992. *P. J. Baugh's Remarks prepared for presentation at the press conference announcing the selection of Nan Keohane as President of Duke University*, Noon EST, Friday, Dec. 11. From KNA.

BDQ. 1990. "Benjamin Duke quietly aided education", *Durham Sun*. March 26.

BEQ. 1936. "Bequests of $1, 500, 000 to Duke by Mrs. B. N. Duke. ", *Duke University Register*, October.

Blackburn, William. 1939. *The Architecture of Duke University*. Durham: Duke University Press.

Boorstin, Daniel J. 1964. *The Americans: The Colonial Experience*. New York: Random House.

Boyd, William Keeneth. 1927. *The Story of Durham, City of the New South*. Durham: Duke University Press.

BRO. N.D. "Brodie returns over $78, 000 of salary in donations to Duke", DUA ( Duke University Archive ).

BSC. "Brief Sketch of Charles Jones Soong the Five Years He Spent in America. " In *North Carolina Christian Advocate*. Greensboro, N.C. Vol. 88. No. 18.

BSS. 1991. "Brodie's salary tops $300, 000", *The Herald—Sun*, Durham, N.C., Sunday, September 1, B1/B3.

BST. 1991. "Brodie salary tops Ivy League chiefs", *The Herald—Sun*, Durham, N.C., Thursday, February 21.

Byrd, William. 1901. *The writings of "Colonel William Byrd, of Westover in Virginia, ESQR"*, ed. by John Spencer Bassett. New York: Doubleday, Page & Co.

Carnegie, Dale. 1943. *Little known facts about well known people*. Broadcast over the Blue Network, Feb. 23.

Cash, W.J. 1933. "Buck Duke's University". *American Mercury*. Sept.

CCP. 1931. "China Cigarette Profits Help Build Great U.S. University",

"*The China Weekly Review*", vol. 56. May 30.

CCSS, 1886. Correspondence: Charlie Soon to Mr. Southgate, October 7. CJSA2.

Chaffin, Nora Campbell. 1950. *Trinity College, 1839—1892: The Beginnings of Duke University*. Durham: Duke University Press.

Chandler, John. 1992. John Chandler's Remarks prepared for presentation at the press conference announcing the selection of Nan Keohane as President of Duke University, Noon EST, Friday, Dec. 11. From KNA.

Chen, Bo. "The Making of ' China' out of'Zhongguo", *Journal of Asian History*, 50（2016）−1. pp. 73−116. Otto Harrassowitz GmbH & Co. KG, Wiesbaden.

Chen, Hsiang−Shui. *Chinatown No More: Taiwan Immigrants in Contemporary New York*. Ithaca, NY: Cornell University Press, 1992.

Chiao, Chien. *Continuation of Tradition in Navajo Society*. Institute of Ethnology, Academia Sinica Monography Series B. No.3. 1971.

Chiao, Chien. *Continuation of Tradition in Navajo Society*. New and Expanded Edition. Taipei: Airiti Press. 2010.

CJSA1. "Charles Jones Soong Archive", Folder No.1, DUA.

CJSA2. "Charles Jones Soong Archive", Folder No.2, DUA.

CJSA3. "Charles Jones Soong Archive", Folder No.3, DUA.

CJSA4. "Charles Jones Soong Archive", Folder No.4, DUA.

Clark, Elmer T. 1943. *The Chiangs of China*. Abingdon−Cokesbury Press. New York, Nashville.

CND. N.D. "Committee Names Dr. Flowers To Serve As Acting

President Until February Board Meeting. " In Flowers, Robert Lee, DUA.

Coleman, Toby. 1998. "The Presiden's Agenda", *Commentary*, Oct. 14.

Copeland, Elizabeth H. 1979. "Kilgo, John Carlisle". *Dictionary Of North Carolina Biography*. Ed. By William S. Powell. Vol. 3.

COR. Correspondences ( 1882–1995 ), CJSA2.

Cox, Claire. 1958. "Duke Home Goes To University Marking End Of Fifth Avenue'S Golden High Society Era". *The News and Observer*, Raleigh, N.C. Sunday Morning, January 12. IV–7.

Craven, Wesley Frank. 1967. *The Colonies in Transition, 1660–1713*. New York: Harper & Row.

CRL, 1951. "Chancellor Robert Lee Flowers Passes". *Duke University Alumni Register*, Vol. Xxxvii, No.8, Auguest.

CSWF. *"Charlie Soong Was Founder Of Most Influential Family In Modern China"*. CJSA4.

CV. H. Keith, H. Brodie, *Curriculum Vitae*, from DUA.

DBN. N.D. "Biographical Note", The Papers of Benjamin Newton Duke. " *Biographical files*". DUA.

Dexter, Franklin B., 1889. "Estimates of Population in the American Colonies", *Proceedings of the American Antiquarian Society*, n.s. v. 5, pp. 22–50.

DFIS. " Duke's first international student". CJSA4.

DMH. 1970. *Durham Morning Herald*. Sunday, October 18.

DMK, N.D. "Douglas Maitland Knight", Knight, Douglas M. ( President ) Biography. DUA.

DMP, 1979. "Duke Makes Plans to Honor Ben Duke", *Durham Morning Herald*. Feb. 4.

Dorsett, David. N.D. "China Article: Check facts about Charles Soong's NC conversion". In CJSA4.

Dowd, Jerome. 1939. *The life of Braxton Craven, a biographical approach to social science*. Durham: Duke University Press.

DTC. 1984. *Duke: To Cross a Threshold. The capital campaign for the arts and sciences*, Durham, N.C.: Duke University.

DUADD. *Durham Daily Sun*, July 20, 1904. CJSA3.

DUADF. Duke Family: Genealogy. "The Dukes in America 1670–1870". DUA.

DUADJ. "Dr. J. Deryl Hart and the Hart House", in "Hart, Deryl ARchive" ( Medicine, administration ). DUA.

DUADM. Duke University. N.D. "( Introduction to ) Douglas Maitland Knight", Knight, Douglas M. Biography. DUA.

DUADU. Duke University. N.D. "Douglas M. Knight, Fifth Duke President, Dies At 83", *Duke News & Communications*. Knight, Douglas M. Biography. DUA.

DUAPP. 1984. *Duke University. Past and Present. Pertinent Facts About Your Alma Mater*. Durham, NC. Duke University Alumni Office.

DUC. Duke University Chapel. 2006. *A Self-guided Tour*. West Campus, Duke University, Durham, NC.

DUC. Duke University Chapel. *Guide for Visitors*. Durham, North Carolina.

DUH. 1940. " Duke University Head dies". Christian Century. Nov. 13.

Durden, Robert F., 1986. " Duke, Washington". *The Dictionary of North Carolina Biography*. Chapel Hill, N.C.: University of North Carolina Press.

DWB. N.D. " Biographical note", Bio files. Duke, Washington. DUA.

Edmunds, Pacahontas Wight. 1966. *Tar Heels Track the Century*. Raleigh: Edwards & Broughton.

Elson, Robert T. 1973. *The World of Time Inc.* New York: Atheneum.

ERH. 华盛顿美国海岸警卫署。自公共关系官员Ellis Reed-Hill 致外交事务部办公室的Dr. Meng Sze. 1943年4月16日。CJSA1.

FBE. 1936. "For Better Education", *Washington Post*. April 27.

Few, W. Preston. 1936. " Can Democracy and Excellence be Reconciled?", *Duke University Register*, June.

Few, William Preston. 1953. *Hall of Fame*. North Carolina Education Association Annual Meeting. Asheville, NC. March 27. Few, William Preston Archive, 1 of 2. DUA.

Flowers, R.L. 1928. "Unveil Bust of Benj. N. Duke", *The News And Observer*. Raliegh N.C. April 28.

Folkenflik, David. 1993. "Keohane sets sights on Duke fund drive", *Durhm Herald Sun*. A1&A3.

Forbes, Bertie Charles. 1922. *Men Who Are Making America*. New York: B.C. Forbes.

FRA. 1948. "Dr. Flowers Resigns As Duke President To Become Chancellor Of The University", *Duke Alumni Register*, Jan.

Freedman, Maurice. "A Chinese Phase in Social Anthropology. " *The British Journal of Sociology*, Vol. 14, No. 1 （Mar., 1963）, pp. 1-19.

Freedman, Maurice. "Sociology in and of China", *The British Journal of Sociology*. Vol. 13, No. 2 （Jun., 1962）, pp. 106-116.

Fuller, W.W. 1906. "James Buchanan Duke", in Samuel A. Ashe, Stephen B. Weeks, and Charles L. Van Noppen ed. *A Biographical History of North Carolina*, Vol. III.

FYL, 1979. "Fifty years later, Duke's legacy uplifts", *Durham Morning Herald*. VOL. LXXXV, NO. 160. March 9.

GAD. 1924. "Give Away - The Duke and Eastman Millions", *Literary Digest*. Vol. 83. Dec.27.

GDR. 2004. "（ Greater Durham/Research Triangle Park ) Superpages", NC: Verizon Directories Corp.

Gifford, James F. 1986. "Hart, Julian Deryl", *Dictionary of North Carolina Biography*. Chapel Hill: UNC Press. vol.3.

Gray, Virginia. 1967. Some obscure facts about the military career of the man whose gift brought the college of Durham. *Alumni Register*. December.

GTD, 2005. *A Guide to Downtown Raleigh, 2005-2006 Map & Directory. A Complete Guide to Dining, Shopping, Entertainment & Parking.*

H. Keith and H. Brodie. 1991. "Teachers and schools are partners in democracy", *The Herald-Sun*, Durham, N.C. Thursday, October 17. A11.

Hamlin, Charles Hunter. 1946. *Ninety Bits of North Carolina Biography*. New Bern, N. C.: Owen G. Dunn co.

Hann, Emily. 1943. *The Soong Sisters*, New York: Doran & Compay,

INC.

Harrell, Costen J., 1915. "A gift that blessed a nation: the story of General Carr and Charlie Soong", *The Methodist Church in Durham*, New York.

Hawks, Francis L. 1858. *History of North Carolina*, Fayetteville, N.C.: F. J. Hale & Son.

HDU. "History of Duke University in Outline", in *A guide to Duke University*. Duke University General. Bldg file. Durham, NC. DUA.

HLB. 1979. "Honors Life of Benjamin N. Duke", *Durham Morning Herald*. March 3.

HMCS. "Hammock made by Charlie Soon". CJSA2.

HMM, 1980. "Dr. Hart Made Mark On Duke, Medicine", *Durham Morning Herald*. Durham, Nc. Wednesday, June 4. No. 248. Vol. LXXXVI.

HOT. 2006. "History of the State Capitol", in *"North Carolina State Capitol"*, Raleigh, NC: State Capitol.

Hsu, Francis L. K. *Iemoto: the heart of Japan*. Cambridge, Mass.: Schenkman Pub. Co. 1975.

JBT. 阿普顿·科罗斯先生秘书邦森（Jerome Bundsen）致宋子文信，1942年1月26日。CJSA1.

Jenkins, John Wilber. 1927. *James B. Duke, Master Builder*. New York: George H. Doran Co.

Jennings, Walter Wilson. 1953. *Twenty Giants of American Business*. New York: Exposition Press.

Jones, Jo. Seawell. 1834. *A Defence of the Revolutionary History of the State of North Carolina*. Boston: Charles Bowen；Raleigh: Turner and

Hughes.

Keohane, Nannerl O. 1992. Remarks prepared for press conference, Noon EST, Friday, Dec. 11. From KNA.

Kessler, Lawrence D. 1996. *The Jiangyin Mission Station: An American Missionary Community in China, 1895–1951.* Chapel Hill and London: The University of North Carolina Press.

Kilgo, John D., June 4, 1905. *In memory of Mr. Washington Duke, Exercise Held in Drahen Memorial Hall, Trinity College, Durham, N.C..*

King, William E. 1980. "York, Brantley", *Dictionary Of North Carolina Biography.* Ed. By William S. Powell. Chapel Hill: UNC. Press. Vol.6.

King, William E. 1997. "Brantley York: The Leader With a Calling", in *If Gargoyles Could Talk.* Durham, N.C. Carolina Academic Press.

King, William E. 1989. "Washington Duke", DUA. Bio files. Duke, Washington.

KNA. Keohane, Nan Archive, Folder No.1, DUA.

Knight, Douglas M. 1968. "Baccalaureate Sermon", in G. Paul Butler （ed.） *Best Sermons*, vol. x, New York: Trident Press.

Lawrence, R. C. 1940. "A Mighty Methodist", The State. Dec. 21. No. 30. Vol. VIII.

Lew, Timothy Tingfang. 1943. "Address Given at Dedication of the Charlie Jones Soong Memorial Building of Fifth Avenue Methodist Church, Wilmington, November 1, 1942". May 6. *North Carolina Christian Advocate.* Greensboro, N.C. Vol. 88. No. 18.

Li, An-che: "Zuni: Some Observations and Querries", *American*

*Anthropologist*, Vol. 39, 1937.

Liang, Yongjia. 2008. "Between Science and Religion: Astrological Interpretation of the Tsunami in India. " *Asian Journal of Social Science.*

Link, William A. 2018. *North Carolina: Change and Tradition in a Southern State.* Hoboken, N.J.: JohnWiley & Sons Inc.

Lougee, George E. Jr. 1990. "Durham almost lost Duke to land costs". In *Durham My Hometown.* Durham, N.C. Carolina Academic Press.

Lucier, Ruth Miller. 1995. "Methodist in China: History of Chapel and NGO", *North Carolina Christian Advocate.* CJSA4.

MacNell, Ben Dixon. 1929. "Duke", in *American Mercury.*17, Aug.

Manatt, Daniel. 1990. "Eruditio et Religio?" *Duke Blue.* Vol.11, Fall, No.2.

Moor, John W. 1880. *History of North Carolina: from the Earliest Discoveries to the Present Time.* Vol.1. Raleigh: Alfred Williams & Co., Publishers.

Morris, Mrs. Jane Sims（Davison）, 1940, *The Duke-Symes Family.* Philadelphia: Dorrance and Co..

NCC. 1943. *North Carolina Christian Advocate.* Vol.88. Greensboro, N.C. May 6.

Newton, David. 1989. "H. Keith H. Brodie: Setting An Agenda For Duke's Future", *Durham Morning Herald*, Sunday, May 28. Continued from 1A.

Osgood, Cornelius. 1963, *Village Life in Old China, A Community Study of Gao Yao Yunnan.* New York: The Ronald Press Company. Osgood,

Cornelius. 1985. "Failures". *American Anthropologist*, New Series, Vol.87, No.2 ( Jun., 1985 ).

Paschal, Herbert R. 1984. "The Tragedy of the North Carolina Indians". In *The North Carolina Experience*. Ed. by Lindley S. Butler and Alan D. Watson. Chapel Hill and London: The University Of North Carolina Press.

Perry, H. Arnold. 1946. *Studying the state of North Carolina : suggestions For Teaching the Social Studies*. Raleigh: State Superintendent of Public Instruction.

Phelps, Jon. 1973. "'*I have selected Duke University...*' *A Short History*". Durham: Duke University.

Philip Stewart's Remarks prepared for presentation at the press conference announcing the selection of Nan Keohane as President of Duke University, Noon EST, Friday, Dec. 11, 1992. From KNA.

PLT. N.D. "A Psychiatrist looks at Terry Sanford", in STA3.

Poling, James. ed. 1960. *The Rockefeller Record*. New York: Thomas Y. Crowell Company.

Pourri, Poe. 1987. "Washington Duke, a poor farmer becomes a great industrialist", *A North Carolina Cavalcade*, Chapel Hill: Taylor Publishing Company.

Qiu, Y. 2018. 'The Chinese are coming': Social Dependence and Entrepreneurial Ethics in post−colonial Nigeria. In *Yellow Perils* ( eds ) F. Bill é & S. Urbansky. Honolulu: University of Hawaii Press.

Qiu, Y.邱昱. 2017, *Complicit Intimacy: a study of Nigerian−Chinese intimate/business partnerships in South China*. Dissertation, Cambridge

University. ( Final submission date: Jan. 2017. )

Quick, Rev. William K.. Dec. 13, 1981. *The Founder's Faith. A sermon Delivered in the Duke University Chapel.*

Rand, James Hall. 1913. "The Indians of North Carolina and Their Relations with the Settlers", *The James Sprunt Historical Publications*, Vol. 12, No.2.

Rankin, Watson S.. August 5, 1939. "James Buchanan Duke（1856-1925）A great pattern of Hard work, Wisdom and Benevolence". The Newcomen Meeting at New York World's Fair.

Richards, Edward. 1963. " Deryl Hart M.D. ", *Alumni Register*, June.

Ritchey, Sara Margaret. 2004. *Life of the Spirit, Life of the Mind, Rockfeller Memorial Chapel at 75.* Chicago: The University of Chicago Library.

Rocha, Jessica, 2005. "Tribal Leader inspires", in *Chapel Hill News.* Chapel Hill, NC. Nov. 16.

Russell, Mattie U. 1979. "Crowell, John Franklin". *Dictionary Of North Carolina Biography.* Ed. By William S. Powell. Vol.I.

Russell, Mattie U. 1980. "Craven, Braxton", *Dictionary Of North Carolina Biography.* Ed. By William S. Powell. UNC. Press. 1980. Vol.1.

Sabiston, David C. Jr. M.D. "Memorial J. Deryl Hart". DUA., in "Hart, Deryl"（Medicine, administration）.

Sanford, Terry. "Some attributes of an Ideal University President", in STA2.

Saul, Michael. 1994. "Fund raising, employee management top Keohane's priorities", *The Chronicle*, Jan. 11. See KNA.

Schumann, Marguerite E. 1976. *Stones Bricks & Faces*. Durham, N.C. Duke University Office of Publications.

Seagrave, Sterling. 1985. *The Soong Dynasty*. New York: Harper & Row, Pub.

SEE. 1985. "Sanford Endowment Established", *Durham Morning Herald*. May 3.

Shelley, E. Eugene. 1987. *A Giant Among us, unsung, unknown*. Duke U. Archive. Sep. 21.

STA1. "Sanford, Terry Archive"( 1960−1979 ), DUA.

STA2. "Sanford, Terry Archive"( 1980−1989 ). DUA.

STA3. "Sanford, Terry Archive"( 1990−     ). DUA.

Stauter, Mark C. 1986. "Flowers, Robert Lee". William S. Powell, ed. *Dictionary of North Carolina Biography*. Chapel Hill: UNC Press. vol.2. D−G.

Summer, Jim L. 1990. "John Franklin Crowell, Methodism, and the Football Controversy at Trinity College, 1887−1894", Journal of Sport History, Vol.17, No.1.

TBY. 1995. "The Brodie Years", *Duke Magazine*, May−June.

TCT. 1890, "Trinity College" , in *The Raleigh Times*, Raleigh, North Carolina. Friday, January 12.

TGA. 1924. "They' Ve Given Away Millions", *New York World*. New York Press Publishing Company. December.

Tian, Rukang. 1953. *The Chinese of Sarawak; a study of social structure*. London, Dept. of Anthropology, London School of Economics and

Political Sciences.

TNO., 1992. *The News & Observer*, Raleigh, N.C., Saturday, Jan. 11. 11A.

TPD. 1959. The President discusses: duke today and tomorrow. In *Bulletin of Duke University*. vol.31. jan. number 3–f.

Trinity College. 1910. *Order of Exercises For The Induction of William Preston Rew Ph.D. Into The Office of President*. November Nineth.

TSP, N.D. "Terry Sanford President, Duke University", in STA1.

TSS, N.D. "Terry Sanford", in "Sanford, Terry" （1960–1979）, DUA.

USCG. United States Coast Guard, Washington. 16 April, 1943. " Charles Jones Soong And Captain Eric Gabrielson, A Foot Note To World History". CJSA1.

Vasantkumar, Chris. 2012. "What is this 'Chinese' in Overseas Chinese? Sojourn Work and the Place of China's Minority Nationalities in Extraterritorial Chinese–ness. " *The Journal of Asian Studies* 71 （2）: 423–446.

Warner, William. 1985. "Duke's $ 200 Million Man". *The Independent*. Nov. 22–Dec.5.

Whitlock, Craig. 1992. "Duke's President may resign in'93 ", *The News & Observer*, Raleigh, N.C., Saturday, Jan. 11. 11A.

Woody, Robert H. 1952. "Robert Lee Flowers", *Library Notes*, April. No. 26.

Woody, Robert H. 1977–78. "William Preston Few". Draft. Prepared for *Dictionary of North Carolina Biography*, DUA. Few, William Preston. 1 of 2.

Woody, Robert H. 1986. "Edens, Arthur Hollis".William S. Powell, ed. Dictionary of North Carolina Biography. Chapel Hill: UNC Press. vol.2. D−G.

Woody, Robert H. 1986. "William Preston Few". William S. Powell, ed. *Dictionary of North Carolina Biography*. Chapel Hill: UNC Press. vol.2. D−G.

Wu, Di. 2015. *The everyday life of Chinese migrants in Zambia*: *emotion, sociality and moral interaction*. Ph.D. Dissertation. London School of Politics and Economics.

WVT. 1904. "Will visit this city−Facts Regarding Rev. Chas J. Soon And His Daughter, Miss Alice", *Durham Daily Sun*, July 20.

Xiang, Biao. *Global "body shopping"*: *an Indian labor system in the information technology industry*. Princeton, N.J.: Princeton University Press, 2007.

Yarrow, H. C. 1881. *Further Contribution to the Study of the Mortuary Customs of the North American Indians*. ( Place of publication not identified )

YBC, 1964. "Young Buck and Circuit Rider. " *Raleigh News & Observer*. March 15.

York, Brantley. 1910. *The Autobiography of Brantley York*. Durham, N.C. The Seeman Printery.

Yue, Ming−Bao. 2000. "On not Looking German: Ethnicity, Diaspora and the Politics of Vision", *European Journal of Cultural Studies* 3 ( 2 ): 175 −94.

Yung, Wing. 2005[1909]. *My Life in China and America*. 北京: 团结出版社。

Zhao, Tingyang. 2006. "Rethinking Empire from a Chinese Concept

'All- under-Heaven' ( Tian-xia, 天下 )". *Social Identities*. Vol. 12, No. 1.

## 中文

阿嘎佐诗：《从地方到民族国家——以新加坡为个案》，中央民族大学博士论文，2007年。

包智明：《海外民族志与中国人类学研究的新常态》，《中央民族大学学报》2015年4期。

曹南来：《流离与凝聚：巴黎温州人的基督徒生活》，《文化纵横》2016年2期。

曹南来：《旅法华人移民基督教：叠合网络与社群委身》，《社会学研究》2016年5期。

陈波：《祖尼小镇的结构与象征——纪念李安宅先生》，《中国人类学评论》3辑，2007年。

陈波：《李安宅与华西学派人类学》，成都：巴蜀书社，2010年。

陈波：《山水之间：尼泊尔洛域民族志》，成都：巴蜀书社，2011年。

陈波：《域论：尼泊尔洛域人的文化—历史理论》，王铭铭主编：《中国人类学评论》第12辑，北京：世界图书出版公司，2009年。

陈廷湘、周鼎：《天下世界国家：近代中国对外观念演变史论》，上海：上海三联书店，2008年。

陈锡祺主编：《孙中山年谱长编》，北京：中华书局，1991年。

程广、叶思：《宋氏家族全传》，北京：中国文史出版社，2001年褚建芳:《边民、跨界族群与汉语人类学——围绕云南傣族研究的思考》,王铭铭主编:《中国人类学评论》第16辑,北京:世界图书出版公司,2011年。

戴美政:《殖民地时期的美国高等教育——美国高教发展概略之一》,戴美政:《曾昭抡评传》,昆明:云南人民出版社,2010年。

丁宏:《北极民族学考察记——兼谈民族志的写作》,《西北民族研究》2011年4期。

丁宏:《北极民族学考察笔记》,北京:中央民族大学出版社,2009年。

丁宏:《东干文化研究》,北京:中央民族大学出版社,1999年。

丁宏、李如东、郝时远:《国家社科基金重大项目"少数民族海外华人研究"开题实录》,《广西民族大学学报》2015年6期。

段颖:《城市化抑或华人化——曼德勒华人移民、经济发展与族群关系之研究》,《南洋问题研究》2012年3期。

费孝通:《美国与美国人》,北京:生活·读书·新知三联书店,1985年。

高丙中:《近距离看美国社会:石河镇田野作业笔记·预调查篇》(上下),《西北民族研究》2008年1—2期。

高丙中:《凝视世界的意志与学术行动》,"走进世界·海外民族志大系"总序,龚浩群:《信徒与公民——泰国曲乡的政治民族志》,北京:北京大学出版社,2009年。

高丙中:《人类学国外民族志与中国社会科学的发展》,《思想战线》2006年1期。

高志英、段红云:《缅甸傈僳族的多重认同与社会建构》,《广西民族大学学报》2012年5期。

　　龚浩群：《全球知识生产的新图景与新路径：以推动"亚洲研究在非洲"为例》，《中央民族大学学报》2014年2期。

　　龚浩群：《文化间性与学科认同——基于泰国研究经验的方法论反思》，《广西民族大学学报》2013年3期。

　　龚浩群：《信徒与公民——泰国曲乡的政治民族志》，北京：北京大学出版社，2009年。

　　龚浩群：《民族国家的历史时间——简析当代泰国的节日体系》，《开放时代》2005年3期。

　　郭佩宜（Guo, Pei-yi）：《系谱空间、亲属数学与亲属地图：刘斌雄先生的亲属称谓研究》，《宽容的人类学精神：刘斌雄先生纪念论文集》，台北："中研院"民族研究所，2008年。

　　郭佩宜（Guo, Pei-yi）：《比较与人类学知识建构——以所罗门群岛Langalanga人聘礼交换仪式为例》，《台湾人类学刊》2004年2期。

　　郭佩宜：《所罗门群岛 Langalanga 人聘礼交换仪式的"比较"——兼论人类学"比较"》，"人类学的比较与诠释：庆祝陈奇禄教授八秩华诞国际学术研讨会"2002年4月26—27日，台湾大学应用力学馆国际会议厅。

　　韩永进：《按年份各地区公共图书馆财政拨款》，《中国图书馆年鉴》2017年。

　　郝国强：《近10年来中国海外民族志研究反观》，《思想战线》2014年5期。

　　郝国强：《老挝佬族入赘婚的类型及功能分析》，《世界民族》2013年6期。

郝国强：《老挝苗族新年上的跨国婚姻》，《广西民族大学学报》2013年1期。

郝国强、许欣、姚佳君：《和合共生—老挝丰沙湾市邦洋村的民族志》，北京：民族出版社，2015年。

何林：《民族的渴望：缅北怒人的族群重构》，中国社会科学出版社，2013年。

何明：《总序：迈向异国田野，解读他者文化》，张锦鹏：《从逃离到归附》，北京：中国社会科学出版社，2014年。

贺霆：《法国中医药现状及启示》，《亚太传统医药》2006年5期。

贺霆：《文化遗产辩：西传的针灸及其人类学意义》，《文化遗产研究》2014年第00期。

贺霆：《中医西传的源头——法国针灸之父苏里耶》，《云南中医学院学报》 2013年2期。

贺霆：《中医在法国——探讨在西方进行人类学研究的方法》，王铭铭主编：《中国人类学评论》第1辑，北京：世界图书出版公司，2007年。

侯兴华、张国儒：《泰国傈僳族及其文化认同》，《思想战线》2013年第2期。

胡适：《胡适日记》（2），曹伯言整理，合肥：安徽教育出版社，2001年。

胡适：《胡适日记全编》（1），合肥：安徽教育出版社，2001年。

胡适：《中国现代学术经典·胡适卷》，刘梦溪主编，石家庄：河北教育出版社，1996年。

　　黄兴球：《老挝、泰国跨境民族形成模式及跨境特征》，《广西民族大学学报》2008年第2期。

　　康敏：《论民族志者在田野作业中的"自我"意识》，《广西民族研究》2013年4期。

　　康敏：《民族志书写——中国人理解海外社会的突破口》，《西北民族研究》2010年1期。

　　康敏：《"习以为常"之蔽——一个马来村庄日常生活的民族志》，北京大学出版社，2009年。

　　康有为：《上清帝第五书》，汤志钧编：《康有为政论集》，北京：中华书局，1981年。

　　康有为：《物质救国论》，汤志钧编：《康有为政论集》，北京：中华书局，1981年。

　　康有为：《大同书》，上海：上海古籍出版社，2005年。

　　拉尔夫·布朗：《美国历史地理》，秦士勉译，北京：商务印书馆，1990年。

　　雷雨田：《上帝与美国人——基督教与美国社会》，上海：上海人民出版社，1993年。

　　黎相宜、周敏：《抵御性族裔身份认同——美国洛杉矶海南籍越南华人的田野调查与分析》，《民族研究》2013年1期。

　　李安山：《非洲华侨华人史》，中国华侨出版社，2000年。

　　李安宅：《边疆社会工作》，重庆：中华书局，1944年。

　　李安宅：《关于祖尼人的一些观察和探讨》，《〈仪礼〉与〈礼记〉之社会学的研究》，上海：上海人民出版社，2005年，第79—80

页。

李安宅：《回忆海外访学（附：整理后记）》，王铭铭主编：《中国人类学评论》第16辑，北京：世界图书出版公司，2011年。

李剑鸣：《美国的奠基时代（1585—1775）》，北京：人民出版社，2001年。

李剑鸣：《文化的边疆：美国印第安人与白人文化关系史论》，天津：天津人民出版社，1994年。

李嘉龙：《关于"宋耀如宋庆龄在川沙活动"的质疑——再析"川沙说"》，《上海志鉴》2000年第4期。

李晶：《政府荫庇下的日本农协——山台秋保町的人类学调查》，《开放时代》2011年第3期。

李静玮：《全球化集市中的民族互嵌模式——以尼泊尔加德满都T区为例》，《西南民族大学学报》2016年10期。

李静玮：《市场中的民族与国家：论加德满都游客区的族性动力机制》，北京：中国社会科学，2018年。

李荣荣：《从无家可归现象看体面社会的日常维系——基于参与观察的讨论》，《学术探索》2013年12期。

李荣荣：《美国的社会与个人——加州悠然城社会生活的民族志》，北京：北京大学出版社，2012年。

李如东：《英语世界的东干人实地研究述评》，《回族研究》2014年4期。

李如东：《中亚东干人民族观、地域观和宗教观的民族志研究》，中央民族大学博士论文，2016年。

李世瑜：《科技大国的宗教狂热》，李世瑜：《社会历史学文集》，天津：天津古籍出版社，2007年。

李纡：《孙中山一九一二年四月致李晓生函时间考》，《东南学术》2001年第5期。

连若雪：《宋耀如简评》，《复旦学报》1989年第2期。

梁启超：《答某报第四号对于新民丛报之驳论》，《饮冰室合集·文集》（18），北京：由中华书局，1989年。

梁启超：《新大陆游记》，长沙：湖南人民出版社，1981年。

梁启超：《饮冰室合集·文集》（13），北京：中华书局，1989年。

梁永佳：《海啸、时间观：印度田野工作注释》，《广西民族大学学报》2009年5期。

梁永佳：《在科学与宗教之间：印度占星术视野中的海啸》，《西南民族大学学报》2013年1期。

梁永佳、阿嘎佐诗：《在种族与国族之间：新加坡多元种族主义政策》，《西北民族研究》2013年2期。

林鍼：《西海纪游草》，钟叔河主编：《西海纪游草 乘槎笔记·诗二种 初使泰西记 航海述奇·欧美环游记》，长沙：岳麓书社，1985年。

刘朝晖：《1948年槟城的"分离运动"与"逃遁的"华侨民族主义》，《开放时代》2009年10期。

刘朝晖：《海外民族志的田野调查与文本表述》，《广西民族大学学报》2009年5期。

刘家泉：《宋庆龄传》，北京：中国文联出版公司，1988年。

罗杨：《华盛顿大学的人类学——从范式中走来》，王铭铭主编：

《中国人类学评论》第5辑，北京：世界图书出版公司，2008年。

罗杨：《柬埔寨华人的土地和祖灵信仰——从关系主义人类学视角的考察》，《华人华侨历史研究》2013年1期。

罗杨：《文化差异文野倒置：我在柬埔寨的两次"被骗"经历》，郑少雄、李荣荣主编：《北冥有鱼：人类学家的田野故事》，北京：商务印书馆，2016年。

罗杨：《在"周边"的文明——从〈真腊风土记〉看"中间圈"的延伸》，收王铭铭主编：《中国人类学评论》第16辑，北京：世界图书出版公司，2011年。

罗杨：《他邦的文明：柬埔寨吴哥的知识、王权与宗教生活》，北京：北京联合出版公司，2016年。

罗志田：《天下、国家与社会：我们怎样看"五四"》，《探索与争鸣》2019年5期。

罗志田：《天下与世界：清末士人关于人类社会认知的转变——侧重梁启超的观念》，《中国社会科学》2007年5期。

麻国庆：《日本的家与社会》，《世界民族》1992年2期。

马爱琳：《龚浩群老师讲海外民族志研究中的第三方视角：以泰国研究经验为例》，2017年11月24日，http://news.cqu.edu.cn/newsv2/show-14-11113-1.html，访问时间：2018年5月16日14：00.

马翀炜：《秋千架下：一个泰国北部阿卡人村寨的民族志》，北京：中国社会科学出版社，2013年。

马翀炜、张雨龙：《流动的橡胶：中老边境地区两个哈尼/阿卡人村寨的经济交往研究》，北京：中国社会科学出版社。2013年。

马翀炜、张振伟：《在国家边缘：缅甸那多新寨调查》，北京：中国社会科学出版社，2013年。

马翀炜、张雨龙：《对泰国北部山区一次村民选举的人类学考察》，《广西民族大学学报》2011年6期。

马翀炜、张振伟，《身处国家边缘的发展困境——缅甸那多新寨考察》，《广西民族大学学报》2013年2期。

马强：《城乡之间的达恰：俄罗斯人独特的生产和生活空间》，《开放时代》2011年4期。

马强：《多元族群社会中的宗教认同：对吉隆坡一个穆斯林社区的田野研究》，《东南亚研究》2010年4期。

马强：《俄罗斯民族国家日历：从"十月革命节"到"人民团结日"》，《世界知识》2017年20期。

马强：《文化掮客抑或文化边缘：多族群多宗教背景下的马来西亚华人穆斯林》，《思想战线》2011年1期。

马强：《又到复活节 再见斯维塔》，《第一届旅俄中国学生学者俄罗斯研究学术研讨会论文集》，2016年。

马强：《在俄罗斯的田野上》，《博士论文》2016年2期，http：//chuansong.me /n/652451751252，访问时间：2018年9月18日 8：00.

马戎：《西方冲击下中国的话语转变、认同调整与国家重构》，《社会科学战线》2018年1期。

摩尔根：《古代社会》，杨东莼、张栗原、冯汉骥译，北京：商务印书馆，1971年。

彭雪芳：《藏区的教育与现代化建设》，《西北民族学院学报》2002年3期。

彭雪芳：《对彝族教育的现状分析及对策研究》，《西南民族大学学报》2006年4期。

彭雪芳：《加拿大土著同化教育的兴衰——以布鲁奎尔斯印第安寄宿制学校为例》，《民族学刊》2012年1期。

彭雪芳：《加拿大西部城市土著教育状况的分析研究》，《广西民族大学学报》2009年1期。

乔健：《为什么中国人类学不行？》，文汇学人微信号，2016年1月9日，http://cul.qq.com/a/20160109/024516.htm，访问时间：2017年5月21日16：00.

乔健：《漂泊中的永恒》，山东画报出版社。

乔健编著：《印第安人的诵歌》，桂林：广西师范大学出版社，2004。

容闳：《容闳自传》，北京：团结出版社，2005年。

瑞恩（Rym, C.G.），《道德自负的美国：民主的危机与霸权的图谋》，上海：上海人民出版社，2008年。

尚文鹏：《"分而不离"：波士顿在家教育家庭的抚育逻辑与策略》，《开放时代》2017年1期。

斯蒂芬：《Stephen Duggan先生序》，杨庆堃：《美国与留美》，美国新闻处，1948年。

宋霞：《康敏博士发表演讲：人类学的整体性视角》，2014年7月19日，http://igea.muc.edu.cn/Newshow.asp?NewsId=217，访问时间：2018年5月12日12：00。

孙中山：《勉中国基督教青年书》（1924），《孙中山文集》，北京：中华书局，1982年。

孙中山：《致李晓生函》，《孙中山全集》第2卷，北京：中华书局，1982年。

孙中山：《孙中山文集》，孟庆鹏编，北京：团结出版社，1997年。

王建民：《中国海外民族志研究的学术史》，《西北民族研究》2013年3期。

王乐德：《宋庆龄诞生地研究的几个问题》，《上海修志向导》1999年3期。

王铭铭：《二十五年来中国的人类学研究》，《江西社会科学》2005年12期。

王铭铭：《"超文化"何以可能》，《信睿周报》第6期，2019年3月。

王铭铭：《"三圈说"——中国人类学汉人、少数民族、海外研究的学术遗产》，王铭铭主编：《中国人类学评论》第13辑，北京：世界图书出版公司，2009年。

王铭铭：《民族志与四对关系》，《大音》2011年1期。

王铭铭：《所谓"海外民族志"》，《西北民族研究》2011年2期。

王铭铭：《文明，及有关于此的民族学、社会人类学与社会学观点》，《中南民族大学学报》2014年4期。

王铭铭：《寻找中国人类学的世界观》，李公明：《2004年中国最佳讲座》，武汉：长江文艺出版社，2005年。

王铭铭：《在黑非洲古城思考中国人类学未来》，《三联生活周刊》2018年第40期。

王铭铭：《中国人类学的海外视野》，《中南民族大学学报》2006年3期。

王铭铭：《作为世界图式的"天下"》，《年度学术2004》，北京：中国人民大学出版社，2004年。

　　王铭铭：《漂泊的洞察》，上海：三联书店出版，2003年。

　　王铭铭：《人类学是什么》，北京：北京大学出版社，2002年。

　　王铭铭：《社区的历程》，天津：天津人民出版社，1996年。

　　乌·额·宝力格（Uradyn E. Bulag）：《人类学的蒙古求索——我的学术经历》，王铭铭主编：《中国人类学评论》第16辑，北京：世界图书出版公司，2011年。

　　吴迪：《依附与非匀称性殷勤——中国、赞比亚的领导方式与上下级关系比较》，《开放时代》2016年4期。

　　吴晓黎：《国族整合的未竟之旅：从印度东北部到印度本部》，《中央民族大学学报》2015年4期。

　　吴晓黎：《社群、组织与大众民主——印度喀拉拉邦社会政治的民族志》，北京：北京大学出版社，2009年。

　　吴晓萍、何彪：《穿越时空隧道的山地民族——美国苗族移民的文化调试与变迁》，贵阳：贵州人民出版社，2005年。

　　吴星云：《"到民间去"：民国初期知识分子心路》，《东方论坛》2004年3期。

　　吴泽霖：《美国人对黑人犹太人和东方人的态度》，傅愫斐等译，北京：中央民族学院出版社，1992年。

　　萧梅：《潮尔草：蒙古音乐中的历史叙事》，《文汇报》 2013年9月9日。

　　萧梅：《文明与文化之间：由"呼麦"现象引申的草原音乐之思》，《音乐艺术》2014年1期。

　　徐继畬：《瀛环志略三论》卷9，朱维铮、龙应台编：《维新旧梦录》，北京：生活·读书·新知三联书店，2000年。

徐薇：《博茨瓦纳华人发展报告》，《非洲地区发展报告2011》，北京：中国社会科学出版社，2012年。

徐薇：《华侨华人在非洲的困境与前景展望》，《东南亚研究》2014年1期。

徐新建：《英国不是"不列颠"——兼论多民族国家身份认同的比较研究》，《世界民族》2012年1期。

徐新建、王铭铭、周大鸣等：《人类学的中国话语》，《广西民族大学学报》2008年2期。

许烺光：《美国人与中国人》，彭凯平、刘文静译，北京：华夏出版社，1989年。

杨春宇：《汉语海外民族志实践中的"越界"现象——基于方法论的反思》，《世界民族》2014年3期。

杨春宇：《平等竞争——从少儿足球竞赛的架构看澳大利亚社会平等主义的再生产》，谢立忠、高丙中主编：《海外民族志与中国社会科学》，北京：社会科学文献出版社，2010年。

杨春宇：《在全球化背景下重新定位中国人类学》，《中国社会科学报》2014年6月27日。

杨春宇：《重新发现异邦》，《2006—2007中国社会科学前沿报告》，北京：社会科学文献出版社，2007年。

杨民康：《西南丝路乐舞中的"印度化"底痕与传播轨迹》，《民族艺术研究》2017年2期。

杨民康、王永健、宁颖：《海外艺术民族志与跨界族群音乐文化研究》，《民族艺术》2017年3期。

杨庆堃：《美国与留美》，美国新闻处印，1948年。

杨天宏：《基督教与民国知识分子：1922年—1927年中国非基督教运动研究》，北京：人民出版社，2005。

杨玉圣：《中国人的美国观》，上海：复旦大学出版社，1996年。

叶凡美：《全球视野下的美国早期史研究国际学术研讨会述评》，《史学月刊》2007年11期。

伊斯雷尔·爱泼斯坦：《宋庆龄》，沈苏儒译，北京：人民出版社，1992年。

玉时阶：《美国瑶族的国家认同与文化认同》，《广西民族研究》2011年3期。

玉时阶：《文化断裂与文化自觉：越南瑶族民间文献的保护与传承——以越南老街省沙巴县大坪乡撒祥村为例》，《世界民族》2010年5期。

玉时阶：《瑶族进入越南的时间及其分布》，《社会科学战线》2013年1期。

袁同凯：《老挝北部Lanten人的学校教育——人类学视野中的个案研究》，《民族教育研究》2009年第6期。

袁同凯：《老挝北部的鸦片问题：Lanten人的个案》，《西北民族研究》2011年3期。

袁同凯：《在异域做田野：老挝的经历——兼论田野资料的"准确性"与"真实性"》，《广西民族大学学报》2009年5期。

袁同凯：《蓝靛瑶人及其学校教育：一个老挝北部山地族群的民族志研究》，北京：中国社会科学出版社，2014年。

袁同凯、陈石：《老挝Lanten人的宗教信仰与仪式》，《中南民族大学学报》2013年2期.

原祖杰：《东方与西方，还是传统与现代?——论"东西方"两分法的历史渊源和现实误区》，《文史哲》2015年6期。

原祖杰：《克服东西方两分法 引领历史学新潮流》，《四川大学学报》 2008年4期。

原祖杰：《从上帝选民到社区公民：新英格兰殖民地早期公民意识的形成》，《中国社会科学》2012年1期。

扎洛：《清代西藏与布鲁克巴》，北京：中国社会科学出版社，2012年。

张德彝：《欧美环游记（再述奇）》，长沙：湖南人民出版社，1981年。

张金岭：《法国社会中的时间及其文化隐喻》，《开放时代》2011年7期。

张金岭：《人类学研究的范式交叉与民族志创作》，《云南社会科学》2010年1期。

张金岭：《文化想象中的"中国"——基于法国里昂民族志调查的思考》，《欧洲研究》2008年5期。

张金岭：《中国人类学者海外民族志研究的理论思考》，《西北民族研究》2010年1期。

张金岭：《中国文化视野下的人类学海外民族志研究——基于法国田野经验的思考》，《云南社会科学》2011年1期。

张锦鹏：《从逃离到归附：泰国北部美良河村村民国家认同的建构历程》，北京：中国社会科学出版社，2014年。

张青仁：《从周岁仪式透视墨西哥社会》，《民族艺术》2016年3

期。

张青仁：《宗教与现代性的自反性建构：一项对墨西哥天主教历史变迁的人类学研究》，《世界宗教研究》2017年1期。

章太炎：《章太炎政论选集》，汤志钧编，北京：中华书局，1977年。

赵汀阳：《天下体系》，南京：江苏教育出版社，2005年。

郑观应，《郑观应集》，上海：上海人民出版社，1982年。

郑一省：《印尼坤甸华人的"烧洋船"仪式探析》，《世界民族》2012年6期。

郑宇、曾静：《仪式类型与社会边界：越南老街省孟康县坡龙乡坡龙街赫蒙族调查研究》，北京：中国社会科学出版社，2013年。

钟鸣：《马达加斯加伊麦利那人翻尸仪式调查》，《广西民族大学学报》2013年3期。

钟鸣：《马达加斯加麦利那人仪式消费对贫困影响研究》，兰州大学博士论文，2016年。

周大鸣：《柏林中国移民调查与研究》，《广西民族大学学报》2012年3期。

周大鸣、龚霓：《海外研究：中国人类学发展新趋势》，《广西民族大学学报》2018年1期。

周飞舟：《暑假调研有感》，2018年11月16日。https：//www.sohu.com/a/277333896_337742。访问时间：2019年1月1日。

周建新：《缅甸各民族及中缅跨界民族》，《世界民族》2007年第4期。

周建新、覃美娟：《边界、跨国民族与爱尔兰现象》，《思想战线》2009年5期。

周建新：《中国南方与大陆东南亚跨国民族"和平跨居"模式研究》，北京：民族出版社，2008年。

周建新：《中越中老跨国民族及其族群关系研究》，北京：民族出版社，2002年。

庄晨燕、李阳：《融入抑或隔离：坦桑尼亚华商与当地社会日常互动研究》，《世界民族》2017年2期。

邹容：《邹容文集》，周永林编，重庆：重庆出版社，1983年。